KB179925

틈을 내는 철학책

틈을 내는 ——— 철학책

삶의 궤도를 바꾸는 전방위적 철학 훈련

황진규 지음

철학흥신소

포로 상태였을 때 나는 파스칼을 분명 읽었다. … 내가 매혹된 것은 확실히 정의와 힘force에 대한 이론이었으며, 특히 신체장치에 대한 이론이었다. : "무릎 꿇고 기도하라! (그러면 믿을 것이다.)" … 나는 계몽 시대의 철학자들이 역사에 대해 말한 것보다 무한히 더 심오한 이 구절에 대해서 끊임없이 성찰하게 되었다. — 루이 알튀세르, 「독특한 유물론의 전통」

1.

저는 고민이 참 많은 사람이었습니다. 심지어 우유부단하고 귀마저 얇은 사람이었지요. 그래서 삶에 이런저런 문제가 있을 때마다 세상 사람들의 이야기에 흔들리며 살았습니다. 때로는 부모에게, 때로는 선생에게, 때로는 선배에게, 때로는 친구에게 고민을 털어놓으며 조언을 구했습니다. 하지만 그 수많은 조언에도 불구하고 제 고민은 여전히 가라앉지 않았습니다. 같은 고민에 사람들은 저마다 제각각의 이야기를 해주었습니다. 그 때문에 되레 고민이 더 복잡해지고 더 헷갈려지기만 했습니다.

시간이 지나 이유를 알았습니다. 제게 조언을 해준 사람들 역시 저와 비슷한 고민을 안고 살아갈 뿐, 삶에 대한 명쾌한 답을 갖고 있지 못해서였습니다. "그런 고민이 있을 때는 이렇게 하면 돼!" 그네들의 확신에 찬 말은 고민 앞에서 흔들리고 있는 자신을 다독이기 위한 불안한 외침이었는지도 모르겠습니다. 소심했지만, 다행히 눈치는 빨랐던 덕에 하나는 분명히 알게 되었습니다. '이 사람들은 내 고민을 나눌 만한 사람이 아니구나!'

참 많은 사람들을 만났습니다. 승승장구하는 직장인, 돈을 잘 번다는 사업가, 이름만 대면 알 만한 작가, 세상 사람들의 존경을 받는 교수, 반짝이는 금배지를 단 국회의원까지. 그들이라면 제가 하는 고민에 무언가 명쾌한 답을 줄 수 있을 것만 같았습니다. 사회·경제적으로 성공한 사람이라면, 누군가에게 조언해주기 위해 안달이 난 이들과는 다른 이야기를 해줄 것이라 믿었습니다. 하지만 안타깝게도 그 많은 이들을 만나고 알게 된 사실은 이것이었습니다. '성공한 이들도 별반 다를 게 없구나!'

허망해졌습니다. 세상 사람들에게 인정받는, 소위 말하는 성공을 이룬 이들 역시 별반 다를 게 없었습니다. 제 삶은 더욱 답답해졌습니다. '세상에 나의 고민을 나눌 만한 사람이 없을지도 모르겠다.' 답답함은 외로움이 되었습니다. 답답함과 외로움은 이내 우울증으로 번졌습니다. 그렇게 우울증의 늪에 빠져들었을 즈음이었습니다. 벼랑 끝에서 철학을 만났습니다. 누구보다 삶에 대해 절절하게 고민하고, 깊이 사유한 철학자들을 만났습니다. 7년 다닌 직장을 그만두고, 매일같이 철학자들과 고민을 나누었습니다. 답답함과 외로움은 조금씩 사라지고 마음속 깊은 곳이 가득차는 시간을 보냈습니다. 정말이지 즐거운 시간이었습니다.

그러던 어느 새벽, 어느 철학책을 덮으며 묘한 기분에 휩싸였습니다. 믿지 못하실 수도 있겠지만, 그건 제가 이전과 전혀 다른 사람이 되었다는 기분이었습니다. 복잡하고 혼탁하게만 보였던, 그래서 너무 두렵게만 느껴졌던 세상에 이제 나갈 수 있을 것 같았습니다. 삶의 정답을 알았다고 말할 수는 없지만, 그간 끝도 없이 저를 괴롭혔던 고민들에 대해서도 나름의 답을 할 수 있게 되었습니다. 그리고 그 무엇보다 중요한 건, 저주처럼 제게 들러붙어 있던 우울증과 결별할 수 있었던 겁니다. 저는 분명 이전과 다른 사람이 되었습니다. 철학을 만난 건 제게 무엇과도 바꿀 수 없는 행운이었습니다.

2.

무엇을 믿으며 살 것인가? 삶의 고민 끝에 결국 남게 되는 질문입니다. 저는 긴 불안과 우울의 터널을 지나 조금 더 행복해졌습니다. 어떻게 그럴 수 있었을까요? 질문을 바꿔보죠. 저는 왜 긴 시간 불행했을까요? 삶의 고민에 답해줄 사람을 찾지 못해서였을까요? 아닙니다. 제가 불행했던 이유는 진정으로 믿을 만한 존재를 찾지 못했기 때문이었습니다. 세상 사람들은 말하죠. "함부로 누군가를 믿지 마! 이성적으로 판단해!" 이것이 우리가 삶의 고민에 잠식되어 불행해지는 근본적인 이유일 겁니다.

제가 삶의 고민을 넘어 조금 더 행복해졌던 이유는 누군가를 진심으로 믿게 되었기 때문입니다. 이는 저만의 예외적인 경험은 아닐 겁니다. 독실한 종교인과 지독한 자본가를 생각해볼까요? 이 둘에게 실직과 교통사고라는 삶의 문제가 닥쳤다고 해보죠. 그들은 (어떤 이들에게는 감당하기 어려운) 이 심각한 문제에 잠식되어 불행해질까요? 결코 그렇지 않습니다. 종교인과 자본가는 그 심각한 문제에 의연하게 대처하며 삶을 헤쳐 나갈 겁니다.

그들은 어떻게 그럴 수 있을까요? 바로 믿음 때문입니다. '신'과 '돈'에 대한 신실한 믿음! 바로 그 믿음이 있기 때문에 실직이나 교통사고, 아니 그보다 더 큰 삶의 곤경 앞에서도 그들은 의연하게 자신의 삶을 헤쳐 나갈 테지요. 이는 '신'과 '돈'이 아니어도 상관없습니다. 한 사람을 진심으로 믿게 될 때, 크고 작은 곤경들은 전혀 문제가 되지 않지요. "직장은 다시 구하면 돼!" "잘 치료하면 다시 건강해질 거야!" '그 사람'의 한마디에 우리는 다시 씩씩하게 삶을 시작하게 될 테니까요.

　누군가에는 '신'이고, 누군가에게는 '돈'이고, 누군가에는 '그 사람'인 존재가 제게는 '철학'이었습니다. 저는 '철학'을 믿게 되었고, 그 때문에 제 삶은 조금 더 기쁜 삶이 되었습니다. 우리는 무엇인가를 믿어야만 합니다. 그것은 선택의 문제가 아닙니다. 믿음 앞에서 우리에게 선택지가 있다면, 그것은 '믿을까, 믿지 않을까'의 선택이 아닙니다. '무엇을 믿을 것인가?'라는 선택뿐입니다. 믿음이 없다면 늘 닥쳐오는 크고 작은 삶의 고민에 잠식되어 불행해질 것이 분명하니까요. '신'이어도 '돈'이어도 '그 사람'이어도 좋습니다. 무엇이든 믿어야 합니다. 믿음의 대상이 무엇이든, '믿음 없는 삶'보다 '믿음 있는 삶'이 더 기쁠 겁니다.

　'더 기쁜 삶을 위한 믿음!' 이것이 제가 이 글을 쓰려는 이유입니다. 그러니 이 글이 닿은 분들 중 이미 무엇인가를 신실하게 믿고 있다면, 그 믿음으로 인해 자신의 삶이 충분히 기쁘다면, 이쯤에서 책을 덮으셔도 좋습니다. 하지만 혹여 아직 아무것도 믿지 못해 혼란하거나 아직 무엇을 믿어야 할지 몰라 방황 중이라면, 조금의 용기와 인내로 지금부터 하게 될 이야기를 함께했으면 좋겠습니다. 이 책은 새로운 '믿음', 즉 '더 기쁜 삶을 위한 믿음'에 대한 이야기이니까요.

　흔히 철학을 이성(의심)의 학문이라고 정의합니다. 하지만 이 오래된 철학의 정의를 조금 바꾸고 싶습니다. 철학은 믿음의 학문입니다. 적어도 저의 철학은 그렇습니다. 삶을 조금 더 기쁘게 바꿀 수 없다면 철학은 그저 하나의 사치품에 지나지 않을 겁니다. 그러니 철학은 이성의 학문이 아니라, 믿음의 학문이어야 할 테지요. 오직 믿음만이 우리네 삶을 기쁘게 만들 수 있으니까요. 하지만 믿음은 강요할 수 없죠. 믿음은 믿으라고 강요해서 생기는 것이 아닙니다.

믿음은 언제 생기는 걸까요? 사랑하게 될 때죠. 무릎 꿇고 기도할 수 있을 정도로 누군가를 사랑하게 될 때, 우리네 삶을 바꿀 믿음을 갖게 되죠. 그런 의미에서 여러분께 닿은 이 책이 소개팅이 되었으면 좋겠습니다. 매혹적인 사람을 기대하며 나서는 소개팅, 그 매혹적인 사람에게 빠져들어 대책 없는 믿음이 시작되는 소개팅. 이 책이 그런 소개팅이 되기를 소망합니다. 매혹적인 철학자들을 만나 그들을 사랑하게 되고, 그들을 믿을 수밖에 없게 되는 첫 만남이 되기를 바랍니다. 믿음, 정확히는 믿음을 촉발할 사랑이 시작되는 설레는 마음으로 '철학'을 시작해볼까요?

주선자 황진규

차례

3.   삶의 진실을 마주하는 '성찰'의 훈련

4.   삶의 주인으로 거듭나는 '자유'의 훈련

5.   함께 기쁘게 살아가는 '공존'의 훈련

1장

나의 기쁨을
발견하는
'욕망'의 훈련

[몸]

몸이 욕망하는
일을 하라

스피노자

우리는 자신의 신체의 지속에 대해서
아주 타당하지 못한 인식만을
가질 수밖에 없다.

『에티카』

나는 무엇을 잘하는 사람일까?

"저의 재능은 무엇일까요?" 미래가 불안한 학생들이나 직업이 마음에 들지 않는 직장인들이 늘 하는 질문이다. 많은 사람들은 자신의 재능이 무엇인지만 알면 불안하고 답답한 삶을 단숨에 전복시킬 수 있을 것이라 믿는다. 이해도 된다. 한 번뿐인 인생 아닌가? 괜히 재능도 없는 일에 발 담갔다가 허송세월하는 건 억울하다. 또 그 시간 동안 경제적 궁핍과 자괴감에 시달릴 것을 생각하면 두렵다.

"나는 무엇을 잘하는 사람일까?" 이 질문에 명료하게 답할 수 있다면 우리가 가진 고민의 상당 부분은 사라질 것만 같다. 성공을 담보하는 재능이 있다면 뒤도 돌아보지 않고 그 분야에 모든 것을 던질 수 있을 테니까 말이다. 우리가 살면서 늘 주저하고 망설이는 이유가 무엇인가? 어떤 길을 정한 뒤에도 조금 노력하다가 이내 슬럼프에 빠져 허우적대는 이유가 무엇인가? 무엇을 하든 '이게 내가 잘하는 일이 맞을까?'라는 의구심이 들기 때문이다. 이것이 우리가 늘 재능 타령을 하며 사는 이유다.

━━ 재능을 찾지 못하는 이유

"나는 무엇을 잘하는 사람일까?" 사실 이는 황당한 질문이다. 적게는 이삼십 년, 많게는 사오십 년을 자신과 함께 살아왔으면서 자신이 무엇을 잘하는지조차 모른다는 것은 황당한 일 아닌가. 한 분야에서 십 년이면 모르는 것이 없는 '전문가'가 된다는 말이 있다. 그런데 우리는 자신과 그 오랜 시간을 함께하고도 '자신'이라는 분야에 정통하기는커녕, '자신'이 무엇을 잘하는지조차 모른다. 이는 어찌 보면 놀라운 일이다.

왜 이런 일이 벌어지는 걸까? 왜 우리는 재능을 찾지 못하는 걸까? 다양한 이유가 있을 수 있다. 가난 때문에 먹고사는 문제 외에는 관심을 가지지 못했을 수 있다. 또 부모나 사회가 원하는 모습에 자신을 맞추느라 재능을 찾을 생각조차 하지 못했을 수도 있다. 저마다 사연 없는 사람은 없다. 그러니 재능을 찾을 수 없었던 구조적이고 환경적인 문제는 잠시 접어 두자. 여기서는 간절하게 재능을 찾고 싶었지만 찾을 수 없었던 문제에 대한 이야기를 해보자.

우리는 왜 재능을 찾을 수 없었을까? '이성(정신)'적인 능력으로 재능을 찾으려 했기 때문이다. 재능을 찾으려는 이들이 가장 먼저 하는 행동은 무엇일까? '나의 재능은 무엇일까?'라고 '이성'적으로 생각해보는 것이다. 그런 다음 재능에 관련된 책을 '이성'적으로 찾아보고 혼자 방안에 틀어박혀 나의 재능은 무엇일지 '이성'적으로 고민해보는 것이다. 하지만 이런 방법으로는 결코 재능을 찾을 수 없다. 왜 그럴까?

━━ 재능은 성취를 담보하지 않는다

우선 재능이 무엇인지부터 정의해보자. 재능은 '자연스러움'이다. 재능은 당첨만 되면 내일 벼락부자가 되는 복권 같은 것이 아니다. 자신에게 가장 자연스러운 것이 바로 재능이다. 재능 있는 화가는 누구인가? 그림 그리는 것이 가장 자연스러운 사람이다. 재능 있는 수영 선수는 누구인가? 헤엄치는 것이 가장 자연스러운 사람이다. 여기서 우리는 재능과 성취에 대한 한 가지 오해를 규명할 수 있다.

많은 이들이 재능을 성취를 위한 직접적인 수단이라고 여긴다. 쉽게 말해, 재능을 찾기만 하면 원하는 성취를 단박에 이룰 수 있을 것이라 믿는다. 하지만 이는 삶의 진실을 모르는 무지일 뿐이다. 재능과 성취는 별 상관이 없다. 재능은 자연스러움이다. 물론 특정한 행위(그림 그리기·헤엄치기)를 자연스럽게 할 수 있다면, 그 분야(그림·수영)에서 두각을 나타내기는 쉽다. 이는 사실이다. 하지만 그런 자연스러움이 있다고 해서 반드시 그 분야에서 성취를 이루게 되는 것은 아니다. 이 역시 분명한 사실이다.

그리는(헤엄치는) 것이 자연스러운 모든 이들이 화가(수영 선수)로서 큰 성취를 이루는 것은 아니다. 그리는(헤엄치는) 것이 자연스러운 이들 중 누가 더 그 자연스러움을 갈고 닦았느냐에 따라 한 분야의 성취는 결정된다. 주변을 돌아보라. 반짝이는 재능을 보였던 이들이 아무런 성취도 이루지 못하고 사라지는 경우가 얼마나 많던가? 반면, 그다지 특출한 재능이 없어 보였던 이가 묵묵히 자신의 길을 가며 큰 성취를 이루게 되는 경우도 적지 않다.

━━━ 재능은 '머리'가 아니라 '몸'에 있다

이제 왜 우리가 재능을 찾지 못했는지 알 수 있다. 자연스러움은 '이성'적인 방법, 즉 생각하고 고민하고 판단하는 방법으로는 결코 찾을 수 없다. 방안에 틀어박혀 '나의 재능은 무엇일까?'라고 생각하고 그와 관련된 책을 읽으며 고민해봐도, 나에게 자연스러운 일이 무엇인지 알 길이 없다. 자연스러움은 신체와 관련된 것이기 때문이다. 재능이 자연스러움이라면, 재능은 '정신'이 아니라 '신체'와 관련된 문제다. 여기서 우리가 주목해야 할 철학자가 있다. 근대 속에서 근대를 넘어버린 철학자, 바로 스피노자다. 그의 이야기를 직접 들어보자.

> 우리는 자신의 신체의 지속에 대해서 아주 타당하지 못한 인식만을 가질 수밖에 없다. ― 『에티카』

이는 어려운 말이 아니다. 쉽게 말해, '우리는 우리의 몸이 무엇을 할 수 있는지 알지 못한다'는 의미다. 바로 여기서 재능을 발견할 하나의 실마리를 얻을 수 있다. 정신이 아니라 신체에 집중할 것! 우리는 살아가면서 가끔 놀랄 때가 있다. 평소에 관심 없던 일을 우연히 접하게 되었는데 무척 재미있고 금방 익숙해져서 놀랐던 경험이 누구에게나 한두 번씩은 있지 않은가?

철학자를 한 명 알고 있다. 그는 글을 읽고 사유하고 글 쓰는 것이외에는 별 관심도, 의욕도 없는 사람이었다. 하지만 우연한 기회에 (정확히는 반강제적으로) 조각을 하게 되었는데, 무척 재미있고 금방 익숙해져서 놀랐다고 했다. 이는 스피노자의 말처럼, 그가 자신의 몸에 대해 "아주 타당하지 못한 인식만을 가질 수밖에" 없었기 때문에 일어난 일이었다. 달리 말해, 자신의 몸이 무엇을 할 수 있는지 몰랐기 때문에 일어난 일이었다. 그는 손(몸!)으로 조각칼을 들고 한 움큼씩 나무를 파내며 자신의 숨은 재능(자연스러움) 하나를 발견한 셈이다.

'MBTI'로 상징되는 온갖 자기탐색을 해도 재능은 찾을 수 없다. 그것은 정신(이성)적인 것이기 때문이다. 방안에 틀어박혀 많은 책을 읽고 생각하고 고민해봐도 재능을 발견할 수는 없다. 재능은 정신이 아니라 몸에 있기 때문이다. 이제껏 경험해보지 않았던 일들을 온몸으로 해나가며 자신에게 자연스러운 것이 무엇인지 알아가는 것, 이것이 자신의 재능을 찾는 거의 유일한 방법이다. 그래서 재능은 '지성'의 문제라기보다 '용기'의 문제에 가깝다. 오직 용기를 내는 이들만이 경험해보지 않았던 세계에 자신의 몸을 던질 수 있기 때문이다.

━━━ 재능을 찾기 위해 어떤 일을 해야 할까?

재능을 찾는 방법은 어렵지 않다. 생각을 멈추고 몸으로 부딪치면 된다. 온몸으로 우리가 무엇을 잘할 수 있는지 알아가면 된다. 우리의 몸이 무엇에 자연스럽게 반응하는지 살펴보면 거기에 우리의 재능이 있다. 하지만 하나의 문제가 더 있다. 막상 몸을 움직여 재능을 찾겠다고 마음을 먹어도 막막하기만 하다. 새로운 세계에 몸을 던져야 한다는 것은 알지만, 수많은 일들 중 어떤 일부터 시작해야 할지 갈피를 잡기 어렵기 때문이다. 다시 한 번 스피노자의 철학을 빌려보자.

> 기쁨을 정신이 더 큰 완전성으로 이행하는 정서로 이해하지만, 슬픔은 정신이 더 작은 완전성으로 이행하는 정념으로 이해했다. 더 나아가 나는 정신과 신체에 동시에 관계되는 기쁨의 정서를 쾌감이나 유쾌함이라고 부르지만, 슬픔의 정서는 고통이나 우울함이라고 말한다. ─ 『에티카』

기본적으로 스피노자는 타자(여기서는 '어떤 일'이라고 하자)를 마주쳤을 때 인간의 내면에는 '기쁨'과 '슬픔'이라는 두 가지 감정이 생긴다고 말했다. 그리고 기쁨(쾌감·유쾌함) 혹은 슬픔(불쾌·우울함)이라는 감정이 드는 어떤 일을 하게 되었을 때, 정신은 더 큰 완전성 혹은 더 작은 완전성으로 이행한다고 덧붙였다. 여기서 '더 큰(작은) 완전성으로 이행한다'는 말은 삶의 활력이 증가(감소)되는 것을 의미한다. 쉽게 말해, 기쁜(즐겁고 유쾌한) 일을 하게 되었을 때 삶의 활력이 증가되고, 슬픈(불쾌하고 우울한) 일을 하게 되었을 때 삶의 활력이 감소된다는 뜻이다. 이는 싫어하는 일을 하러 출근할 때는 우울하고 활력이 없지만, 퇴근하고 직장인 밴드 활동을 하러 갈 때는 유쾌해져서 다시 활력이 생기는 것으로 설명할 수 있다.

"재능을 찾기 위해 어떤 일을 해야 할까?" 이 질문에 스피노자라면 이렇게 답해줄 테다. "신체가 욕망하는 일을 하라!" 일단 신체가 기쁨을 느끼는 일부터 시작해보면 된다. 하지만 여기서 다시 의문이 든다. 우리가 원했던 것은 재능이지 욕망이 아니지 않은가? 신체가 기쁜 일을 하면 삶의 활력이 생긴다는 것은 알겠다. 하지만 그것이 재능과 무슨 상관이란 말인가?

재능에 대한 또 하나의 오해가 있다. 그것은 '재능'과 '욕망'을 별개로 구분하는 일이다. 재능을 찾으려는 이들이 늘 하는 질문이 있다. "좋아하는 일(욕망)과 잘하는 일(재능) 중에서 어떤 것을 해야 하나요?" 이보다 어리석은 질문도 없다. '욕망'과 '재능'은 뫼비우스의 띠처럼 연결되어 있다. 진짜 좋아하는 일을 하다 보면 그 일을 잘할 수밖에 없고, 진짜 잘하는 일은 좋아하는 일일 수밖에 없다. 재능은 신체가 기쁨(쾌감·유쾌함)을 느끼는 일을 좇는 과정에서 비로소 발견된다. 이는 분명한 삶의 진실이다.

재능은 자연스러움이다. 슬프고 우울하고 고통스러운 일은 부자연스러운 일이다. 자연스러운 일은 기쁘고 즐겁고 유쾌한 일이다. 그러니 슬픔을 주는 일에 재능이 있을 리 없다. 설령 슬프고 우울하고 고통스러운 일에 재능이 있다고 하더라도 상황은 달라지지 않는다. 그런 재능은 발견하지 않는 편이 더 나을 테니까 말이다. 그런 재능을 발견하는 것은 불행한 삶의 전주곡일 뿐이다.

■■■■ 모든 고귀한 것은 힘들 뿐만 아니라 드물다

재능을 찾고 싶은가? 누가 시키지 않아도 반복하게 되는 일, 기쁘고 즐겁고 유쾌하기에 계속 하고 싶은 일, 재능은 그런 일에 있다. 재능을 찾고 싶다면, 자신을 기쁘고 유쾌하고 즐겁게 해주는 일들을 온몸으로 해나가면 된다. 그림을 그리는 것이 기쁘다면 그림을 그리자. 글 쓰는 게 유쾌하다면 글을 쓰자. 운동하는 게 즐겁다면 운동을 하자. 어떤 일이라도 좋다. 그 일을 할 때 느껴지는 감정이 기쁨이라면 그 일을 따라가면 된다. 그 길 어디쯤에 우리가 그토록 찾아 헤매던 재능이 있을 테다.

반대의 방법도 중요하다. 재능을 찾고 싶다면 우리를 슬프고 우울하고 고통스럽게 만드는 일들을 멀리해야 한다. 거기에 재능은 없다. 설사 그런 일에 재능이 있다고 하더라도 그 일로 큰 성취를 이루기는 어렵다. 어떤 일이든 성취의 핵심은 반복이다. 그런데 자신을 슬프고 우울하고 고통스럽게 만드는 일을 어떻게 오랜 시간 반복할 수 있겠는가. 백번 양보해서 그런 일에 재능이 있고, 또 그일을 반복할 수 있다고 해도 상황은 달라지지 않는다. 싫어하는 일을 잘하게 되는 것보다 끔찍한 삶도 없을 테니까 말이다.

재능을 찾는 방법은 간단하다. 온몸으로 기쁨을 좇으면 된다. 그리고 슬픔을 주는 일들을 멀리하면 된다. 이 모든 이야기들이 답답하게 느껴질지도 모르겠다. 누군들 기쁘고 유쾌한 일을 하고 싶지 않을까? 또 누군들 우울하고 고통스러운 일을 하고 싶을까? 우리는 이렇게 하소연하고 싶다. "나도 좋아하는 일을 하고 싶어! 그런데 현실이 그렇지 않잖아!" 스피노자는 우리의 하소연에 이렇게 답해 줄 테다.

> 만일 행복이 눈앞에 있다면 그리고 큰 노력 없이 찾을 수 있다면, 그것이 모든 사람에게 등한시되는 일이 도대체 어떻게 있을 수 있을까? 그러나 모든 고귀한 것은 힘들 뿐만 아니라 드물다. —『에티카』

철학자
더 알아보기

▌베네딕투스 데 스피노자
▌Benedictus de Spinoza

스피노자는 서양 근대철학에서 빼놓을 수 없는 철학자다. 주요 저서로는『에티카』『신학 정치론』등이 있다. 그는 유대교의 전통 아래서 자랐으면서도 초월적이고 인격적인 신을 부정했다. 그 사유의 혁명성 때문에 유대교 공동체로부터 종교적 탄압을 받고 끝내는 파문까지 당했다. 이후 암스테르담에 자리 잡은 스피노자는 당시로서는 최신 기술인 안경 렌즈 세공으로 생계를 유지하며 자신의 철학을 이어갔다.

스피노자의 철학은 당대를 넘어설 정도로 혁명적이었다. 이는 후대 철학자들의 촌평으로 확인할 수 있다. 헤겔은 스피노자에 대해 "만약 철학자가 되고자 한다면, 우리는 다만 스피노자주의자가 될 수 있을 뿐이다."라고 말했다. 베르그손은 "모든 철학자는 두 가지의 철학, 자신의 철학과 스피노자의 철학을 가지고 있다."라고 말했다. 우리 시대 너머에 있는 철학자, 질 들뢰즈는 스피노자에 대해 이렇게 말한다. "스피노자, 그는 철학자들의 그리스도다."

스피노자의 철학에서 '코나투스'라는 개념은 중요하다. 코나투스는 무엇일까? 코나투스는 정신과 신체를 결합시키고 특정한 상태를 유지하려는 힘이다. 쉽게 말해, 코나투스는 '욕망'이라고 말할 수 있다. 예를 들어보자. 인간은 배고픔을 느낀다. 배고픔은 일종의 정신과 신체의 불균형 상태다. 신체가 허기진 상태일 때, 정신은 먹을 것(허기지지 않은 상태)을 향하기 때문이다.

인간은 이런 불균형(배고픔) 상태에 있을 때, 음식을 먹고 싶다는 '욕망'이 생긴다. 그 욕망을 관철하려고 몸을 움직여 음식을 먹는다. 이런 과정을 통해 정신과 신체는 모두 배부름이란 상태로 결합된다. 이렇게 정신과 신체를 결합시켜 배고프지 않은 상태를 유지하려는 힘이 바로 '욕망', 즉 코나투스다.

그런데 스피노자에 따르면, 코나투스는 타자와의 마주침을 통해 증가되거나 감소된다. 기쁜 타자와의 마주침은 코나투스를 증가시키고, 슬픈 타자와의 마주침은 코나투스를 감소시킨다. 이는 우리네 삶으로 잘 증명된다. 배가 고프면 누구나 음식을 먹고 싶다는 욕망(코나투스)이 든다. 하지만 그것이 어떤 음식이냐에 따라 그 욕망의 크기는 증가되거나 감소된다. 좋아하는(기쁜) 음식 앞에서는 그 욕망이 증가되고, 싫어하는(슬픈) 음식 앞에서는 그 욕망이 감소된다. 그러니 우리네 삶을 더 잘 유지하는 힘을 얻고 싶다면, 기쁨을 주는 타자를 만나러 가야 한다. 그때 우리는 더 증가된 코나투스로 더 활력적인 삶을 살 수 있다.

행복은
나를 아는
일이다

벤야민

행복하다는 것은,
소스라치게 놀라는 일 없이 자기 자신에 대해서
알게 되는 것을 의미한다.

『일방통행로』

행복은, 없다

"행복한 밥벌이를 하셔야 해요!" 한동안 사람들을 만날 때마다 이야기하고 다녔다. 의미 없는 일로 자신을 소모하기보다 기쁨을 느낄 수 있는 일로 밥벌이를 해야 한다는 취지에서였다. 그때 한 사람이 냉소적인 표정으로 물었다. "행복이 뭐예요?" 멈칫했다. 늘 행복에 대해 떠들었지만, 정작 행복이 무엇인지에 대해 진지하게 고민해본 적이 없다는 사실을 깨달았기 때문이었다. 그날 이후 행복에 대한 고민이 시작되었다.

긴 시간 행복을 좇았다. 하지만 역설적이게도 행복을 좇으면 좇을수록 불행해졌다. 좋아하는 그녀에게 용기 내어 고백했던 것도,

대학 시절 지긋지긋한 학점 관리와 영어 공부를 악착같이 해냈던 것도 다 행복해지기 위해서였다. 그녀와 연애만 하면, 대기업에 입사만 하면 행복이란 놈을 붙잡을 수 있을 것 같았다. 그래서 열심히 살았다. 운 좋게 그토록 원했던 것들을 얻었다. 하지만 오히려 불행해졌다.

왜 그랬을까? 좋아하는 그녀와 연애를 하고 원하는 대기업에 들어갔는데 왜 불행해졌던 것일까? 모든 사랑에는 크고 작은 마찰이 있게 마련이다. 하지만 나는 그녀와 다툰 날이면 '그토록 좋아하던 사람과 연애를 하는데 왜 행복하지 않지?'라며 삶을 원망했다. 모든 직장생활에는 크고 작은 갈등이 있게 마련이다. 하지만 나는 직장 생활에 회의가 드는 날이면 '그토록 원하던 회사에 입사했는데 왜 행복하지 않지?'라며 삶을 원망했다.

이것이 내가 불행해졌던 이유였다. 행복에 대한 집착. 나는 행복에 집착해서 불행해졌다. 있는 그대로의 삶을 보자. 삶에는 완전한 행복도, 완전한 불행도 없다. 행복한 순간에도 불행은 겹쳐 있고, 불행한 순간에도 행복은 스쳐 지나간다. 원하는 직장에 들어가는 것은 행복이지만, 그 때문에 노예의 삶을 견뎌야 하는 것은 불행이다. 원치 않은 해고를 당하는 것은 불행이지만, 그 때문에 사랑스러운 아이들과 더 많은 시간을 함께할 수 있는 것은 행복이다.

▬▬ 진정한 행복은 행불행을 의식하지 않는 상태다

행복과 불행은 언제나 복잡하고 미묘하게 겹쳐 있다. 그것이 진짜 삶이다. 그러니 우리가 그토록 원했던 '완전한 행복'은 애초에 없는 것일지도 모르겠다. 그렇다면 진정한 행복은 어떻게 정의할 수 있을까? 진정한 행복은 행복과 불행 자체를 의식하지 않는 상태다.

매일 글을 쓰는 작가가 있다고 해보자. 그는 '행복'하다. 그는 매일 아침 서너 시간씩 글을 쓴다. 그 시간이 어떻게 흘러가는지도 모르는 채 쓴다. 마치 매혹적인 영화를 보면 한두 시간이 순식간에 지나가버리는 것처럼 말이다. 그는 '나는 지금 행복한가, 불행한가?'라는 의식에서 자유롭다. 그저 쓸 뿐이다. 다 쓰고 정신적으로 탈진한 뒤에야 비로소 잠시 느낄 뿐이다. '아, 이게 행복이구나!'

"나는 얼마나 행불행을 의식하지 않은 채 살고 있는가?" 자신이 행복한지 아닌지 점검하기 위한 질문이다. 이제 왜 많은 이들이 그토록 행복을 바라면서도 행복으로부터 멀어졌는지 알 수 있다. 행복에 집착하기 때문이다. '이게 행복한 걸까, 저게 행복한 걸까?' 이렇게 행복에 집착할수록 행복에서 멀어질 수밖에 없다. 행복에 대한 집착은 우리가 삶의 어느 순간에 완전히 빠져드는 것을 방해하기 때문이다.

　사랑하는 이와 키스를 한다고 해보자. 그때 행복을 느낀다. 왜 그런가? 마치 시간이 멈춘 것처럼 상대에게 집중하기 때문이다. 만약 사랑하는 이와 키스를 하면서도 '이게 정말 행복일까?'라는 의식을 놓지 못한다면 결코 행복을 느낄 수 없다. 키스라는 그 매혹적인 순간에 온전히 빠져들지 못하기 때문이다. 행복은 행불행이라는 의식 자체에서 벗어나 삶의 어느 순간에 온전히 빠져드는 경험이다.

　행복해지는 방법은 간단하다. 몰입, 즉 삶의 어느 순간에 온전히 빠져들면 된다. 하지만 여기에는 두 가지 문제가 있다. 하나는 몰입의 대상을 찾기가 어렵다는 것이다. "취미가 뭐예요?" "딱히 좋아하는 취미는 없어요." "사랑하는 사람은 있나요?" "마땅한 사람이 없어요." 이처럼 어떤 대상에도 흥미를 느끼지 못하는 이들은 흔하다. 몰입을 하려고 해도 몰입할 대상을 찾지 못하는 게 첫 번째 문제다.

　또 하나의 문제가 있다. 어떤 대상에 몰입했는데 행복이 아니라 기묘한 공허감을 느끼는 경우다. 컴퓨터 게임에 몰입하는 경우가 그렇지 않은가? 게임을 할 때는 분명 몰입되지만, 끝나고 나면 행복은커녕 오히려 죄책감이나 허탈감에 휩싸이는 경우가 일반적이다. 이런 사례는 흔하다. 영상·쇼핑·술·섹스·마약·도박 등 세상에는 몰입할 것들이 넘쳐난다. 하지만 그런 것들에 몰입하고 나면 여지없이 부정적인 감정에 휩싸이게 된다.

　행복이 몰입의 경험이라면, 현실적인 두 가지 문제가 남는다. 몰입할 대상을 찾지 못하는 경우와 몰입한 뒤에도 행복을 느끼지 못하는 경우. 이 두 가지 문제를 어떻게 해결할 수 있을까? 누구보다 섬세하고 영민했던 철학자, 발터 벤야민의 도움을 받아보자. 벤야민은 행복에 대해 이렇게 정의한다.

> 행복하다는 것은, 소스라치게 놀라는 일 없이 자기 자신에 대해서 알게 되는 것을 의미한다. ―『일방통행로』

　벤야민은 소스라치게 놀라지 않고 자기 자신을 알게 되는 것이 행복이라고 말한다. 그의 이야기는 의아스럽다. 다른 사람도 아니고 자기 자신을 아는 것이 대체 뭐가 놀랄 만한 일인가? 우선 하나의 삶의 진실로부터 이야기를 시작하자. 만일 자신이 어떤 사람인지 알아가는 과정에서 화들짝 놀라는 경험을 한 적이 없다면, 그는 자신에 대해 전혀 모르는 사람이다.

　예외적인 경우가 아니라면, 인간은 대체로 부모나 사회가 정해준 길을 따라간다. 그 정해진 길을 따라가면서 길들여진 모습을 자신이라 믿으며 살아간다. 하지만 그 모습을 진짜 자신이라고 할 수 있을까? 순하게 보이는 한 고등학생이 복싱 체육관을 찾아왔다. 엄마가 공부를 잘하려면 체력이 중요하다고 해서 체육관에 왔단다. 복싱을 배운 지 일주일쯤 되었을 때 어느 대학생과 스파링을 하게 되었다. 여유 있어 보이는 대학생과 달리 그 아이는 잔뜩 겁에 질렸다.

한참을 맞던 아이는 너무 겁이 났는지, 아니면 맞다 보니 오기가 생겼는지 눈을 질끈 감고 주먹을 휘둘렀다. 그런데 그 주먹을 맞고 대학생이 주저앉는 게 아닌가. 영문을 몰라 어리둥절하고 있는 아이에게 관장이 말했다. "너 펀치 하나는 타고났네. 열심히 해봐." 아이는 놀라서 흥분을 감추지 못했다. 단지 대학생 형을 쓰러뜨려서가 아니었다. 앉아서 공부하는 것 빼고는 잘하는 게 없는 사람이라 생각했는데, 자신에게 또 다른 면이 있다는 사실을 알게 되었기 때문이었다.

이와 비슷한 사례는 많다. 사람들 앞에서 말 한마디 못하던 이가 처음 무대 위에 올라 무대를 휘저으며 노래를 하는 경우도 있고, 한국 음식밖에 못 먹던 이가 처음 인도 음식을 접하고 향신료 강한 이국적인 음식에 흠뻑 빠지는 경우도 있다. 그들은 모두 자신에게 이런 모습이 있는 줄 몰랐다며 놀랐다. 이처럼 이제껏 몰랐던 자신을 알게 되었을 때 우리는 소스라치게 놀랄 수밖에 없다.

━━ 행복의 대상을 찾는 법

우리는 언제 행복할 수 있을까? 벤야민의 표현을 빌리자면, 우리는 언제 소스라치게 놀라는 일 없이 우리 자신을 알게 될 수 있을까? 자신의 주먹이 강하다는 사실을, 자신이 무대 체질이라는 사실을, 인도 음식이 자신의 입맛에 잘 맞는다는 사실을 알게 된 뒤다. 당연한 말이지만, 자신이 누구인지 충분히 알고 있을 때, 비로소 자신을 알아가는 데 놀라지 않을 수 있다. "행복하다는 것은, 소스라치게 놀라는 일 없이 자기 자신에 대해서 알게 되는 것을 의미한다." 벤야민의 이 말을 이렇게 바꿀 수 있다.

"행복은 자신이 누구인지 충분히 아는 상태다." 이제 앞의 두 문제에 대해서도 쉽게 답할 수 있다. 왜 몰입할 대상을 찾지 못하는가? 자신에 대해 잘 모르기 때문이다. 생물학적 나이가 몇 살이건 간에, 소스라치게 놀라며 자신을 알게 되었던 경험이 턱없이 부족하기 때문이다. 자신을 알아가는 과정에서 여전히 놀랄 일이 많은 사람은 행복할 수 없다.

자신이 어떤 사람인지 충분히 알지 못하는 사람은 자신에게 기쁨을 줄 몰입의 대상 역시 찾기 어렵다. 이것이 정해진 길만 따라 살아온 이들이 몰입의 대상을 찾기 어려운 이유다. 그들은 운동이든 사랑이든 여행이든 소스라치게 놀라며 자신을 알게 된 경험이 별로 없었을 테니까 말이다.

몰입한 뒤에 죄책감이나 허탈감을 느끼는 문제도 마찬가지다. 게임·영상·쇼핑·술·섹스·마약·도박에 몰입하는 이들이 있다. 그들은 왜 이런 슬픈 몰입(이것을 '중독'이라고 한다)에 빠져들게 되었을까? 중독에 빠지는 이들의 공통점이 있다. 자기 자신에 대해서 충분히 알지 못한다는 사실이다. 그들은 소스라치게 놀라며 자신을 알아간 경험이 없거나 턱없이 부족하다. 그래서 말초적이고 자극적인 대상에 빠져드는 것이다.

게임·영상·쇼핑·술·섹스·마약·도박이 행복한 몰입의 대상이 아닌 이유는 분명하다. 그것들은 오직 '나'이기 때문에 몰입하는 대상이 아니기 때문이다. 인간에게는 보편적인 속성이 있다. 힘든 상황에 처했을 때 도망가고 싶은 마음(도피욕), 불특정 다수로부터 관심받고 싶은 마음(인정욕), 섹스하고 싶은 마음(성욕) 등이 그런 속성이다. 슬픈 몰입의 대상은 이런 인간의 보편적인 속성을 자극한다. 달리 말해, 게임·영상·쇼핑·술·섹스·마약·도박은 인간의 보편적인 속성(도피욕·인정욕·성욕) 때문에 빠져드는 대상이지, 오직 '나'이기 때문에 빠져드는 대상은 아니다.

━━━ 행복은 '나'를 아는 일

'몰입'은 오직 '나'이기 때문에 빠져드는 일이다. '몰입'하는 이들은 좀처럼 '중독'되지 않는다. '나'에 대해 충분히 아는 사람은 기쁨을 주는 대상에 '몰입'할 뿐, 슬픔을 초래하는 '중독'에 빠지지 않는다. 몰입할 만한 대상이 없는 이들도, 몰입해도 행복하지 않은 이들도 결국 자신에 대해 충분히 모르는 이들일 뿐이다.

우리는 모두 행복할 수 있다. 몰입의 대상을 통해 행복할 수 있다. 그러기 위해 우리는 더 이상 소스라치게 놀라는 일이 없을 정도로 자기 자신에 대해 충분히 알아야 한다. 이제 행복을 위한 첫걸음을 어디로 내딛어야 할지 알겠다. 이제껏 경험해보지 못한 일들을 하나씩 경험해보는 것이다. 그 과정에서 놀랄 만한 일들을 충분히 겪었을 때 행복의 가능성은 열린다.

행복해지고 싶다면, 소스라치게 놀라며 자신을 알게 되는 경험을 조금씩 쌓아나가야 한다. 그런 경험이 충분히 쌓였을 때, 더 이상 놀라지 않고 자신을 알게 되는 상태에 이르게 된다. 우리는 이 상태를 성숙함이라고 부른다. 세상의 온갖 풍파를 겪고 원숙한 노년을 맞이한 이의 여유로운 표정에서 행복을 엿볼 수 있는 것은 결코 우연이 아니다. 그 여유로운 표정이 더 이상 "놀라는 일 없이 자신을 알게 된" 이의 지혜로움(행복)을 보여주기 때문이다. 그래서 철학의 아버지, 소크라테스는 그 유명한 말을 남겼나 보다. "너 자신을 알라!"

철학자
더 알아보기

발터 벤야민
Walter Benjamin

벤야민은 독일의 유대계 평론가이자 철학자다. 주요 저서로는
『기술복제시대의 예술작품』『일방통행로』『아케이드 프로젝트』등
이 있다.

벤야민은 비운의 철학자다. 날 선 지성인이자 비평가였던 그는
인간의 삶을 파괴하려고 했던 히틀러와 나치를 집요하고 맹렬하게
비판했다. 불행히도 히틀러와 나치는 더 큰 권력을 쥐게 되었고, 마
침내 벤야민이 살고 있던 프랑스 파리를 점령하기에 이르렀다. 벤
야민은 히틀러가 파리를 점령하기 직전 프랑스를 떠나 스페인으로
향했으나, 불행히 당시 스페인의 국경은 막혀 있었다. 그 절망적인
상황에 체념한 벤야민은 자살로 삶을 마감했다.

영민했던 벤야민은 자본주의가 인간의 삶을 슬픔으로 몰아넣을

것을 직감했다. 그는 자본주의가 탄생했던 19세기 파리의 모습을 복원해 20세기 자본주의의 민낯을 폭로하려고 했다. 하지만 자료만 수집해놓은 상태에서 나치에 쫓기는 바람에 그의 기획은 미완에 그치고 만다. 그 미완의 기획은 훗날 벤야민에게 깊은 감명을 받은 철학자 조르조 아감벤에 의해 비로소 『아케이드 프로젝트』라는 이름으로 세상에 나오게 된다.

벤야민은 『아케이드 프로젝트』를 통해 19세기 파리의 자본주의가 어떠했는지를 적나라하게 보여줌으로써, 자본주의가 우리네 삶을 행복하게 만드는 체제가 아니라 끔찍할 정도의 불행을 초래하는 체제라는 사실을 폭로하고자 했다. 누구보다 지적으로 영민했던 벤야민은 이 책으로 자본주의를 전복하려고 했던 것인지도 모른다.

본질에
갇힐 것인가,
본질을
만들 것인가

사르트르

실존은 본질에 앞선다.

『실존주의는 휴머니즘이다』

━━ "사람은 절대 안 변해!" vs. "사람은 변할 수 있어!"

"저 사람은 원래 그런 사람이야. 절대 안 변해!" 흔히 하는 말이다. 이는 옳은 말일까? 사람은 변할 수 없을까? 오로지 자기밖에 모르는 이기적인 사람은 이타적인 사람이 될 수 없을까? 우유부단하고 소심한 사람은 강단 있고 단호한 사람이 될 수 없을까? 쉽게 단정할 수 없는 문제다. 사람은 절대 변하지 않는다고 말하는 이가 있다. 반면 사람은 변한다고 말하는 이도 있다. 누구 말이 맞을까?

"사람은 변할 수 있을까, 변할 수 없을까?" 이 질문에 대한 답은 중요하다. 우리는 살면서 타인과 자신에 대한 많은 문제들을 겪는다. 그중 대부분은 이 질문에 명쾌하게 답하지 못해 일어난 일이라고 해도 과언이 아니다. 사람이 변하는 존재인지 변하지 않는 존재인지 답할 수 있다면, 살면서 겪게 되는 타인과 자신의 문제로부터 상당 부분 자유로워질 수 있다.

타인의 문제부터 보자. 우리는 친구·후배·연인·가족을 바꾸려 얼마나 노력했던가. 그 때문에 얼마나 많은 갈등과 다툼이 있었던가. 사람이 변하는 존재인지 변하지 않는 존재인지 알면, 그 갈등과 다툼에서 자유로울 수 있다. 만약 사람이 변하는 존재라면 언젠가 내 친구·후배·연인·가족 역시 변할 것이라 믿고 느긋하게 기다릴 수 있을 테고, 만약 사람이 변하지 않는 존재라면 다른 사람을 바꾸려는 노력 자체를 깨끗이 포기할 수 있을 테니까 말이다.

자신의 문제도 마찬가지다. 자기 모습에 완전히 만족하며 사는 사람은 없다. '난 왜 이리 쉽게 포기할까?' '난 왜 이리 말을 못할까?' '난 왜 이리 소심할까?' 저마다 불만족을 품고 산다. 사람은 누구나 더 나은 사람이 되고 싶어 한다. 이 문제 역시 사람이 변하는 존재인지 변하지 않는 존재인지 알면 더 수월하게 다룰 수 있다. 사람이 변하는 존재라면 별다른 의심 없이 자기가 원하는 모습이 되고자 노력할 테고, 사람이 변하지 않는 존재라면 지금 자기 모습이 어떻든 그 모습을 받아들이고 살 테니 말이다.

"사람은 변할 수 있을까, 변할 수 없을까?" 이 질문에 대한 답은 프랑스의 철학자, 장 폴 사르트르에게 들어보자. 사르트르는 실존주의를 대표하는 철학자로, 인간의 자유를 끈질기게 문제삼았다. 사르트르 철학의 핵심은 '실존'이다. 이 '실존'이라는 개념을 이해하기 위해서는 우선 '본질'과 '존재'라는 두 가지 철학적 개념을 알아두어야 한다.

먼저 '본질'부터 알아보자. '본질'은 존재의 이유다. 예를 들어 계산기의 '본질(존재의 이유)'은 '수를 연산하는 어떤 것'이다. 그렇다면 '존재'는 무엇일까? '존재'는 '본질(존재의 이유)'이 정해져 있는 사물이다. 예를 들어 계산기, 가방, 물통은 '존재'다. 각각 '수를 연산하는 어떤 것', '물건을 담는 것', '물을 담는 어떤 것'으로 '본질(존재의 이유)'이 정해져 있기 때문이다.

우리 주변의 거의 모든 사물들은 '본질'이 '존재'에 앞선다. 이는 어떤 의미인가? 계산기를 생각해보자. 계산기는 왜 '존재'하게 되었을까? 누군가 계산기의 '본질(존재의 이유)'을 떠올렸기 때문이다. 계산기가 '존재'하기 위해서는 누군가 먼저 계산기의 '본질', 즉 '수를 연산하는 어떤 것'을 떠올려야 한다. 가방과 물통도 마찬가지다. 가방과 물통이 '존재'하기 위해서는 누군가 먼저 가방과 물통의 '본질'을 떠올려야 한다. 이처럼 우리 주변의 거의 모든 사물들은 '본질'이 미리 정해져 있고, 그 '본질'이 실현되는 방식으로 '존재'하게 된다.

그렇다면 '존재'는 변할 수 있을까? '존재'는 변할 수 없다. 정확히는 '존재(계산기·가방·물통)'는 주어진 '본질(수를 연산하는 어떤 것·물건을 담는 어떤 것·물을 담는 어떤 것)' 밖으로 나설 수 없다. 당연하지 않은가? '수를 연산할 수 없는' 계산기는 더 이상 계산기가 아니고, '물건을 담을 수 없는' 가방은 더 이상 가방이 아니며, '물을 담을 수 없는' 물통은 더 이상 물통이 아닐 테니까 말이다. 하지만 사르트르는 본질 밖으로 나설 수 있는 '존재'가 딱 하나 있다고 말한다.

━━ **인간은 본질에 앞선다**

실존은 본질에 앞선다. ─ 「실존주의는 휴머니즘이다」

본질보다도 앞서는 하나의 존재, 그 어떤 개념으로도 정의되기 이전에 존재하는 하나의 존재가 있다. 바로 인간이다. ─ 「실존주의는 휴머니즘이다」

'본질' 밖으로 나설 수 있는 '존재'가 있다. 바로 '실존'이다. '실존

existence'은 '밖'을 뜻하는 접두사 'ex-'와 '서다'를 뜻하는 단어 'sist'로 이루어져 있다. 이는 '실존'은 '본질' 밖으로 나설 수 있는 존재라는 뜻이다. 사르트르는 인간을 '실존'이라고 칭하며, "실존은 본질에 앞선다."라고 말한다. 이제 우리는 "사람은 변할 수 있을까, 변할 수 없을까?"라는 질문에 답할 수 있다.

"실존은 본질에 앞선다."라는 말은 어떤 의미인가? '실존', 즉 인간에게 미리 정해진 하나의 '본질' 같은 것은 없다는 의미다. 이 말은 인간은 언제라도 지금 주어진 '본질' 밖으로 나가 변할 수 있는 존재라는 의미를 함축하고 있다. 모든 '존재'는 '본질'에 갇혀 태어나고 죽는다. 계산기는 계산기로 태어나서 죽고, 가방은 가방으로 태어나서 죽고, 물통은 물통으로 태어나서 죽는다. 하지만 '실존(인간)'은 그렇지 않다.

사르트르는 인간이 '본질'에 갇힌 '존재'가 아니라, 끊임없이 본질 밖으로 나가 자신의 본질을 새롭게 만드는 존재라고 말한다. 사르트르에게 "인간은 변할 수 있나요?"라고 묻는다면 그는 이렇게 답해줄 테다. "인간은 변할 수 있다. 인간은 본질에 앞서기 때문이다." 이는 결코 낭만적인 이야기가 아니다. 그의 논의에 따르면, '본질' 밖으로 나가지 못하는 '존재'는 '실존(인간)'이 아니다. 이는 얼마나 불편하고 아픈 이야기인가?

우리 시대에 '존재'처럼 사는 '실존(인간)'이 얼마나 많던가. "삼성전자에 입사하기 위해 태어났다."라고 말하는 직장인, "국회의원이 되기 위해 태어났다."라고 말하는 정치인, "연기를 하기 위해 태어났다."라고 말하는 배우. 사르트르는 이들의 상태를 날카롭게 비판할 테다. "자네들은 '실존'이 아니라 한낱 '존재'일 뿐이네." 사르트르에게 '인간'은 '삼성전자', '국회의원', '배우'라는 본질에 갇힌 '존재'가 아니다. 자신에게 주어진 본질 밖으로 끊임없이 벗어나 새로운 본질을 만들어가는 '실존'이다.

> 사람은 다만 그가 스스로를 생각하는 그대로일 뿐 아니라, 또한 그가 원하는 그대로다. 그리고 사람은 존재 이후에 스스로를 원하는 것이기 때문에 스스로가 만들어가는 것 외엔 아무것도 아니다. 이것이 실존주의의 제1원칙이다. ─『실존주의는 휴머니즘이다』

사르트르는 인간의 자유를 극한까지 긍정한 실존주의를 표방했다. 이는 당연한 결과다. 인간에게 자유가 없다면, 어떻게 자신을 가두고 있는 기존의 본질에서 벗어나 새로운 본질을 만들어갈 수 있겠는가? 자신을 게으르고 무기력한 존재라고 여기는 이가 있다고 해보자. 그에게 자유가 없다면, 어떻게 자신이 규정한 지금의 본질(게으름·무기력)에서 벗어나 새로운 본질(성실함·활력)을 구성해나갈 수 있겠는가?

"인간은 자유롭도록 저주받은 존재다." 이것이 사르트르가 인간과 자유를 정의하는 방식이다. 자유는 아름답거나 낭만적인 일이 결코 아니다. 인간은 누구나 자유를 원한다고 믿지만 이는 사실이 아니다. 대부분은 자유가 없기를 바란다. 세상 사람들은 주어진 '본질'에 머무르기를 은근히 바란다. 자신이 부자가 되기 위해 태어난 사람이기를, 정치를 하기 위해 태어난 사람이기를, 연기를 하기 위해 태어난 사람이기를 바라는 이들이 얼마나 많던가?

인간에게 자유가 있다면, 주어진 본질(노예·아이·직장인·소비자…)에서 벗어나 새로운 본질(주인·어른·예술가·생산자…)로 나아가지 못할 이유가 없다. 즉, 사르트르의 말처럼, 자유란 인간으로 하여금 주어진 본질을 끊임없이 넘어설 수밖에 없게 만드는 저주인 셈이다. 사르트르는 우리에게 야박하게 말한다. "누군가 우리의 머리에 총부리를 겨누고 있어도 우리는 전혀 부자유한 상태가 아니다. 우리에게는 총부리를 겨눈 자에게 저항할 것인지 복종할 것인지의 자유가 남아 있다." 이것이 사르트르의 실존주의다.

━━━ 인간, 자기성찰의 존재

사르트르는 인간이 '본질'에 앞서는 유일한 존재라고 말한다. 여기서 우리는 의문이 든다. 왜 인간만이 주어진 '본질' 밖으로 벗어나 새로운 '본질'을 만들 수 있을까? 사르트르는 이 질문에 "인간은 대자對自적 존재"이기 때문이라고 답한다. 이 말이 난해한 것은 '대자對自'라는 단어 때문이다. '대자對自'를 문자 그대로 해석하면 '자신自을 마주함對'이다. 즉, 인간이 대자적 존재라는 말은, 인간은 자기 자신을 마주할 수 있는 존재라는 의미다.

인간은 자기 자신의 모습을 거리 두어 성찰할(마주할) 수 있다. 그렇기에 인간은 새로운 본질을 만들어 다른 사람이 될 수 있다. 이것이 사르트르의 핵심 논리다. 정말 그렇지 않은가? 연필이 연필이라는 본질에 갇히는 이유는 자신이 연필이라는 사실을 거리 두어 성찰할 수 없기 때문이다. 개가 개라는 본질에 갇혀 죽을 때까지 개로 사는 이유는 자신이 개처럼 살고 있다는 사실을 거리 두어 성찰할 수 없기 때문이다. 오직 인간이라는 '실존'만이 자기 삶을 스스로 돌아볼 수 있다. 그래서 인간은 변할 수 있다.

사르트르의 이야기는 옳다. 인간은 대자적 존재라는 말도, 그렇기에 인간(실존)은 본질에 앞선다는 말도 옳다. 그래서 인간은 변할 수 있다는 말도 논리적으로 옳다. 이제 철학에서 시선을 떼고 삶으로 돌아와 보자. 우리 주변 사람들 중 과거의 자신과 단절하고 다른 사람이 된 경험을 해본 이가 얼마나 될까? 쓸쓸하게도 소심한 사람은 늘 소심하게 살아가고, 게으른 사람은 늘 게으르게 살아가는 것이 일반적인 삶의 모습이다.

분명 인간은 자기성찰을 할 수 있는 대자적 존재다. 그래서 과거의 자신과 결별하고 새로운 자신을 만날 수 있는 가능성을 지니고 있다. 그런데 왜 사람들은 변하지 못할까? 소심한 사람인들 자신의 소심함을 돌아보고 성찰해보지 않았을까? 게으른 사람인들 자신의 게으름을 돌아보고 반성해보지 않았을까? 자신의 못마땅한 점을 단 한 번도 대자적으로 성찰하고 반성해보지 않은 사람은 없다. 그럼에도 불구하고 많은 사람들은 과거의 자신과 결별하고 다른 사람이 되지 못한 채 하루하루를 살아간다. 사르트르의 이야기가 공허하게 들리는 것도 이 때문이다.

━━ 한 사람이 변하는 순간

한 사람은 어떻게 변할까? 사람은 '앎'이 아니라 '즐거움', '옳음'이 아니라 '좋음', '훌륭함'이 아니라 '근사함'을 따라 변한다. 예를 들어보자. 어떤 사람이 돈이 충분하지 않아도 행복할 수 있다는 사실을 '알게' 되었다고 해보자. 그는 변할까? 변하지 않을 것이다. 그 사실을 알아도 악착같이 돈을 벌며 자신을 소모하는 삶에서 벗어나기 힘들 것이다. 어떤 사람이 아침에 물을 마시는 것이 '옳다'는 사실을 알게 되어도 그는 여전히 아침에 커피를 마실 것이다. 어떤 사람이 클래식 음악이 '훌륭하다'는 사실을 알게 되어도 그는 여전히 대중가요를 들을 것이다.

한 사람은 언제 변할까? 언제 돈이 충분하지 않아도 행복한 사람이 될까? 언제 물 한 잔을 마시며 아침을 시작하는 사람이 될까? 언제 클래식 음악을 즐겨 듣는 사람이 될까? 돈에 얽매이지 않는 자유로운 삶이 얼마나 '즐거운지', 물을 마시며 하루를 시작하는 것이 얼마나 '좋은지', 클래식 음악이 얼마나 '근사한지' 느끼게 될 때다. 우리를 변화시키는 것은 '앎', '옳음', '훌륭함'이 아니다. '즐거움', '좋음', '근사함'이다.

사르트르의 말은 옳다. 한 사람은 대자적 성찰로 변할 수 있다. 하지만 그 성찰이 '앎', '옳음', '훌륭함'을 돌아보는 성찰일 때 한 사람은 변하지 않는다. '즐거움', '좋음', '근사함'을 돌아보는 성찰일 때 한 사람은 변한다. 매일 늦잠을 자는 아이가 "더 이상 이렇게 살 수는 없어!"라며 대자적 성찰을 했다고 해보자. 그 아이는 늦잠 자는 습관을 고칠 수 있을까? 아니다. 십중팔구 작심삼일로 끝날 것이다.

하지만 그 아이가 어느 날 대자적 성찰을 통해 "운동이 이렇게 즐거운 거였어!"라고 느낀다면 어떨까? 그 아이는 운동의 즐거움을 느끼기 위해 누가 시키지 않더라도 매일 아침 일찍 일어나 운동을 하러 갈 것이다. 이처럼 예전에는 미처 몰랐던 '즐거움', '좋음', '근사함'의 대상을 발견할 때 사람은 변한다.

대자적 성찰을 통해 무언가를 발견해야 한다면, 그것은 자신의 내면 깊은 곳에 숨어 있는 '즐거움', '좋음', '근사함'의 대상이다. 그 대상을 발견하면 과거의 자신과 온전히 결별하고 새로운 자신을 만날 수 있다. 언제나 작심삼일에 그친다면, 자신의 무기력과 절제력을 돌아볼 것이 아니라, 자신이 즐거워하고 좋아하고 근사하게 느끼는 대상이 없는 것은 아닌지 돌아볼 일이다. 인간은 실존적 존재다. '즐거움', '좋음', '근사함'을 따라 자신의 본질을 끊임없이 새롭게 구성해나가는 실존적 존재!

철학자
더 알아보기

장 폴 사르트르
Jean-Paul Sartre

　사르트르는 실존주의를 대표하는 프랑스의 철학자다. 주요 저서로는 『존재와 무』 『실존주의는 휴머니즘이다』 『변증법적 이성 비판』 등이 있다.

　사르트르를 이해하는 핵심 키워드는 '자유'다. 그는 인간은 주어진 본질 밖으로 나가 새로운 본질을 만들 수 있는 존재라고 말하며, 인간의 자유를 극한까지 긍정했다. 여기서 우리는 사르트르의 유명한 말을 하나 더 살펴볼 필요가 있다.

> "유황불, 장작불, 석쇠… 아! 웃기는군. 달궈진 석쇠도 필요 없어. 지옥은 바로 타인들이야." ─ 『출구 없는 방』

사르트르는 왜 "지옥은 바로 타인들"이라고 말했을까? 인간의 자유에 대한 문제의식 때문이다. 한 인간의 자유를 극한치로 밀어붙이면 어떤 일이 벌어질까? '나'의 자유를 극한까지 긍정하면 반드시 '타자'의 자유와 충돌할 수밖에 없다. 말년의 사르트르는 타자와의 소통 문제를 깊게 고민했는데, 이는 그의 사유 체계 속에서 필연적인 결과였을 테다. 자신의 자유와 타자의 자유가 충돌할 때, 그 문제를 해결할 수 있는 방법은 결국 소통밖에 없기 때문이다. 사르트르의 철학적 논의는 '자유'에서 '타자'로, 그리고 '소통'으로 이어지는 체계를 갖고 있다.

나의 진짜 욕망을
찾는 법

라캉

자신이 욕망하는 것이 진실로
자신이 소망하는 것인지 소망하지 않는 것인지를
알기 위해서, 주체는 다시 태어날 수 있어야 한다.

『에크리』

━━ 답답한 질문, 위험한 확신

"제가 뭘 좋아하는지 모르겠어요." 많은 이들이 갖고 있는 답답함이다. 학창 시절은 물론이고, 그보다 더 나이가 들어서도 마찬가지다. 자신이 무엇을 좋아하는지 잘 모르는 이들은 흔하다. "나는 무엇을 좋아하는 걸까?" 이 질문만큼이나 스스로를 답답하게 하는 질문도 없다. 그런데 이 답답한 질문은 차라리 형편이 나은 것인지도 모르겠다. 오히려 "저는 이것을 좋아해요!"라고 확신에 차서 말하는 이들이 더 문제다. 그것은 대부분 위험한 확신이기 때문이다. 언젠가 그런 확신에 찬 사람과 이야기를 나눈 적이 있다.

"저도 직장을 그만두고 저만의 길을 가고 싶어요. 어떤 준비를 해야 할까요?"

"일단 좋아하는 일을 찾아야 해요. 좋아하는 일이 있나요?"

"네, 저는 영어 공부 하는 걸 좋아해요."

좋아하는 일을 확신하는 이들이 있다. 직장을 그만두려는 그는 정말 영어 공부를 좋아하는 걸까? 그렇지 않다. 그의 확신은 위험하다. 그 확신 때문에 그가 진정으로 원했던 '자신만의 길'은 점점 더 멀어질 것이기 때문이다. 그에게 필요한 것은 "저는 영어 공부를 좋아해요!"라는 위험한 확신이 아니다. "저는 무엇을 좋아하는지 모르겠어요."라는 답답한 질문이다.

'위험한 확신'보다 '답답한 질문'이 낫다. 왜 그런가? 낯선 곳을 여행하려면 섬세하고 조심스럽게 길을 찾아야 하기 때문이다. 한 번도 가보지 않은 여행지에서 확신보다 위험한 것도 없다. 인생이라는 여행지에서는 더더욱 그렇다. 잘못된 확신으로 길을 잘못 들어서면 걸어왔던 걸음만큼 다시 되돌아올 수밖에 없다. "이건 내가 살고 싶었던 삶이 아니었는데."라며 나이들어 서글픈 후회를 하는 사람들이 얼마나 많던가?

━━ 인간은 타자의 욕망을 욕망한다

물론 반론을 제기할 수도 있다. 그는 정말 영어 공부를 좋아할 수도 있지 않은가? 본인이 영어 공부가 좋다는데, 다른 사람이 "그건 네가 정말 좋아하는 것이 아니야!"라고 말하는 것도 주제 넘는 일 아닌가? 하지만 잊지 말아야 할 사실이 있다. 우리의 욕망은 우리의 것이 아니라는 사실이다. 놀랍게도, 우리가 원한다고 믿는 것들은 대부분 우리가 원하는 것이 아니다. 이에 대해 정신분석학자 자크 라캉은 이렇게 말한다.

인간의 욕망은 타자의 욕망이다. ─『세미나 11』

인간의 욕망은 근본적으로 타자의 욕망이다. 달리 말해, 인간은 타자의 욕망을 욕망한다. 이는 쉽게 말해, '세상 사람들이 좋아하는 것을 우리 역시 좋아하게 된다'는 뜻이다. '페라리'를 좋아하는 남자가 있다고 해보자. 그는 왜 '페라리'를 좋아할까? '페라리'가 멋있어서? 아니다. 세상 사람들이 '페라리'를 좋아하기 때문이다. '샤넬 백'을 좋아하는 여자가 있다고 해보자. 그녀는 왜 '샤넬 백'을 좋아할까? '샤넬 백'이 아름다워서? 아니다. 세상 사람들이 '샤넬 백'을 좋아하기 때문이다. 이처럼 우리의 욕망은 우리가 진짜 원하는 것이라기보다는 다른 사람이 원하는 것을 원하게 된 경우가 대부분이다.

거부감이 들지도 모르겠다. 내 욕망이 내 것이 아니라니! 이는 마치 우리가 다른 사람에게 조종당하거나 다른 사람 흉내만 내는 꼭두각시에 불과하다는 말처럼 느껴질 수 있다. 하지만 딱히 불쾌해할 필요는 없다. 인간이라면 누구나 어느 정도 타자의 욕망을 자신의 욕망으로 내면화할 수밖에 없기 때문이다. 왜 그런가? 인간이라는 종의 특성 때문이다. 인간은 다른 동물에 비해 독특한 지점이 있다. 그것은 자신의 생존을 지킬 수 없는 유아기가 현저히 길다는 사실이다.

물고기는 태어나자마자 헤엄을 치고, 말은 태어난 지 몇 시간 만에 일어나서 움직일 수 있다. 하지만 인간은 어떤가? 태어나서 적어도 이삼년 동안은 타인의 절대적인 도움 없이는 생존 자체가 불가능하다. 바로 이 점 때문에 인간은 타인의 욕망을 자신의 욕망으로 내면화할 수밖에 없다. 두 아이를 키우면서 발견한 사실이 있다. 아이가 좋아하는 음식은 대부분 아내가 좋아하는 음식과 일치한다는 사실이다. 아들에게 어떤 음식을 좋아하는지 물으면 파스타와 빵이라고 답한다. 아들은 정말 파스타와 빵을 좋아할까? 아니다. 그것은 아내가 좋아하는 음식이다.

왜 이런 일이 벌어지는 걸까? 아이는 엄마에게 사랑받아야 한다는 사실을 본능적으로 알고 있기 때문이다. 그렇지 않으면 아이는 생존할 수 없다. 이처럼 '부모'로 표상되는 존재(정신분석학에서는 이를 '대타자'라고 한다)에게 사랑받지 않으면 생존할 수 없었던 유아기의 흔적으로 인해, 우리는 (대)타자의 욕망을 자신의 욕망으로 내면화하게 된다. 시간이 지나면 아들은 "나는 파스타와 빵을 좋아해!"라고 확신에 차서 말할 것이다. 그 직장인이 "저는 영어 공부를 좋

아해요!"라고 확신에 차서 말한 것처럼 말이다. 이에 대해 라캉은
분명하게 밝힌 바 있다.

<u>타자의 욕망이 주체에 결정적인 영향을 미친다.</u> ― 「욕망이론」

▄▄▄ 진짜 욕망을 찾아서

그 직장인은 진짜 영어 공부를 욕망하는 것일까? 아니다. 그에게
영어 공부는 타자의 욕망이다. 영어를 잘하면 다른 사람들에게 사
랑받을 수 있다는 무의식적 사고 때문에 영어 공부를 욕망하게 된
것일 뿐이다. 바로 이것이 많은 사람들이 타자의 욕망을 자신의 욕
망으로 내면화하는 메커니즘이다. 동시에 이것이 많은 사람들이 불
행한 삶을 이어가는 이유이기도 하다. 인간은 자신이 원하는 일을
할 때 행복하다. 반대로 타인이 원하는 일을 할 때 불행하다. 그러
니 타인의 욕망을 자신의 욕망인 양 따르는 삶이 어찌 불행하지 않
을 수 있겠는가?

우리 안에 뿌리 깊게 자리 잡은 타자의 욕망을 걷어 내지 못하면,
우리의 삶은 점점 더 불행해질 수밖에 없다. '나'의 욕망이 아닌 '타
자'의 욕망을 따라 사는 것은, '나'의 삶이 아니라 '타자'의 삶을 사
는 것이기 때문이다. 그 직장인은 퇴사를 하고 어떤 일을 할까? '좋

아하는 일을 해야 한다'는 조언을 받아들인다면 영어 강사가 되거나 영어와 관련된 일을 할 것이다. 그는 그 일을 하며 행복한 삶을 살 수 있을까? 쉽지 않을 테다. 그 일이 잘 풀리면 "결국 좋아하는 일을 해도 바뀌는 건 없어."라며 공허와 허무에 시달릴 테고, 그 일이 잘 안 풀리면(예전보다 수입이 줄거나 생활이 힘들어지면) "좋아하는 일을 하는 건 순진한 생각이야!"라며 자신의 선택을 후회하고 냉소주의에 빠질 테다.

━━ 다시 태어난다는 것

이미 내면화된 타자의 욕망을 걷어 내지 못하면 진짜 '나'의 삶은 요원하다. 그러니 중요한 질문은 이것이다. "진짜 나의 욕망은 어떻게 찾을 수 있을까?" 우리는 어떻게 '부모(선생·사장·사회…)'에게 사랑받기 위해 내면화했던 타자의 욕망을 걷어 내고 우리가 진정으로 좋아하는 것을 찾을 수 있을까? 라캉의 이야기를 들어보자.

> 자신이 욕망하는 것이 진실로 자신이 소망하는 것인지 소망하지 않는 것인지를 알기 위해서, 주체는 다시 태어날 수 있어야 한다.
> ─『에크리』

라캉은 지금 내가 욕망하는 것이 정말로 내가 원하는 것인지 확인하기 위해서 "주체(나)는 다시 태어날 수 있어야 한다."라고 말한다. 여기서 '다시 태어난다'는 것은 어떤 의미일까? 물리적 죽음과 미신적 환생을 의미하는 걸까? 그렇지 않다. 우리는 종종 다시 태어나고 싶을 때가 있다. 언제 그런가? 지금과 전혀 다른 사람이 되고 싶을 때다. '다시 태어난다'는 것은 '다른 사람이 된다'는 의미다. 그런데 여기에 한 가지 조건이 더 필요하다.

한 사람이 '변하는' 것과 한 사람이 '다시 태어나는' 것은 다르다. 한 사람이 '다시 태어나는' 것은 그가 전혀 다른 사람이 되어 이전의 모습으로 되돌아갈 수 없는 상태를 의미한다. 마치 한번 죽었다가 환생한 사람이 다시 전생으로 돌아갈 수 없는 것처럼 말이다. 그렇다면 우리는 언제 다시 태어날까? 좋은 의미든 나쁜 의미든 '사건'을 통해 우리는 '다른 사람'이 된다. 첫눈에 반할 정도로 매혹적인 이성을 만나 사랑에 빠지는 일을 생각해보자. 그것은 분명 '사건'이다. 우리는 그 '사건'을 통해 이전과 전혀 다른 사람이 된다.

파스타와 빵밖에 모르던 아이는 언제 다른 음식을 먹게 될까? 첫눈에 반할 정도로 매혹적인 그녀와 사랑에 빠질 때다. 그녀가 감자탕을 좋아하면 아이도 감자탕의 참맛을 알게 될 테다. 그녀와 헤어지면 아이는 다시 파스타와 빵밖에 모르는 아이로 되돌아갈까? 그렇지 않을 것이다. 그녀와 헤어진 뒤에도 아이는 가끔 감자탕에 소주 한잔이 생각나는 청년이 될 것이다. 아이는 사랑이라는 '사건'을 통해 '파스타와 빵밖에 모르는 아이'에서 '감자탕에 소주 한잔을 곁들여 먹는 청년'으로 다시 태어나게 된다. 이것이 바로 주체가 다시 태어나는 일이다.

■■■ '사건'을 맞이할 용기

'사건'을 통해 주체는 다시 태어난다. 하지만 문제가 있다. 우리는 좀처럼 '사건'을 만나기 힘들다는 것이다. 우리는 대체로 '경험'할 뿐 '사건'을 맞이하지 못한다. '경험'은 우리를 이전과 다른 사람으로 변화시킬 순 있어도 다시 태어나게 만들 순 없다. 그 아이 주위에는 이미 감자탕을 좋아하는 친구가 있었다. 가끔 아이도 그 친구를 따라 감자탕을 먹었지만(경험), 한 번도 감자탕의 참맛을 느끼는(사건) 못했다. 그러니 그 친구를 만나지 않을 때는 다시 파스타와 빵만을 좋아하던 이전의 자신으로 되돌아간 것이다.

'경험'과 '사건'은 어떻게 다를까? '경험'은 가역적(되돌아갈 수 있는) 변화를 촉발하고, '사건'은 비가역적(되돌아갈 수 없는) 변화를 촉발한다. 쉽게 말해, 흔해 빠진 친구는 '경험'이고, 매혹적인 연인은 '사건'이다. 흔해 빠진 친구로 인해 무언가 변화할 수는 있어도 그 변화는 이내 힘을 잃어 결국 원래의 자신으로 되돌아가게 된다. 반면 매혹적인 연인으로 인한 변화는 온몸과 온 마음에 각인되어 결코 이전의 자신으로 되돌아갈 수 없게 만든다. 이것이 주체가 다시 태어나는 일이다.

자신의 진짜 욕망을 찾고 싶은가? 주체로 다시 태어나고 싶은가? 일상처럼 흘러가는 의미 없는 '경험' 사이에서 '사건'을 맞이할 수 있어야 한다. 물론 이는 쉽지 않은 일이다. '경험'은 익숙하고 편안하지만, '사건'은 낯설고 위험하다. 그래서 용기가 필요하다. '경험'은 부모(사회)적 욕망의 변주(반복)이고, '사건'은 부모(사회)적 욕망의 이탈이기 때문이다. 자신의 진짜 욕망을 발견하고 싶다면, '경험' 너머 '사건'으로 나아가야 한다.

'경험'의 가역적 변화 너머 '사건'의 비가역적 변화를 긍정할 수 있어야 한다. 그때 비로소 우리는 깨닫게 된다. '아, 나는 파스타와 빵만큼이나 감자탕을 좋아하는 사람이구나!' '아, 나는 영어 공부가 아니라 시를 좋아하는 사람이구나!' 이 깨달음의 순간, 우리는 진짜 욕망을 가진 주체로 다시 태어나게 된다.

진짜 욕망을 찾고 싶다면 스스로에게 물어야 한다. "나는 사건을 맞이할 준비가 되었는가?" "내 익숙한 일상을 송두리째 뒤흔들 사건을 맞이할 용기가 있는가?" "교통사고(사건!) 같은 사랑을 긍정할 수 있는가?" 이것이 타자의 욕망을 벗겨내고 우리의 진짜 욕망을 찾을 수 있을지 없을지를 가르는 질문이다. 우리를 주체로 다시 태어나게 해줄, 우리의 진짜 욕망을 찾게 해줄 '사건'을 긍정하라!

철학자
더 알아보기

자크 라캉
Jacques Lacan

프랑스의 정신분석학자이자 철학자. 주요 저서로는 『에크리』가 있다. 라캉은 흔히 '프로이트의 계승자'라고 불린다. 그렇다고 해서 그가 단순히 프로이트의 이론을 반복한 것은 아니다. 라캉은 기존의 정신분석학에 언어학을 접목시킴으로써 인간의 욕망을 이론화했다. 이것이 정신분석학자로서 그의 가장 큰 업적이다.

라캉은 프로이트 사후, 정신분석학의 흐름이 프로이트의 정신에서 벗어나고 있다고 판단하여 "프로이트로 돌아가자."라고 주장한 바 있다. 특히 정신분석학을 생물학적 영역으로 몰고 가려는 미국식 흐름에 맞서 정신분석학의 인문학적 정신을 복원하기 위해 노력했다. 이것이 정신분석학자인 그가 철학자로도 인정받는 이유다.

"인간은 타자의 욕망을 욕망한다." 라캉의 이 말은 인간의 욕망에 관한 탁월한 사유를 보여준다. 그는 인간은 유아기에 생존을 유지하기 위해 '부모'로 표상되는 존재에게 사랑을 갈구하고, 그 과정에서 '부모(타자)'의 욕망을 내면화할 수밖에 없는 존재라는 사실을 밝혀냈다. 이는 자본주의적 욕망이 만연한 지금 우리 시대에도 여전히 유효한 통찰이다.

우리는 왜 돈을 벌고 돈을 쓰는 자본주의적 욕망에 잠식당해 있는가? 왜 돈을 벌고자 하는 욕망에 휩싸여 최소한의 인간적 존엄마저 포기하는가? 왜 돈을 쓰고자 하는 욕망에 휩싸여 진정한 삶의 기쁨을 등한시하는가? 자본이 주는 유용성과 편리함 때문인가? 그렇지 않다. 그것은 부모 혹은 사회의 욕망을 무비판적으로 내면화한 결과일 뿐이다. 우리네 어린 시절을 돌아보라. 부모(사회)는 돈 버는 일을 가장 중시하고, 돈을 모으고 쓸 때 가장 행복해하지 않았던가?

정직하게 말하자. 자본에 대한 욕망은 우리의 욕망이 아니다. 우리는 그저 자본을 욕망하는 부모(사회)의 욕망을 욕망했을 뿐이다. 우리는 왜 돈을 버는지도 모르면서 돈을 벌고, 돈을 벌지 않으면 불안하다. 왜 돈을 써야 하는지도 모르면서 돈을 쓰고, 돈을 쓰면 또 불안하다. 그렇게 우리는 자본주의적 욕망 속에서 허우적대고 있다. 지금 시대에 라캉을 다시 읽어야 한다면, 그것은 우리의 자본주의적 욕망을 돌아볼 필요가 있기 때문이다.

2장

너와 감응하는
'사랑'의 훈련

미래는 바꿀 수 있다,
오직 타자를 통해

레비나스

미래, 그것은 타자이다.
미래와의 관계,
그것은 타자와의 진정한 관계이다.

『시간과 타자』

나는 이런 사람이 될 거야!

"나는 부자가 될 거야!" "나는 영화감독이 될 거야!" "나는 대범한 사람이 될 거야!"

"나는 이런 사람이 될 거야!"라고 끊임없이 말하는 이들이 있다. 이들의 마음 상태는 '기대'라기보다 '불안'에 가깝다. 현재 자기가 기대하는 모습에 도달하지 못할지도 모른다는 불안. "나는 이런 사람이 될 거야!"라고 끊임없이 되뇌는 것은 그 불길한 직감을 은폐하려는 발버둥이다. 사실 우리 모두 직감하고 있지 않은가? 현재 내 모습(습관·태도·취향·성격·직업…)으로는 내가 원하는 미래에 도달할 수 없다는 사실을.

미래에 창업해서 사장이 될 거라고 말하는 월급쟁이들이 얼마나 많던가. 하지만 그들은 현실에 안주하고 변화를 두려워하는 현재 자신의 모습을 보며 시간이 지나도 결코 회사를 그만두거나 창업하지 못할 것을 직감한다. 소심하고 우유부단한 이들은 미래에 대범하고 결단력 있는 사람이 되기를 기대한다. 하지만 그들 역시 지금까지 소심하게 살아왔던 자신의 모습을 보며 앞으로의 삶도 지금과 크게 다르지 않을 것을 직감한다.

누구나 자신의 미래 모습을 어느 정도 예상한다. 지금껏 살아온 삶의 관성을 자신이 가장 잘 알기 때문이다. 이것이 세상 사람들이 "나는 이런 사람이 될 거야!"라고 말하면서도 결국 '이런 사람'이 되지 못한 채 미래를 맞이하는 이유다. "나는 이런 사람이 될 거야!"이는 "내 미래를 바꾸고 싶다!"라는 말과 다르지 않다.

━━━ 미래는 결코 손에 쥘 수 없다

그렇다면 어떻게 미래를 바꿀 수 있을까? 시간에 대해 깊이 사유한 철학자, 에마뉘엘 레비나스의 이야기를 들어보자.

> 어떤 방식으로도 나의 손아귀에 쥘 수 없는 것은 미래이다. 미래의 외재성은, 미래가 절대적으로 예기치 않게 닥쳐온다는 사실로 인해

레비나스의 이야기는 난해하다. '외재성'이라는 개념 때문이다. '외재성'은 어떤 것의 밖에 있어서 어떤 것의 안으로 환원될(되돌아올) 수 없는 성질을 뜻한다. 레비나스는 "미래의 외재성"과 "공간적 외재성"을 구분한다. 먼저 "공간적 외재성"을 생각해보자. 처음 여행 간 도시의 어떤 성당 앞에 서 있다고 해보자. 그때 그 성당은 "공간적 외재성"을 지니고 있다. 그 성당은 우리 밖에 있고, 우리 안으로 환원되지 않는다. 하지만 그 "공간적 외재성"은 "절대적으로 예기치 않게 닥쳐오지"는 않는다. 우리가 그 성당의 문을 열고 들어갈 수 있기 때문이다.

하지만 "미래의 외재성"은 다르다. 그것은 "절대적으로 예기치 않게 닥쳐온다." 성당의 문을 열고 들어가는 것은 예측할 수 있지만, 미래는 예측할 수 없다. 즉, 10년 뒤에 자신이 어떤 삶을 살게 될지는 "절대적으로 예기치 않게 닥쳐온다." 쉽게 말해, 미래는 성당처럼 문을 열고 들여다볼 수 있는 것이 아니다. 레비나스의 논의는 어렵지 않다. 미래는 절대적으로 예기치 않게 닥쳐오는 것이니 결코 통제할 수 없다. 이것이 레비나스가 "미래란 어떤 방식으로도 나의 손아귀에 쥘 수 없는 것"이라고 말한 이유다.

레비나스의 진단이 옳다면 우리는 절망적인 전망에 빠질 수밖에 없다. 어떤 방식으로든 손아귀에 쥘 수 없는 것이 미래라면, 결국

미래는 어떤 식으로든 바꿀 수 없는 것 아닌가? 그렇다면 "부자가
될 거야!", "영화감독이 될 거야!", "대범한 사람이 될 거야!"라며 자
신이 원하는 미래를 기대하는 것도 다 부질없는 바람 아닌가? 어떤
모습을 꿈꾼들 미래는 통제할 수 없는 것이니까 말이다. 지금 자신
의 모습이 마음에 들지 않아 다른 미래를 꿈꾸는 이들에게 이보다
더 절망적인 이야기도 없다.

━━ 미래, 그것은 타자이다

하지만 레비나스는 미래에 대해 절망적인 전망만을 남기지는 않
는다. 그는 미래는 어떤 식으로도 통제할 수 없다는 암울한 전망 뒤
에 한 가지 희망을 제시한다. 다시 레비나스의 이야기를 들어보자.

> 미래는 손에 거머쥘 수 없는 것이며, 우리를 엄습하여 우리를 사로
> 잡는 것이다. 미래, 그것은 타자이다. 미래와의 관계, 그것은 타자와
> 의 진정한 관계이다. 오로지 홀로 있는 주체라는 관점에서 시간을
> 이야기하는 것, 순수하게 개인적인 지속에 관해서 이야기하는 것은
> 우리에게 불가능한 것으로 보인다. ─ 「시간과 타자」

레비나스는 미래를 이렇게 정의한다. "미래, 그것은 타자이다."

이는 전혀 어려운 이야기가 아니다. 삶을 돌아보자. 지금 '나'의 모습은 20년 전 '나'의 미래 모습이다. 그렇다면 지금의 '나'(20년 전 '나'의 미래)는 어떻게 만들어졌을까? 지금의 '나'는 내가 20년 동안 만난 '타자'들의 합이다. 쉽게 말해, 20년 동안 내가 어떤 부모, 어떤 선생, 어떤 친구, 어떤 영화, 어떤 책, 어떤 음악을 만났는지에 따라 지금 '나'의 모습은 현저히 달라질 수밖에 없다. 레비나스의 말처럼, "오로지 홀로 있는 주체(나)라는 관점에서 시간(미래)을 이야기하는 것"은 불가능하다.

이제 왜 우리가 원치 않는 모습으로 지금을 살아가고 있는지도 이해할 수 있다. 지금까지 우리가 만났던 타자들 중 능동적으로 원해서 만난 타자는 얼마나 될까? 거의 없을 테다. 인간은 세상에 던져지듯 태어나는 존재 아닌가? 어떤 부모를 만났는가에 따라 어떤 선생, 어떤 친구를 만날지 대부분 결정되고, 그 결정에 따라 어떤 영화, 어떤 책, 어떤 음악을 만날지도 대부분 결정된다. 이처럼 타자는 대부분 "절대적으로 예기치 않게" 주어진다.

지금 내 모습을 만든 타자들은 대부분 내가 원한 타자가 아니다. 부모나 선생, 친구는 '나'의 의지와 상관없이 그저 주어진 타자일 뿐이다. 그들은 모두 '나'가 능동적으로 선택한 타자가 아니다. 지금의 '나'가 원치 않는 '나'인 것은 당연한 일이다. 그 '나'는 원치 않았던 타자들을 만나서 만들어진 '나'이니까 말이다. 원치 않는 현재는 과거에 원치 않았던 타자들을 만났던 결과다. 우리는 타자를 선택할 수 없었기에 미래 역시 손에 쥘 수 없었던 셈이다. 미래는 타자이기에 미래는 예기치 않게 다가올 수밖에 없다.

━━━ 미래는 바꿀 수 있다

"미래는 곧 타자다." 이는 서글픔과 희망을 동시에 품고 있는 말이다. 현실에 안주하는 소심한 월급쟁이가 있다고 해보자. 그가 그런 사람이 된 이유는 무엇일까? 과거에 만났던 타자들과의 관계 때문이다. 그가 현실에 안주하는 이유는 늘 돈돈거리던 부모(타자)와의 관계 때문이다. 그가 소심한 이유는 초등학생 때 별것 아닌 일로 뺨을 때린 선생(타자)과의 관계 때문이다. 이렇듯 지금 우리의 모습은 과거에 우리가 만났던 타자들로 인해 형성된 미래다. 원치 않았던 타자들이 만든 미래. 그래서 "미래는 곧 타자"라는 말은 서글픈 것이다.

하지만 과거에 집착하는 퇴행적 사고에서 벗어나 미래로 시선을 돌리면 레비나스의 말은 희망이 된다. 타자로 인해 한 아이가 소심한 월급쟁이가 되었듯, 타자로 인해 월급쟁이가 사업가가 될 수도 있고, 소심한 사람이 담대한 사람이 될 수도 있기 때문이다. 지금 내 모습이 내가 과거에 만났던 타자들로 인해 만들어진 미래라면, 앞으로 내가 맞이할 미래의 모습은 지금 내가 어떤 타자를 만나느냐에 따라 얼마든지 바뀔 수 있다는 이야기 아닌가?

"내 미래를 바꾸고 싶다!" 이렇게 외치는 이들에게 레비나스는 하나의 해법을 제시해준다. "지금 어떤 타자를 만나느냐에 따라 네미래를 바꿀 수 있다." 레비나스는 미래는 곧 타자이기에, 우리 삶은 타자를 통해 얼마든지 변화할 수 있다고 말한다. 하지만 여기서다시 의문이 든다. 산속에 들어가 홀로 살지 않는 이상 타자와 만나지 않는 사람이 어디 있을까? 우리는 하루에도 셀 수 없이 많은 타자들을 만나며 산다. 그런데 왜 우리는 그 많은 타자들과의 관계에도 불구하고 미래를 바꾸지 못하는 것일까?

━━ '진정한 관계'는 불가항력적 종속 관계다

"미래와의 관계, 그것은 타자와의 진정한 관계이다." 레비나스의이 말에 실마리가 있다. '진정한 관계'란 무엇일까? '불가항력적 종속 관계'다. 갑자기 들이닥쳐 오고, 동시에 결코 거부할 수 없는 타자와의 관계. 그 타자의 영향에서 결코 벗어날 수 없기에 그 타자에게 종속되는 관계. 이러한 '불가항력적 종속 관계'가 바로 레비나스가 말하는 '진정한 관계'다.

대표적인 '진정한 관계'는 부모-자식 관계다. '나-부모(타자)'의관계는 '불가항력적 종속 관계'다. 부모는 갑자기 들이닥쳐 오는 존재이고, 동시에 결코 거부할 수 없는 존재이다. 그래서 좋든 싫든 우리는 부모의 영향에서 결코 벗어날 수 없다. 이것이 바로 부모가 우리의 미래를 결정하는 아주 중요한 타자인 이유다. 우리의 미래를 결정하는 타자는 길거리에 스쳐 지나가는 타자가 아니다. 불가항력적으로 우리 삶 안으로 들이닥치는 타자다.

━━━ 자발적인 불가항력적 종속 관계, 사랑

'진정한 관계', 즉 불가항력적 종속 관계에는 두 종류가 있다. '비자발적인 불가항력적 종속 관계'와 '자발적인 불가항력적 종속 관계'. '비자발적인 불가항력적 종속 관계'는 '부모-자식', '선생-학생' 같은 관계다. 즉, '진정한 관계'이긴 하지만, 내 의지로 선택하지 않은 관계다. 이런 '비자발적인 불가항력적 종속 관계'는 분명 우리 미래의 상당 부분을 결정한다. 이는 지금 '나'의 모습이 만들어지는 데 부모나 선생이 얼마나 큰 영향을 미쳤는지 되짚어 보면 알 수 있다.

하지만 '진정한 관계'에는 '자발적인 불가항력적 종속 관계'도 있다. 이는 불가항력적으로 종속되지만 내 의지로 기꺼이 선택한 관계다. 이 '자발적인 불가항력적 종속 관계'는 무엇일까? 바로 '사랑'이다. 우리는 언제 사랑하게 될까? 매혹적(불가항력적!)인 이를 만나게 되었을 때다. 그런 이가 나타났을 때, 우리는 자발적으로 그에게 다가가 기꺼이 그의 노예가 되려고 한다.

사랑을 해본 사람은 안다. 사랑의 유일한 표어는 "당신 뜻대로 하고 싶어요."라는 사실을. 불가항력적이지 않은(자신이 선택할 수 있거나 예측할 수 있는) 관계나 혹은 종속되지 않는(자신의 뜻대로 할 수 있는) 관계는 흔한 '연애'일 뿐 '사랑'은 아니다. 사랑은 우리가 자발적으로 선택할 수 있는 '진정한 관계'다. 이것이 사랑이 우리의 미래를 바꾸어줄 유일한 희망인 이유다.

▬▬ 사랑으로 미래를 바꿀 수 있다

나는 한때 백 킬로그램 가까이 나가는 비만이었다. 날씬한 사람이 되는 미래를 상상조차 해본 적이 없다. 식탐은 엄청났고 게을렀기 때문이다. 하지만 살을 빼기로 마음먹고 일 년 뒤에 칠십오 킬로그램이 되었다. 어떻게 그럴 수 있었을까? '불가항력적 종속 관계'를 맺고 싶은 타자를 만났기 때문이다. 너무나도 매력적인 그녀가 "뚱땡이는 싫어!"라고 말했다. 그때부터 나는 날씬한 미래를 꿈꾸기 시작했다. 아니 꿈꿀 수밖에 없었다. 그녀를 거부할 수 없었으니까. 나는 그녀와의 '진정한 관계'를 통해 미래를 바꿀 수 있었던 셈이다.

나는 한때 현실에 안주하는 소심한 월급쟁이였다. 직장을 그만두고 싶었지만 칠 년 동안 그 자리를 떠나지 못했고, 단호하고 대범한 사람이 되고 싶었지만 늘 소심하고 우유부단하게 살았다. 미래를 바꾸지 못할 거라 생각했다. 미래에도 늘 돈 걱정을 하며 소심하게 살 수밖에 없을 것이라 믿었다. 하지만 지금 나는 과거에 내가 꿈꾸었던 미래의 모습으로 살고 있다. 돈이 없어도 삶을 긍정할 수 있는 사람이 되었고, 직장을 그만두고 반백수 글쟁이의 삶을 선택할 만큼은 단호하고 대범한 사람이 되었다.

어떻게 그럴 수 있었을까? 타자들 덕분이다. 스피노자, 니체, 마르크스, 라캉, 푸코, 레비나스, 들뢰즈 같은, 너무나 매력적이어서 자발적으로 종속될 수밖에 없었던 타자들을 만났기 때문이다. 그들을 '사랑'했다. 너무나 좋아했던 그들에게 '뚱땡이'라고 놀림받지 않기 위해, 그들 앞에 당당한 '연인'이 되기 위해 무던히 노력했다. 철학을 공부하고 글을 쓰고 그들이 원하는 삶을 살아내려 애를 썼다. 그렇게 조금씩 내 미래를 바꾸어나갔다. 레비나스는 옳다. 우리는 미래를 바꿀 수 있다. 거부할 수 없는 타자와의 진정한 관계, 즉 사랑을 통해서 말이다.

어떻게 미래를 바꿀 수 있을까? 답은 간명하다. 사랑하면 된다. 허황된 주체 의식을 내려놓고, 기쁜 마음으로 노예를 자처할 만큼 매력적인 타자를 만나 뜨겁게 사랑하면 된다. 그 사랑의 크기만큼 미래는 바뀐다. 되도록 많은 사람들을 사랑하고 싶다. 끊임없이 매력적인 타자들을 만나고 또 헤어지고 싶다. 그렇게 타자들과 진정한 관계를 맺으며 끊임없이 내 미래를 바꾸어나가고 싶다. 그렇게 미래에는 더 근사하고 아름다운 사람이 되고 싶다.

철학자
더 알아보기

에마뉘엘 레비나스
Emmanuel Levinas

레비나스는 리투아니아 출신의 프랑스 현대 철학자다. 주요 저서로는 『시간과 타자』 『전체성과 무한』 『존재와 달리 또는 존재성을 넘어』 등이 있다.

레비나스를 이해하기 위해서는 '타자'라는 개념을 우회할 수 없다. 그의 철학적 주제는 '타자'라는 개념에 방점을 두고 있기 때문이다. 그가 '타자'를 중심으로 철학을 전개하게 된 데는 아버지의 영향이 크다. 유대인 출신의 아버지 덕분에 어린 시절부터 러시아어를 익혔던 레비나스는 러시아 문학에 깊게 매료되었다. 그는 도스토옙스키로 대표되는 러시아 문학을 통해 타자에 대한 문제의식과 감각을 익히며 자연스럽게 '타자'라는 개념에 주목하게 되었다.

레비나스는 "미래는 타자가 없으면 불가능하다."라고 주장하며 타자의 중요성을 역설했다. 여기서 또 한 명의 철학자를 알아둘 필요가 있다. 사르트르다. 사르트르 역시 타자에 대해 깊이 사유했지만, 그가 타자를 바라보는 관점은 현저히 달랐다. 사르트르는 "지옥, 그것은 타자이다."라고 말하며 타자를 불편과 두려움의 대상으로 인식했다. 하지만 레비나스는 "미래, 그것은 타자이다."라고 말하며 타자를 우리 삶을 바꾸어줄 축복의 대상으로 여겼다.

레비나스와 사르트르의 논의는 둘 다 삶의 진실을 보여준다. 우리는 때로 우글거리는 타자 때문에 불편과 두려움을 느끼기도 하고, 때로 매혹적인 타자 때문에 예상치 못한 행복한 미래를 맞이하기도 한다. 타자가 지옥인지 축복인지를 구분하는 것은 그리 중요한 문제가 아닐지도 모른다. 정작 중요한 문제는, 타자가 지옥이든 축복이든 결국 우리는 그 타자를 통해 삶을 이어나갈 수밖에 없다는 사실이다. 최악의 선택은, 타자가 지옥이냐 축복이냐를 고민하느라 타자 자체를 부정하는 일일 테다. 타자는 결코 우회할 수 없는 우리네 삶의 조건이다.

[수면]

사랑은,
끝끝내 '둘'로
존재하려는
일이다

바디우

사랑은, 둘이 있다는

후後 사건적 조건 아래 이루어지는,

세계의 경험 또는 상황의 경험이다.

『조건들』

━━ '아버지'와 결혼한 여자, '엄마'와 결혼한 남자

　남자는 대학에 입학하며 서울 생활을 시작했다. 그는 촌스럽고 순진하며 우유부단했다. 한 여자를 만났다. 똑 부러지는 서울 말씨에 세련된 이미지의 여자였다. 남자는 여자에게 호감이 갔다. 웬일인지 여자도 남자에게 호감을 보였다. 전혀 어울릴 것 같지 않던 둘은 연애를 시작했다. 연애를 시작하자마자 여자는 남자의 촌스러운 옷들을 다 버리고 자기 취향에 맞는 옷들로 남자를 꾸몄다. 남자는 만족스러웠다. 더 이상 자신이 어수룩한 촌놈처럼 보이지 않았기 때문이었다.

　시간이 흘러 남자는 서른, 여자는 스물일곱이 되었다. 둘은 자연스럽게 결혼을 했다. 연애도 오래 했고, 둘 다 대기업에 취직해 경제적인 문제도 해결했기 때문이었다. 이제 남자는 서른여섯, 여자는 서른셋이 되었다. 그사이에 예쁜 딸아이도 낳았다. 둘은 어떻게 살고 있을까? 집안일과 육아 등 대부분의 일에서 여자는 명령하고, 남자는 여자의 눈치를 보며 그 명령을 이행하기 바쁘다. 남자는 알게 모르게 여자 앞에서 늘 주눅이 들어 있다. 둘은 그런 주종 관계에 가까운 상황을 '사랑'이라는 이름으로 무마하며 살고 있다.

둘은 사랑해서 결혼했을까? 둘이 처음 만났을 때로 돌아가 보자. 여자는 누가 봐도 촌스러운 남자가 왜 좋았을까? 여자는 항상 제멋대로였던 아버지의 사업 실패로 어린 시절 가난에 쪼들렸던 상처가 있었다. 그 상처 때문에 늘 '난 아버지 같은 남자는 절대 만나지 않을 거야!', '난 엄마처럼 절대 살지 않을 거야!'라고 다짐하며 살았다. 하지만 그녀 주변에는 저 잘난 맛에 사는 자기주장 강한 남자들이 대부분이었다. 여자는 그런 남자들은 결국 아버지처럼 될 것이고, 그러면 자신도 엄마처럼 살게 될 것이라 생각했다. 그러다 그남자를 만난 것이다. 여자는 촌스럽고 어찌 보면 마마보이 같기도 한 그 남자가 마음에 들었다. 당연한 일이었다. 그 남자는 아버지와 가장 멀어 보였으니까.

남자 역시 마찬가지였다. 소심하고 우유부단한 그의 삶을 이끌어 온 건 그의 엄마였다. 남자는 삶의 중요한 선택들을 늘 엄마에게 맡겨왔다. 남자 역시 여자에게 끌릴 수밖에 없었다. 다른 사람들에게 명령하고 지시하기 좋아하는 여자가 자신의 엄마 역할을 대신해줄 것을 직감했기 때문이었다. 말하자면 둘은, 남자는 '엄마'와, 여자는 '아버지'와 결혼한 셈이었다. (물론 여자는 '아버지'와 정반대인 사람과 결혼했지만, 그 선택 역시 '아버지'에 대한 강한 반작용이라는 측면에서 여자도 '아버지'와 결혼한 셈이다.)

━━ 사랑의 의구심

남자는 정말 여자를 사랑했을까? 여자는 정말 남자를 사랑했을까? 둘은 '사랑해서' 결혼했을까? 우리가 내뱉는 말 중에 '사랑'보다 더 복잡하고 많은 의미를 담고 있는 말도 없다. '사랑해'라는 말을 생각해보자. 어떨 때는 '보고 싶다', 어떨 때는 '섹스하고 싶어', 어떨 때는 '너도 사랑한다고 말해'라는 의미로 쓰인다. 이처럼 '사랑'이라는 말은 상황에 따라 다양하고 복잡한 의미로 쓰이기 때문에 명확히 정의하기 어렵다. 사람들이 각기 다른 의미로 '사랑'을 정의하고, 자신이 하는 것이 '사랑'이라 너무 쉽게 믿는 이유도 이 때문이다.

우리는 종종 '사랑' 앞에서 의구심을 품는다. 분명 사랑하고 있는데 이게 정말 사랑인지 의심하게 되는 순간들이 있다. 당연한 일이다. 사람들은 이기심을 채우려는 마음을 '사랑'이라 말하기도 하고,

'사랑하는 나'를 뽐내고 싶은 마음을 '사랑'이라 믿기도 한다. 그렇다면 이 의구심은 어떻게 해소할 수 있을까? 사랑을 명확하게 정의하면 된다. 명확한 정의가 있다면 지금 우리가 하고 있는 것이 사랑인지 아닌지 분명하게 구분할 수 있을 테니까 말이다.

━━ 사랑은 '하나'가 되는 것이 아니다

사랑에 대해 누구보다 깊이 사유한 철학자, 알랭 바디우를 만나보자. 바디우는 '사랑'을 이렇게 정의한다.

> 사랑은 융합적인 것이라는 관념의 거부. 사랑은 구조 속에서 주어진 것으로 가정되는 둘이 황홀한 하나를 만드는 것이 아니다.
> ―『조건들』

흔히 사랑을 둘이 하나가 되는 것이라고 여긴다. 서로 모양이 다른 두 조각이 맞춰져서 하나의 조각이 되는 것처럼 말이다. 사랑을 자신의 반쪽을 찾는 일이라 여기는 이들이 얼마나 많던가. 하지만 바디우는 그런 것은 사랑이 아니라고 말한다. 바디우에 따르면, 사랑은 둘이 하나로 융합되는 것이 아니다. 그 하나로 융합되는 과정이 아무리 황홀하더라도 그것은 사랑이 아니다.

고집스러운 남자와 우유부단한 여자의 사랑을 생각해보라. 이들은 "황홀한 하나"를 경험한다. 남자는 모든 일을 독단적으로 결정하고 여자는 그 결정을 마음 편히 따른다. 이 얼마나 황홀한 경험인가? 고집스러운 남자는 뭐든 제멋대로 할 수 있어서 황홀하고, 우유부단한 여자는 아무 결정도 안 내려도 되어서 황홀하다. 세상 사람들은 이렇게 서로 다른 둘이 하나가 되는 일을 '사랑'이라 말한다. 어디서도 맞춰지지 않았던 자신의 반쪽을 찾아 하나가 되는 운명적 사랑.

이런 (운명적 사랑이라고 믿는) 관계를 사랑이라 할 수 있을까? 아니다. 이 관계에 '둘'은 없다. '하나'가 있을 뿐이다. 둘이 하나가 되는 것은 사랑이 아니다. 사랑은 무엇인가? 기쁨이다. 함께 있을 때 서로 기쁜 일이 사랑이다. 다시 묻자. 고집스러운 남자와 우유부단한 여자는 사랑하는 것일까? 아니다. 그들의 관계는 곧 슬픔에 빠질 것이기 때문이다. 이는 당연한 결과다.

고집스러운 남자는 그녀를 만나 황홀하다. 항상 제멋대로 할 수 있으니까. 하지만 남자는 이내 공허해진다. 그것은 자신 혼자만 있는 것이니까. 우유부단한 여자는 그를 만나 황홀하다. 항상 아무 결정도 내리지 않아도 되니까. 하지만 여자는 이내 허무해진다. 그것은 자신이 사라져버리는 일이니까. 이처럼, "사랑은 구조 속에서 주어진 것으로 가정되는 둘이 황홀한 하나를 만드는 것이 아니다." 그렇다면 '사랑'은 무엇일까?

━━ 사랑은 '둘'의 경험이다

> 사랑은, 둘이 있다는 후後 사건적 조건 아래 이루어지는, 세계의 경험 또는 상황의 경험이다. ─『조건들』

사랑은 '하나'가 아니다. '둘'의 경험이다. 쉽게 말하면, 사랑은 '둘이 만난 뒤 벌어지는 일들의 경험'이다. 둘이 만나 벌어지는 일들이 사랑이라니, 바디우의 정의는 너무 당연해서 당황스럽기까지 하다. 바디우의 논의에 조금 더 깊이 들어가 보자. 그가 말한 사랑의 정의는 두 부분으로 나누어 생각해볼 필요가 있다. 하나는 '사랑은 둘이 있다는 후 사건적 조건 아래 이루어진다'는 것이고, 다른 하나는 '사랑은 그 조건 아래 이루어지는 세계의 경험 또는 상황의 경험'이라는 것이다.

첫 번째 부분부터 살펴보자. '사랑은 둘이 있다는 후 사건적 조건 아래 이루어진다.' 이는 어떤 의미일까? 사랑에 빠진 사람은 인파가 넘치는 거리에서도 사랑하는 사람을 쉽게 찾아낼 수 있다. 어떻게 그럴 수 있을까? 사랑에 빠지면 아무리 사람들이 많은 곳에 있어도 '둘'을 제외한 나머지 사람들은 흐릿한 배경이 되고 오직 '둘'만이 주인공이 되는 경험을 하기 때문이다. 이것이 바로 사랑이다.

사랑은 '둘의 경험'이다. 바디우는 저서 『사랑 예찬』에서 사랑을 "둘이 등장하는 무대"라고 표현한 바 있다. 둘이 등장하는 무대를 생각해보자. 조명은 오직 두 사람을 비추고 나머지 사람들은 모두 배경 속으로 사라져버린다. 단순히 두 사람이 있다고 해서 사랑인 것은 아니다. 나머지 사람들이 사라지고 오직 둘만이 주인공이 되는 경험을 해야 사랑이다. 이는 드물고 귀한 "사건적" 경험이다. "사랑은 둘이 있다는 후 사건적 조건 아래"서만 이루어진다.

이제 두 번째 부분을 살펴보자. '사랑은 그 조건(둘이 등장하는 무대) 아래 이루어지는 세계의 경험 또는 상황의 경험'이다. 여기서 '그 조건'은 '둘이 등장하는 무대'를 뜻한다. 사랑은 그 둘의 무대에서 이루어지는 세계의 경험이다. 즉, 바디우에게 '둘이 등장하는 무대'는 사랑의 완성이 아니라 사랑의 시작인 셈이다. 사랑은 '하나'로 융합되지 않고 각자의 단독성(자유·취향·존엄·욕망…)을 지닌 '둘'이 경험하는 세계다. 사랑은 '둘'의 경험이다. 각자의 단독성을 포기하고 '하나'가 되는 것도, 제삼자의 개입으로 '셋'이 되는 것도 사랑이 아니다.

━━ 사랑은 '셋'이 아니다

'셋'이 되는 것은 어떤 경우일까? 서로의 자유·취향·존엄·욕망을 인정하는 두 사람이 만나 결혼을 했다. '하나'가 되려고 하지 않았으니 둘은 '사랑'하는 것일까? 아니다. 남자의 부유한 집안에 끌려 결혼하는 여자, 맞벌이가 가능한 여자라서 결혼하는 남자는 흔하다. 이 관계도 '사랑'이 아니다. 그들은 '둘'의 경험이 아니라 '셋'의 경험을 하고 있다. '남자-여자-돈'이라는 '셋'의 경험.

사랑은 철저하게 '둘'의 경험이다. 이는 구체적으로 어떤 모습일까? '둘'의 경험은 제멋대로인 남자가 제멋대로인 여자를 사랑하는 일이다. 제멋대로인 남자가 상대방의 단독성(자유·취향·존엄·욕망…)을 긍정하며 '하나'가 아닌 '둘'로 존재하려는 일, 그것이 사랑이다. 또한 '둘'의 경험은 돈보다 중요한 것이 없다고 믿는 여자가 가난한 남자를 사랑하는 일이다. 그렇게 돈이나 사회적 시선의 개입에서 벗어나 '셋'이 아닌 '둘'로 존재하려는 일, 그것이 사랑이다. '하나'도 '셋'도 아닌, 오직 '둘'의 경험, 그것이 바디우가 말하는 사랑이다.

'아버지'와 결혼한 여자와 '엄마'와 결혼한 남자의 이야기로 돌아가 보자. 남자는 여자를 사랑했을까? 여자는 남자를 사랑했을까? 아니다. 그들은 사랑하지 않았다. 그들은 '둘'의 경험을 하지 않았다. 처음에는 '하나'였고 나중에는 '셋'이었다. 연애할 때는 서로의 단독성(자유·취향·존엄·욕망…)을 제거해 '하나'가 되려 했고, 결혼하고 나서는 사회적 시선, 돈, 부모와 같은 제삼자의 개입으로 '셋'이 되어버렸다. 남자와 여자는 단 한 번도 '둘'로서 관계 맺은 적이 없다. 이는 비단 그 남자와 그 여자의 이야기만은 아니다.

우리는 사랑한 적이 있을까? 우리는 '둘'의 무대를 경험한 적이 있을까? 우리 역시 '나'와 비슷한 사람을 만나 '하나'가 되려고 하지 않았을까? "연애 좀 해보니까 편안한 상대를 만나는 게 사랑이더라." 이 비겁한 변명 아래, 어떤 마찰이나 갈등도 일으키지 않을 '너'를 만나고 싶은 마음을 원숙함으로 포장하지는 않았을까? '하나'가 되려는 마음은 결코 사랑이 아니다. '하나'가 되려는 마음은 언제든 꼬리를 흔들며 자신을 맞춰줄 애완동물을 찾는 마음일 뿐이다.

그뿐일까? '현실을 고려해야 한다'는 흔한 타협 아래, 남자는 맞벌이할 여자를 찾고 여자는 돈 많은 남자를 찾는 것이 우리 시대 사랑의 민낯 아닌가? 무대의 주인공이 '둘'이 아니라 '돈'이 되는 경우는 얼마나 흔한가. 또한 상대가 어떤 사람인지 상관없이 외모나 옷차림, 차 혹은 직업을 보고 누군가를 만나려는 것 역시 우리 시대 사랑의 민낯 아닌가? 무대의 주인공이 '둘'이 아니라 '타인의 시선'이 되는 경우는 또 얼마나 흔한가.

바디우의 이야기는 아프다. 그의 이야기는 불편한 삶의 진실을 폭로하기 때문이다. 우리는 사실 단 한 번도 사랑해본 적이 없다. 사랑은 무엇일까? 사랑은 기쁘지만 고통스러운 일이다. 아니, 고통스럽기에 기쁜 일이다. '하나'가 되는 것은 편하다. 하지만 '둘'이 되는 것은 고통스럽기 짝이 없다. '너'의 단독성(자유·취향·존엄·욕망…)을 인정하며 사랑하는 것은 지독한 불안과 갈등을 껴안을 때만 가능하기 때문이다.

━━ 사랑의 적은 이기주의다

'둘'로서 사랑하려 해본 이들은 알고 있다. 사랑하는 '너'의 자유와 욕망을 진정으로 인정할 때 네가 언제든 나를 떠날지 모른다는 지독한 불안을 감당해야 한다는 사실을. 사랑하는 '너'의 취향과 존엄을 진정으로 인정할 때 지독한 마찰과 갈등을 감당해야 한다는 사실을. '사랑'은 그 지독한 고통을 감당하며 끝끝내 '둘'로 있으려는 이들에게 찾아오는 귀하고 드문 기쁨이다.

둘이 되는 것은 고통스럽지만 '셋'은 되는 것은 익숙하고 편하다. 우리 사회에 '둘'의 경험을 방해하는 것들은 얼마나 많은가. 돈, 권력, 타인의 시선… 이 모든 것을 의식하지 않고 '둘'의 경험을 유지하는 것은 고통스럽게 짝이 없는 일이다. 가난한 이를 사랑하기 위해서는 내가 고되게 일해야 한다. 세상 사람들이 인정하지 않는 이를 사랑하기 위해서는 내가 세상의 시선과 싸워야 한다. 이는 모두 '셋'이 되지 않고 '둘'의 경험을 이어가려는 발버둥이다. '사랑'은 그 고통을 감당하며 끝끝내 '둘'로 있으려는 이들에게 찾아오는 드물고 귀한 기쁨이다.

바디우의 말을 이제 이해할 수 있다. 사랑의 적은 나의 연인을 빼앗으려는 경쟁자가 아니다. '하나'가 되려는 혹은 '셋'이 되려는 이기심, 그것이 바로 사랑의 적이다. 부지불식간에 피어오르는 그 이기심을 고통스럽게 제거할 때 우리는 사랑, 즉 '둘'의 경험을 유지할 수 있다. 사랑은 따뜻한 욕조에 몸 담그는 일이 아니다. 안온한 욕조 밖으로 나와 쏟아지는 폭우 속으로 들어가는 일이다. 그 폭우 속에서 한 사람을 만나 서로의 체온으로 서로를 따뜻하게 해주는 일, 그것이 바로 사랑이다.

철학자
더 알아보기

알랭 바디우
Alain Badiou

바디우는 모로코에서 태어난 프랑스 철학자다. 주요 저서로는 『조건들』『존재와 사건』『세계의 논리』『철학을 위한 선언』『사랑 예찬』 등이 있다. 그는 체계와 진리를 추구한 철학자로, 이성에 비판적이었던 프랑스 현대철학과 결을 달리 했다.

> 철학은 어떤 진리도 생산하지 않는다. ─『조건들』

철학자로서 바디우의 흥미로운 지점 중 하나는 그가 규명한 철학의 역할에 관련한 부분이다. 철학자인 바디우는 철학은 어떤 진리도 생산하지 않는다고 말한다. 진리를 생산하는 영역은 철학의 외부에 있으며, 그 영역은 '사랑', '수학', '시', '정치'라고 말한다. 바디우에 따르면, 철학의 역할은 그 네 가지 영역으로부터 생산된 진리들이 서로 어울릴 수 있는 개념적 공간을 제시하는 것이다.

바디우를 이해하려면 세 사람을 알아야 한다. 사르트르, 알튀세르, 마오쩌둥이다. 젊은 시절 바디우는 인간의 주체적 결단을 강조한 실존주의의 대표적 사상가인 사르트르에게 큰 영향을 받았다. 장년에는 마르크스주의자였던 알튀세르의 영향을 받았고, 이후 프랑스 '68혁명'으로 일컬어지는 학생들과 젊은 노동자들의 혁명에 적극적으로 참여하며 마오쩌둥주의자가 되었다. 이러한 사회적 참여 때문인지, 아니면 그의 철학의 혁명성 때문인지, 바디우는 프랑스를 대표하는 "현대의 가장 위험한 철학자"라고 불린다.

말할 수 없는 것에 대해 대해 말하지 말라

비트겐슈타인

말할 수 없는 것에 대해서는

침묵해야 한다.

『논리철학 논고』

━━ 우리가 말하는 것들

"넌 왜 맨날 약속 시간마다 늦니?"

"미안해. 어쩌다 보니 일이 그렇게 됐네."

"그 소리만 몇 번째야. 정말 미안하기는 한 거야?"

"그럼, 진짜 미안해."

연인이 다투고 있다. 남자가 매번 약속 시간에 늦기 때문이다. 여자 친구의 채근에 남자는 미안하다는 말을 반복한다. 평범한 연인의 일상적인 모습이다. 이는 우리의 일상적인 모습이기도 하다. 우리는 집에서, 직장에서, 모임에서 수많은 말을 하며 산다. 그런데 우리는 그 수많은 말에 대해 진지하게 고민해본 적이 있을까? 의아할지도 모르겠다. 말은 그냥 하면 되는 것 아닌가? 말은 의사소통의 수단이니, 상대가 자신이 하는 말을 알아듣기만 하면 충분한 것 아닌가? 정말 그럴까? 의미만 전달된다면 정말 어떤 말이든 해도 좋을까? 성급하게 답하기 전에 다시 연인의 이야기로 돌아가 보자.

여자는 남자가 매번 약속 시간을 지키지 않는 것에 대해 채근했고, 남자는 "미안해."라고 말했다. 여기서 '미안해'는 어떤 의미였을까? 여자에게 그 '미안해'는 '다음에는 늦지 않을게.'라는 의미였을 테다. 그러니 남자의 말에 여자는 매번 화가 풀렸던 것이다. 그런데 남자에게도 그 '미안해'가 '다음에는 늦지 않을게.'라는 의미였을까? 전혀 그렇지 않다.

남자의 말처럼, 그가 정말 '미안해'했다면, 그 미안한 일은 결코 반복되지 않았을 테다. 하지만 남자는 약속 시간을 어기는 일을 매번 반복했다. 왜 이런 일이 벌어졌을까? 남자에게 그 '미안해'는 '대충 넘어가자.' 혹은 '다음에도 늦을 수 있어.'라는 의미였기 때문이다. 이 연인의 오랜 다툼은 "미안해."라는 말의 의미를 서로 오해했기에 일어난 일인지도 모른다. 이 연인은 왜 이런 오해를 하게 된 것일까?

이 질문에 비트겐슈타인이라면, '말할 수 없는 것'에 대해 말하려 했기 때문이라고 답할 테다. 비트겐슈타인은 반짝이는 천재들 중에서도 유독 반짝이는 철학자다. 그는 1922년 출간된 『논리철학 논고』를 통해 '말할 수 있는 것'과 '말할 수 없는 것'을 구분하려는 시도를 했다. 이 시도는 지금 우리에게도 유의미하다. 크게는 정치·사회적 문제부터 작게는 일상생활의 문제까지, 인간사의 거의 모든 문제는 '말할 수 있는 것'을 말하지 않거나 '말할 수 없는 것'을 말하려고 할 때 발생하기 때문이다.

돌아보면 정말 그렇지 않은가? "국민을 위해 살겠습니다." 국민에게는 전혀 관심 없고 오직 자신의 부귀영화에만 관심 있는 정치인이 선거에 나와 입버릇처럼 하는 말이다. 그 '말' 때문에 얼마나 많은 문제가 발생했던가. 남녀 관계도 마찬가지다. 이제 막 호감을 갖게 된 상대에게 술기운에 "사랑해."라고 '말'해버린 것이 화근이 되어 얼마나 많은 문제가 발생했던가. 그러니 '말할 수 있는 것'만 말하고 '말할 수 없는 것'을 말하지 않는다면, 인간사의 많은 갈등과 문제는 현저히 줄어들게 될 것이 분명하다.

그렇다면 비트겐슈타인은 일상적인 언어들 사이에서 어떻게 '말할 수 있는 것'과 '말할 수 없는 것'을 구분하려고 했을까? 먼저 그가 언어를 어떻게 바라보았는지부터 알아보자. 그는 기본적으로

"언어는 세계를 표현하는 그림"이라고 생각했다. 이것을 '그림이론'이라고 한다. 이 '그림이론'에 따르면, 언어는 마치 그림처럼 세계의 구체적인 사물에 대응되어야 한다. 비트겐슈타인은 그런 언어, 즉 세계를 구체적인 그림처럼 표현할 수 있는 언어만이 '말할 수 있는 것'이라 여겼다.

▰▰▰ 비트겐슈타인의 '그림이론'

이 '말할 수 있는 것'은 구체적으로 어떤 것일까? 비트겐슈타인은 자연 과학적이거나 수학적인 말을 '말할 수 있는 것'이라 규정했다. 자연 과학적이거나 수학적인 말은 그 말에 대응하는 명확한 대상이 있다. 그래서 듣는 사람에 따라 상이한 그림을 그릴 여지가 거의 없다. 반대로 윤리적이거나 종교적인 것, 개인의 취향이나 심리 상태 등 인간 내면에 관련된 말은 '말할 수 없는 것'이라 규정했다. 그런 말은 그 말에 대응하는 명확한 대상이 없기에, 듣는 사람에 따라 제각기 상이한 그림을 그릴 수밖에 없기 때문이다. 조금 어려울 수 있으니 일상생활에서 흔히 하는 말로 예를 들어 보자.

1. "카페는 삼십 미터 직진해서 좌회전하면 있어요."
2. "겨울이 되면 함박눈이 올 거야."

3. "헤어진 여자 친구가 생각나서 가슴이 미어질 듯이 아파."

4. "여러분의 영혼에는 너무 많은 욕망이 있습니다."

비트겐슈타인에 따르면 1, 2번은 '말할 수 있는 것'이고, 3, 4번은 '말할 수 없는 것'이다. "카페는 삼십 미터 직진해서 좌회전하면 있어요."라는 말은 수학적인 표현이다. 또 "겨울이 되면 함박눈이 올 거야."라는 말은 자연 과학적인 표현이다. 이런 수학적·자연 과학적인 말은 언어의 대상이 명확하기에 듣는 상대에 따라 잘못 해석될 (다르게 그릴) 여지가 거의 없다. 그러니 비트겐슈타인에게 이런 표현들은 '말할 수 있는 것'이다.

반면 "헤어진 여자 친구가 생각나서 가슴이 미어질 듯이 아파."라는 말은 인간 내면에 관련된 것이다. 또 "여러분의 영혼에는 너무 많은 욕망이 있습니다."라는 말은 다분히 종교적인 것이다. 비트겐슈타인은 이처럼 인간 내면에 관련된 말이나 종교적·윤리적인 말은 그 말에 구체적으로 대응하는 대상이 존재하지 않아 듣는 상대에 따라 잘못 해석될(다르게 그릴) 여지가 많다고 보았다. 생각해보면 옳은 이야기다. 가슴이 미어진다는 것은 대체 어떤 것인가? 또 영혼이나 욕망은 무엇이란 말인가? 이런 '말할 수 없는 것'에 대해 말할 때 당연히 많은 오해가 발생할 수밖에 없다. 이 문제를 해결할 방법에 대해 비트겐슈타인은 이렇게 말한다.

말할 수 없는 것에 대해서는 침묵해야 한다. — 『논리철학 논고』

비트겐슈타인은 우리가 습관처럼 해왔던 '사랑해', '고마워', '미안해', '마음이 아파', '저 사람 불쌍해', '보고 싶어', '저 인간은 꼴도 보기 싫어'와 같은 말을 해서는 안 된다고 말한다. 그것은 모두 '말할 수 없는 것'이기 때문이다. 비트겐슈타인의 해법은 간명하다. '말할 수 있는 것'만 말하고, '말할 수 없는 것'은 말하지 말라는 것. 그의 전언대로 '말할 수 없는 것'들에 대해 침묵한다면, 분명 세상의 많은 문제들은 사라질 테다. 하지만 이것이 말처럼 쉽지가 않다.

━━ '말할 수 없는 것'을 말하려는 이유

우리는 왜 '말할 수 없는 것'들에 대해 떠들며 사는 걸까? 습관과 허영 때문이다. 사회적 관습을 내면화하여 내뱉는 말들이 있다. 습관이다. "사랑합니다, 고객님." 상담원은 고객을 전혀 사랑하지 않지만 습관처럼 말한다. "사랑해." 많은 부부들은 서로에게 아무런 감응을 느끼지 못한 채 살고 있지만 습관처럼 말한다. "미안해." 친구에게 전혀 미안하지 않지만 순간의 위기를 모면하기 위해 습관처럼 말한다. 이는 모두 습관적인 말들이다.

사회적 시선을 의식해서 내뱉는 말들도 있다. 허영이다. "마음이 아프네." 사회적 약자를 보고 아무런 감정도 들지 않았으면서 허영으로 말하곤 한다. "감동적이네." 저명한 화가의 그림을 보고 아무런 감동도 느끼지 못했으면서 허영으로 말하곤 한다. 습관과 허영, 이것이 우리 언어의 맨얼굴이다. 이것이 우리가 '말할 수 없는 것'들에 대해 떠들며 사는 이유다.

이제 비트겐슈타인이 "말할 수 없는 것에 대해서 침묵해야 한다."라고 역설한 이유도 짐작해볼 수 있다. '말할 수 없는 것'을 말하려는 모든 시도가 인간의 뿌리 깊은 습관과 허영에서 비롯된 것임을 간파했기 때문이었을 테다. 그는 인간이 가진 그 뿌리 깊은 습관과 허영, 기만과 허위의식을 단박에 찢어버리고 싶었던 것인지도 모른다. 오해의 여지가 없는 명확한 말만 하고, '말할 수 없는 것'에 대해서는 말하지 않음으로써 말이다. 그런데 여기에는 하나의 현실적 문제가 있다.

━━━ '말할 수 없는 것'에 대해 항상 침묵할 수 있을까?

우리는 비트겐슈타인의 말처럼 '말할 수 없는 것'에 대해 항상 침묵하며 살 수 있을까? 일상생활에서 수학적·자연 과학적인 말만 하며 살 수 있을까? 누군가를 좋아할 때 좋아한다고 말하지 않을 수 있을까? 누군가에게 미안할 때 미안하다고 말하지 않을 수 있을까?

왜곡이나 오해의 여지가 없는 객관적이고 명확한 말만 하고 살면 너무 삭막하지 않을까? 옳고 그름 혹은 좋고 싫음의 문제를 떠나 정말 '말할 수 없는 것'에 대해 일절 말하지 않고 사는 것이 가능할까?

오직 '말할 수 있는 것'만 말하고 '말할 수 없는 것'은 말하지 않는 삶은 현실적으로 불가능하다. 삶은 단지 수학적이거나 자연 과학적인 것으로만 이루어진 것이 아니니까 말이다. 우리는 누군가를 사랑하기도 하고, 누군가에게 미안하기도 하고, 절절하게 아파하는 사람을 보면 마음이 아플 때도 있다. 하지만 그럼에도 불구하고 비트겐슈타인은 그것들에 대해 침묵하라고 말한다. 그의 논의에 따른다면, 어떤 경우에도 '사랑해', '미안해', '마음이 아파'라고 말해서는 안 된다. 그렇다면 우리는 어떻게 '말할 수 없는 것'들을 표현할 수 있을까?

바로 여기에 "말할 수 없는 것에 대해서는 침묵해야 한다."라는 구절의 무거운 의미가 숨어 있다. 사랑하는 사람에게 "사랑해."라는 말을 할 수 없다면 어떻게 해야 할까? 가난한 그를 위해 내가 일을 해야 할 것이고, 그가 아플 때 밤새 병간호를 해줘야 할 것이다. 미안한 사람에게 "미안해."라는 말을 할 수 없다면 어떻게 해야 할까? 다시는 약속 시간에 늦지 않기 위해 알람을 서너 개는 맞춰놓고 일찌감치 집을 나서야 할 것이다. 자식을 차디찬 바다에 묻은 이들을 보고도 "마음이 아파."라는 말을 할 수 없다면 어떻게 해야 할까? 바쁜 일정을 쪼개 세월호 집회에 참석하고 쪼들리는 생활비를 쪼개 위로금을 전달해야 할 것이다.

━━ '말할 수 없는 것'에 대해 말하는 방법

'말할 수 없는 것'에 대해서는 침묵해야 한다. 하지만 '말할 수 없는 것'을 말할 수 있는 유일한 방법이 있다. 보여주기! 약속 시간에 늦었을 때 "미안해."라고 말하지 말자. 어쩌면 우리는 가볍게 미안하다고 말함으로써 미안한 마음을 덜고, 또다시 미안할 일을 준비하는 것일지도 모른다. "미안해."라고 말하는 유일한 방법은 다음부터 약속 시간에 늦지 않는 모습을 보여주는 것뿐이다.

아내와 자녀에게 "사랑해."라고 말하지 말자. 어쩌면 우리는 가볍게 사랑한다고 말함으로써 가족들과 함께하지 못한 미안함을 덜고 또다시 늦게 퇴근하고 주말에는 하루 종일 잠만 잘 준비를 하는 것일지도 모른다. "사랑해."라고 말하는 유일한 방법은 바쁜 일정에도 불구하고 일찍 퇴근해서 아내의 고민을 들어주고, 아이들과 함께 놀아주는 모습을 보여주는 것뿐이다.

'말할 수 없는 것'에 대해 말하려고 하지 말자. '말할 수 없는 것'에 대해 침묵할 때, 우리는 그것을 그저 보여줄 수밖에 없다. '사랑해', '미안해', '고마워'라는 말 대신, 사랑하는 마음, 미안한 마음, 고

마운 마음을 그저 삶으로 보여줄 수밖에 없다. "헛소리하지 말고 삶으로 보여줘!" 어쩌면 이것이 비트겐슈타인이 우리에게 말하고 싶었던 것이었는지도 모른다. 아름다운 사람의 시작은 '말할 수 없는 것'에 대해 침묵하는 것이다. 그리고 아름다운 사람의 완성은 그 침묵을 더 이상 참을 수 없어 삶으로 보여주는 것이다.

철학자
더 알아보기

루트비히 비트겐슈타인
Ludwig Wittgenstein

"신이 도착했다!" 경제학을 모르는 사람이라도 경제학자 케인즈의 이름은 한번쯤 들어봤을 테다. 그 케인즈가 비트겐슈타인을 맞이하러 가면서 한 말이다. 비트겐슈타인은 당대의 천재들에게 추앙을 받을 정도로 압도적인 천재이자, 현대철학을 논할 때 빼놓을 수 없는 중요한 철학자다. 그는 아버지의 권유로 공학을 공부하다가 당대 최고의 철학자라 인정받던 버트런드 러셀에게 철학을 배우며 철학에 입문했다.

비트겐슈타인의 주요 저서는 『논리철학 논고』와 『철학적 탐구』다. 그의 철학은 크게 청년 비트겐슈타인의 철학과 장년 비트겐슈타인의 철학으로 나뉘는데, 전자는 『논리철학 논고』에서, 후자는 『철학적 탐구』에서 살펴볼 수 있다. 조금 거칠지만 이 두 저작의 핵심을 알아보자.

우선 『논리철학 논고』의 목표는 '오해 없는 완벽한 의사소통'이었다. 오해 없는 의사소통을 위해 비트겐슈타인은 '말할 수 있는 것'과 '말할 수 없는 것'을 구분하려고 했던 것이다. 그러니까 『논리철학 논고』는 '말할 수 있는 것'과 '말할 수 없는 것'을 명료하게 구분함으로써 오해 없는 완벽한 의사소통을 실현하고자 했던 청년 비트겐슈타인의 야심작이었던 셈이다. 비트겐슈타인은 이 책으로 명실공히 전설이 된다.

그는 『논리철학 논고』를 쓰고 "나는 철학을 끝냈노라."라고 말하며 홀연히 철학계를 떠난다. 그런 그가 장년이 되어 청년 비트겐슈타인의 철학을 일정 부분 부정하면서 철학계로 복귀하며 쓴 책이 『철학적 탐구』다. 『철학적 탐구』의 핵심 내용은 언어는 게임과 같다는 것이다. 어떤 룰을 따르느냐에 따라 게임의 진행이 달라지듯이, 언어 역시 어떤 맥락에서 사용되느냐에 따라 그 의미가 전혀 달라진다는 것이다. 같은 욕설이라도 처음 본 사람의 욕설과 둘도 없는 친구의 욕설은 전혀 다른 의미인 것처럼 말이다.

장년 비트겐슈타인은 언어를 사용한다면 그 언어가 사용되는 환경적 맥락을 그대로 수용할 수 있어야 한다고 말했다. 이는 어떤 의미에서 청년 비트겐슈타인이 추구했던 '오해 없는 완벽한 의사소통'은 불가능하다는 자기 고백과도 같았다. 그는 『철학적 탐구』에서 "내가 규칙을 따를 때, 나는 선택하지 않는다. 나는 규칙을 맹목적으로 따른다."라고 말하며, 그것이 언어를 가장 완벽하게 사용하는 방법이라 말했다. 결국 그는 현실적 삶의 맥락이 언어에서 가장 중요하다는 사실을 깨달은 것이다. 이것이 장년의 비트겐슈타인이 "우리는 걷고 싶다. 따라서 마찰이 필요하다. 거친 땅으로 돌아가라!"라고 외쳤던 이유다.

왜
함께 있어도
외로울까?

드보르

구경꾼의 소외는 다음과 같이 표현된다.

: 그가 넋을 놓고 바라보면 볼수록 삶의 영역은 축소되며, 그가 이러한 지배의 이미지들 속에서 자신의 모습을 발견하면 할수록 무엇이 진정으로 자신의 삶이고 욕망인지 알 수 없게 된다.

『스펙타클의 사회』

━━━ 우토로 마을과 〈도가니〉

"어제 무한도전 봤어?"

"어, 일본 애들 진짜 노답이지 않냐?"

지하철에서 우연히 들었던 대화다. 한때 한국에서 가장 인기 있던 TV 프로그램은 〈무한도전〉이었다. 2015년, 이 프로그램에서 일본 교토 남부에 있는 우토로 마을을 소개했다. 우토로 마을은 재일 조선인들의 고통스러운 역사가 서려 있는 곳이다. 이곳은 일제 식민지 시대에 군 비행장 건설을 위해 강제 동원된 조선인 노동자들이 삶의 터전으로 일군 마을이다. 〈무한도전〉은 우토로 마을에 살고 있는 재일 교포들의 삶을 다큐멘터리 형식으로 방송했다.

당시 〈무한도전〉의 영향력 때문인지 우토로 마을과 참혹하게 착취당했던 식민지 시대의 단상은 삽시간에 국민적 이슈가 되었다. 놀라운 일이었다. 가십거리로 채워지는 주말 예능 프로그램이 정당한 역사적 질문을 던지고 건강한 시대의식을 불러일으킨 사례였으니까 말이다. 하지만 그 효과는 얼마 가지 않았다. 시간이 지나자 우토로 마을의 이야기도, 마땅히 따져 물어야 할 역사적 질문도 원래 없었던 것처럼 증발해버렸다.

지하철에서 흥분하며 우토로 마을에 대해 이야기하던 친구들은 지금도 그 건강한 사회적 분노를 품고 있을까? 모를 일이다. 우토로 마을에 지속적인 관심을 보여준 이들 덕분에 2022년, '우토로 평화기념관'이 개관했다는 소식이 들려왔다. 2015년, 〈무한도전〉을 보며 우토로 마을에 관심을 가졌던 사람들 중, 이 소식을 알고 있는 이들은 몇이나 될까? 더욱 모를 일이다. 〈무한도전〉의 '우토로 마을 이야기'는 흔한 주말 예능 프로그램과 정말 다른 것이었을까? 그 역시 잠시 소비되고 마는 가십거리였던 것은 아니었을까?

한때 〈도가니〉라는 영화가 이슈가 된 적이 있었다. 청각 장애인 학교에서 벌어진, 차마 입에 담을 수도 없는 처참한 사건을 다룬 영화였다. 당시 대중의 분노는 대단했다. 영화를 보고 "어떻게 장애를 가진 아이들에게 그따위 짓을 할 수 있냐!"라며 치를 떨지 않는 사람이 없을 정도였다. 그 건강한 공분公憤에서 잠시 희망을 보았다. 〈도가니〉라는 영화 한 편이 우리 사회를 조금 더 낫게 만들 수 있으리라 기대했다.

그 희망은 얼마 가지 않았다. 신체적 장애가 있는 아이들이 다니는 학교에서 일하는 분을 만난 적이 있다. 그는 〈도가니〉가 흥행할 때 잠시 장애인 학교가 이슈가 된 것은 사실이지만, 실제로 달라진 것은 별로 없다고 말했다. 세상 사람들이 장애인을 바라보는 시선, 여전히 어려운 학교 재정 상태 등은 예전이나 지금이나 별반 다르지 않다는 것이었다. 나 역시 〈도가니〉를 보며 치를 떨었지만, 다른 수많은 영화들처럼 금세 잊어버렸으니 할 말이 없었다.

━━ 구경거리와 구경꾼의 사회

우리는 분명 〈무한도전〉의 '우토로 마을 이야기'와 〈도가니〉를 보며 분노했고, 마음이 아팠다. 그것은 분명한 사실이다. 하지만 그만큼이나 분명한 사실이 하나 더 있다. 분노하고 마음이 아팠음에도 불구하고, 그것들을 금방 잊어버렸다는 사실이다. 왜일까? 자기 비하를 즐기는 이들의 말처럼, 한국인들에게 냄비 근성이 있어서일까? 그렇지 않다. 그것은 민족적 특성의 결과라기보다는 사회적·시대적 특성의 결과에 가깝다.

지금 우리는 어떤 사회에 살고 있을까? 스펙터클이 지배하는 사회에 살고 있다. 스펙터클은 사람들의 시선을 사로잡는 화려한 구경거리를 의미한다. 지금 우리는 스펙터클이 지배하는 사회의 구경꾼으로 살아가고 있다. 이것이 우리가 '우토로 마을 이야기'와 〈도가니〉를 보며 분노와 아픔을 느꼈음에도 불구하고 그것들을 금방 잊어버린 근본적인 이유다. 스펙터클이 무엇인지 조금 더 알아보기 위해 프랑스의 영화 제작자이자 문화 비평가인 기 드보르의 이야기를 들어보자.

> 스펙터클은 현실 세계에 과도하게 덧붙여진 부가물이나 장식물이 아니다. 스펙터클은 현실 사회의 비현실성의 중추이다. 스펙터클은 정보나 선전 또는 광고물이나 곧바로 소비되는 오락물이라는 특정한 형태 아래 사회를 지배하면서 오늘날 삶의 전범(전형적인 규범)을 이루고 있다. — 『스펙타클의 사회』

〈무한도전〉의 '우토로 마을 이야기'도 〈도가니〉도 모두 스펙터클이다. 드보르에 따르면, 스펙터클은 현실 세계에 덧붙여진 부가물이나 장식물이 아니다. 스펙터클은 비현실적인 것이다. 그렇다면, 이는 〈무한도전〉의 '우토로 마을 이야기'가 허구이거나 거짓(비현실성)이란 말인가? 그렇지 않다. 우토로 마을의 이야기는 분명한 현실이다. 흔히 스펙터클(〈무한도전〉·〈도가니〉)을 현실 세계에 있는 이야기에 조금의 과장을 덧붙여 만든 장식물이라 여기는 경향이 있다. 하지만 이는 사실이 아니다.

스펙터클은 비현실적이다. 우토로 마을의 이야기가 분명한 현실이라 하더라도, 그것이 하나의 구경거리로 가공되어 대중매체를 통해 소비될 때 그것은 비현실적인 것이 된다. 참혹했던 역사적 사실을 철저하게 고증한 전쟁 영화가 있다고 해보자. 그 전쟁은 분명 현실이다. 하지만 그것이 하나의 구경거리(영화)가 될 때, 우리는 그것을 현실이 아닌 비현실이라고 받아들이게 된다. 이것이 스펙터클이 "현실 세계에 과도하게 덧붙여진 부가물이나 장식물"이 아니라, 비현실인 이유다.

드보르는 더 나아가 "스펙터클은 현실 사회의 비현실성의 중추"가 된다고 말한다. 이는 어려운 말이 아니다. 화려한 집에 살고 외제차를 타며 고급스러운 레스토랑에서 데이트를 하는 부유한 이들의 사랑 이야기가 '스펙터클(드라마)'이 되었다고 해보자. 이때 그 '스펙터클'은 평범한 이들(현실 사회)이 꿈꾸는 사랑(비현실성)의 중추가 된다. 왜 이런 일이 벌어질까? "스펙터클은 정보나 선전 또는 광고물이나 곧바로 소비되는 오락물이라는 특정한 형태 아래 사회를 지배"하기 때문이다.

바로 그 때문에 '스펙터클'은 "오늘날 삶의 전범(전형적인 규범)"을 이루게 된다. 이는 우리 시대에 흔히 일어나는 일이다. 반지하에 살면서 부유한 이들의 사랑만이 진정한 사랑이라 여기는 이들은 얼마나 흔한가? 이는 '스펙터클'이 오늘날의 사랑(삶)의 전범을 조직하기에 발생하는 일이다. 즉, 스펙터클은 일상 속에 존재하는 환상의 중심이 된다. 이런 스펙터클은 우리네 삶에 크고 작은 문제를 일으킨다.

━━ 강 건너 불구경하는 이는 불을 끄지 않는다

스펙터클은 어떤 문제를 야기하는가? 더 노골적으로 말해, 우리가 스펙터클을 구경하는 것이 무엇이 문제인가? 대중매체는 자본의 필요에 의해 특정한 이미지를 대중에게 일방적으로 제공한다. 자본이 만든 매체, 예를 들면 TV나 영화, 스마트폰, 컴퓨터 등이 하나의 스펙터클인 셈이다. 이 스펙터클에 몰입하면서 사회 구성원들은 점점 현실을 방관하는 구경꾼으로 전락한다. 드보르는 세상 사람들이 거대한 스펙터클을 구경하는 구경꾼이 되어간다고 일갈한 바 있다. 드보르의 이야기를 직접 들어보자.

> 현대적 생산 조건들이 지배하는 사회에서 모든 삶은 스펙터클의 거대한 축조물로 나타난다. 매개 없이 직접 경험했던 모든 것이 표상 속으로 멀어져간다. ─『스펙타클의 사회』

지금 우리 "사회에서 모든 삶은 스펙터클의 거대한 축조물"로 나타난다. 블록버스터 영화, 각종 TV 프로그램, 유튜브, 넷플릭스 등을 생각해보라. 우리의 삶은 화면 속에서 축조된다. 말투, 옷차림, 음식, 사고방식 등 우리네 삶 전반은 우리 사회를 지배하는 스펙터클에 의해 만들어지고 변화한다. 화면이 작아졌다고(영화→TV→컴퓨터→스마트폰) 스펙터클이 작아진 것이 아니다. 화면이 더 작아질수록 스펙터클(구경거리)은 더욱 커진다. 이 스펙터클의 역설이 우리를 더욱 더 구경꾼으로 만들고, 그때 우리가 "매개 없이 직접 경험했던 모든 것은 표상(상상) 속으로 멀어져간다."

이것이 문제다. 스펙터클(블록버스터 영화·TV·스마트폰)에 익숙해져 구경꾼이 되면 우리 내면은 어떻게 변하게 될까? 화면 속의 간접 경험 때문에 (화면이라는 매개 없이) 직접 경험해야 하는 것들을 이미 경험했다고 믿게 된다. 여행 유튜브를 보며 마치 자신이 여행을 한 것처럼 느끼게 된다. 또한 자신이 경험한 크고 작은 여행은 여행이 아니라고 느끼게 된다. 넷플릭스에서 아름다운 사랑 드라마를 보며 마치 자신이 사랑을 해본 것처럼 착각하게 된다. 동시에 자신이 온몸으로 했던 사랑은 사랑이 아니라고 믿게 된다. 그렇게 '여행' 혹은 '사랑'이라는 직접 경험은 상상 속으로 멀어져가게 된다.

드보르라면 우리가 '우토로 마을'과 '도가니'를 경험하고도 어떤 실천적 노력 없이 금방 잊어버린 이유에 대해서 이렇게 진단할지도 모르겠다. "당신은 우토로 마을과 도가니를 진짜 '경험'한 것이 아니다. 그저 그것들을 하나의 스펙터클로 '구경'했을 뿐이다." 구경꾼이 어떠한 행동도 하지 않고 구경거리를 금방 잊어버리는 것은 너무나 당연한 일이다. 강 건너 불구경하는 이가 온몸으로 불을 끄려는 법은 없으니까 말이다.

'슬프기는 하지만 내 일은 아니잖아.' '화가 나기는 하지만 내가 당한 일은 아니잖아.' 이것이 더할 것도 뺄 것도 없는 구경꾼의 내면적 태도다. 이는 옳고 그름을 떠나 논리적으로 당연한 반응이다. 구경꾼은 어떤 존재인가? 대부분의 경험을 화면을 통해 접해온 존재이다. 이들이 느끼는 감정적 요동은 삶과 실천에서 필연적으로 분리될 수밖에 없다. 화면을 통해 관조하는 삶에서 모든 일은 결국 '나와 상관없는 일'이기 때문이다.

▅▅ 보는 것과 하는 것

반발심이 생길지도 모르겠다. '유튜브나 드라마, 영화를 보는 것이 잘못이야?' '나 살기도 바쁜데 어떻게 모든 일에 개입할 수가 있어?' 이런 반발심에 드보르는 어떤 이야기를 해줄까? 그의 이야기를 직접 들어보자.

> 구경꾼의 소외는 다음과 같이 표현된다. : 그가 넋을 놓고 바라보면 볼수록 삶의 영역은 축소되며, 그가 이러한 지배의 이미지들 속에서 자신의 모습을 발견하면 할수록 무엇이 진정으로 자신의 삶이고 욕

구경꾼은 필연적으로 소외된다. 왜냐하면 그가 스펙터클을 "넋을 놓고 바라보면 볼수록 삶의 영역은 축소"되기 때문이다. 또한 그가 스펙터클을 구경하면 할수록, 그 "지배의 이미지들 속에서 자신의 모습을 발견"하게 되고, 그러면 그럴수록 그는 "무엇이 진정으로 자신의 삶이고 욕망인지 알 수 없게" 되기 때문이다. 우리는 매체가 일방적으로 제공하는 이미지를 더 많이 구경하면 할수록 삶을 더 적게 살 수밖에 없다.

우리는 왜 스펙터클을 쫓아다니는 구경꾼이 되어서는 안 되는가? 다른 누구를 위해서가 아니라 바로 우리 자신을 위해서다. 우리네 삶을 더 잘 살아내기 위해서 구경꾼이 되어서는 안 된다. 당연하지 않은가? 영화 안의 사랑(유튜브 안의 여행)을 넋을 놓고 바라보면 자신의 사랑(여행)은 축소될 수밖에 없다. 스펙터클로서의 사랑(여행)을 구경할 때, 자신의 사랑(여행)이 무엇이고 자신이 어떤 이(여행지)를 욕망하는지 알 수 없게 되니까 말이다. 그렇게 자신의 삶의 영역은 축소될 수밖에 없다. 이것이 우리가 구경꾼으로 삶을 살지 말아야 할 이유다.

구경꾼이 되지 말아야 할 이유가 또 있다. 스펙터클을 구경하면 할수록 더 외로워지기 때문이다. 스펙터클을 구경하면 할수록 스스로 소외될 수밖에 없다. '스펙터클(구경거리)-구경꾼'의 관계는 극장의 구조로 쉽게 이해할 수 있다. 즐겁게 이야기를 나누는 연인이 있다. 그들은 손을 잡고 서로에 대한 이야기를 나누며 걷고 있다. 그들이 향하는 곳은 극장이다. 영화가 시작되고 불이 꺼지자, 연인은 말없이 영화에 집중한다. 전혀 이상할 것 없는 일상적인 연인의 모습이다. 하지만 바로 여기에 우리가 함께 있어도 외로운 이유에 대한 답이 있다.

극장이라는 구조를 다시 생각해보자. 극장에는 '영화(스펙터클)-구경꾼'의 관계만 존재하는 것이 아니다. 영화(스펙터클)를 구경하는 관객은 언제나 다수다. 그러니 극장에는 '구경꾼-구경꾼'의 관계 역시 존재한다. 이것이 핵심이다. 다수의 구경꾼이 영화(스펙터클)에 몰입할 때, '구경꾼-구경꾼' 사이에 소통과 교감은 완전히 차단된다. 극장에 올 때까지 연인은 서로의 감정을 살피고 삶의 이야기를 나누었지만 영화가 시작되면 둘 사이에 소통과 교감은 사라진다. 둘은 그저 스펙터클(영화)을 넋 놓고 구경하게 될 뿐이다.

우리는 언제 외로워지는가? 함께 있는 사람과 교감하고 공감하지 못할 때다. 언제 교감과 공감이 차단되는가? 각자가 스펙터클에 몰입할 때다. 화려하고 자극적인 스펙터클은 잠시의 만족감을 줄지는 모르겠으나, 결국 그 끝에 남는 것은 군중 속의 외로움이다. 어릴 적 집에 TV가 고장나서 가족들끼리 아무 말 없이 하루를 보낸 적이 있다. 그때 내가 느낀 어색함의 정체는 외로움이었다. 우리 가족은 TV라는 스펙터클이 없으면 할 이야기조차 없는 구경꾼들이었던 셈이다. 지금이라고 다르지 않다. 친구나 연인을 만나도 서로 스마트폰만 쳐다보고 있는 경우가 얼마나 많은가. 동료나 친구, 연인, 가족과 함께 있어도 외로움을 느낀다면 그것은 우리가 스펙터클의 구경꾼이 되었기 때문일 테다.

━━ 구경은 '보는 것'이고, 삶은 '하는 것'이다

우리의 삶은 이미 각가지 스펙터클로 둘러싸여 있다. 그렇다면 우리를 둘러싸고 있는 스펙터클로부터 어떻게 벗어날 수 있을까? 어떻게 구경꾼이 아닌 삶의 주인으로 살아갈 수 있을까? 드보르의 이야기를 들어보자.

> 특권적인 인간의 감각을 당연히 시각에서 찾는 경향이 있다. 하지만 다른 시대에 특권적인 인간의 감각은 촉각이었다. 스펙터클은 그것을 시각으로 대체한다. ─『스펙터클의 사회』

우리는 인간의 특권적 감각을 시각에서 찾는 경향이 있다. 드보르는 이를 비판하며 말한다. 자본주의 이전 "다른 시대에 특권적인 인간의 감각은 촉각이었다." 이는 사실이다. 과거 아이들은 요즘 아이들보다 촉각을 더 많이 사용했다. 흙을 만지고 곤충을 만지고 친구들과 온몸으로 부대끼며 놀았다. 왜 그랬을까? 그때는 지금처럼 각종 화면(스펙터클)이 만연하지 않았기 때문이다. 요즘 아이들이 촉각을 적게 사용하는(밖에 나가 흙을 만지고 나무를 만지고 친구들과 온몸으로 놀지 않는) 이유는 스펙터클이 인간의 특권적 감각을 시각으로 대체했기 때문이다.

드보르는 왜 시각보다 촉각의 소중함을 강조했을까? 시각이 '보는' 기관이라면, 촉각은 '하는' 기관이기 때문이다. 스펙터클의 삶이 '시각'이며 '보는 것'이라면, 진짜 삶은 '촉각'이며 '하는 것'이다. 시각이 아닌 촉각에 집중할 때 스펙터클로부터 자유로워질 실마리를 찾을 수가 있다. 스펙터클은 오직 시각적인 자극만을 촉발하기 때문이다. 이제 스펙터클 너머 삶의 주인이 되는 방법이 보일 것도 같다.

━━ 화면을 찢고 삶을 살자!

촉각으로 화면을 찢을 때, 스펙터클에서 벗어날 수 있다. 예쁘고 멋있는 배우가 아름다운 사랑을 하는 드라마를 볼 때 묘한 만족감을 느낀다. 하지만 그 만족감이 내가 누군가의 손을 잡고 키스할 때 느끼는 만족감을 결코 대신할 수는 없다. 어쩌면 우리는 영화나 드라마의 사랑을 구경하느라 진짜 사랑을 시작할 수 없게 된 것인지도 모르겠다. 누군가를 만나 진짜 사랑을 시작하려고 할 때마다 스펙터클의 사랑을 떠올리며 "이건 내가 원하는 사랑이 아니야!"라는 거부감이 들기 때문이다.

'눈(시각)'이 아니라 '몸(촉각)' 전체를 사용하는 법을 연습해야 한다. 그 연습을 통해 스펙터클로부터 자유로워질 수 있다. 스펙터클은 결국 시각만으로 경험하는 세계이니까 말이다. 연애를 하고 싶다면, 드라마 속 연애를 구경하는 대신 매혹적인 이에게 다가가 말을 걸어보자. 연인이 생겼다면, 함께 영화를 구경하는 대신 손을 잡고 포옹하고 키스를 하자. 어떤 식이든 좋다. 화면을 찢고 삶으로 걸어 들어가야 한다. 그럴 수 있을 때, 삶을 관조하는 구경꾼이 아니라 삶을 진짜 살아내는 당당한 주체가 될 수 있다. 그렇게 '스펙터클-구경꾼'의 관계를 끊어내고, '구경꾼-구경꾼'의 관계를 '주체-주체'의 관계로 복원하자. 그때 비로소 우리는 함께 있어도 외롭지 않을 것이다.

철학자
더 알아보기

기 드보르
Guy Debord

프랑스의 문화 비평가이자 영화 제작자. 기존의 삶의 방식을 넘어 전혀 다른 새로운 삶의 방식을 주장했던 예술·정치적 결사체, '상황주의자 인터내셔널Situationist International'의 창립 멤버이다. 주요 저서로는 『스펙터클의 사회』가 있다.

드보르를 이해하려면 먼저 프랑스의 68혁명을 살펴볼 필요가 있다. 68혁명은 1968년 5월 프랑스에서 학생들과 노동자들이 일으킨 사회 운동으로, 이 혁명을 계기로 프랑스는 급격하게 진보적인 사회가 되었다. 프랑스의 어느 할머니가 "길거리에서 자유롭게 키스하는 것은 68혁명 이전에는 상상도 할 수 없는 일이었다."라고 인터뷰한 것을 본 적이 있다. 68혁명이 프랑스 사회를 얼마나 혁명적으로 바꾸어 놓았는지 단적으로 보여주는 이야기다.

『스펙터클의 사회』는 68혁명과 깊은 관련이 있다. 드보르는 대중이 스펙터클의 구경꾼이 될 때 개인의 연대는 불가능해지며, 권력은 스펙터클을 통해 개인을 파편화하고 소외시켜 복종하게 만든다고 진단한다. 그는 부조리하고 부당한 권력에 맞서기 위해서는 개인과 개인이 만나 연대하는 적극적인 활동을 지속해야 한다고 주장한다. 그의 주장은 "활동 외부에는 어떤 자유도 있을 수 없으며, 스펙터클의 맥락에서는 모든 활동이 부정된다."라는 말로 함축할 수 있다.

드보르와 함께 68혁명의 이론적 중추 역할을 하며 그 운동을 실질적으로 이끌었던 또 한 사람이 있다. 라울 바네겜Raoul Vaneigem이다. 드보르의 『스펙터클의 사회』가 어렵다면, 바네겜의 『일상생활의 혁명』을 읽어보는 것도 좋다. 이 책의 원제는 '젊은 세대를 위한 삶의 지침서'로, 원제에서 알 수 있듯이 사변적인 이야기보다는 실천적인 지침을 담고 있는 책이다. 『일상생활의 혁명』은 68혁명 세대의 바이블로 여겨진다.

3장

삶의 진실을
마주하는
'성찰'의 훈련

진정으로
합리적인 삶,
정신적으로
건강한 삶이란

프로이트

정신 건강의 많은 부분은 초자아가
정상적으로 발전하느냐, 즉 초자아가 사적이지 않고
객관적이 되는가에 달려 있다.

「비전문가 분석의 문제」

━━ 흔한 부부싸움

기환과 수빈은 5년차 부부다. 둘은 좀처럼 싸울 일이 없다. 그런
데 유독 집 정리 문제로는 종종 다툰다. 수빈은 항상 집이 깨끗하고
정돈되어 있기를 바란다. 청소는 물론이고 모든 물건들이 항상 제
자리에 있어야 한다는 일종의 강박이 있다. 기환은 집이 깨끗해야
한다는 데는 어느 정도 동의하지만, 모든 물건들이 항상 정해진 자
리에 있어야 한다는 것은 납득하지 못한다. 그러던 어느 날 기환의
불만이 터져 나왔다.

"집이 이게 뭐야? 과자 먹고 나면 좀 치우고, 리모컨은 썼으면 제
자리에 좀 갖다 놔."

"아직 과자 다 안 먹었으니까 그렇지. 그리고 리모컨은 다른 데 두면 안 돼?"

"당신이 안 하면 내가 다 해야 되잖아."

"그럼 당신도 안 하면 되잖아?"

"나도 안 하고 싶어. 그런데 그게 안 되는 걸 어쩌란 말이야!"

둘은 왜 싸우게 된 걸까? 둘의 부부싸움을 논리적으로 되짚어보자. 수빈은 기환에게 리모컨을 제자리에 갖다 놓으라고 했고, 기환은 싫다고 했다. 그러자 수빈은 기환이 안 하면 자기가 해야 하지 않느냐고 따졌고, 기환은 싫으면 안 하면 되지 않느냐고 반문했다. 이에 수빈이 화를 내며 말한 것이다. "나도 안 하고 싶어. 그런데 그게 안 되는 걸 어쩌란 말이야!"

그 심정을 이해할 수는 있으나, 수빈의 이야기는 논리적으로 앞뒤가 맞지 않다. 아무도 수빈에게 물건을 제자리에 놓으라고 강요하지 않았다. 그러니 정리벽 때문에 본인이 괴롭다면 정리를 그만하면 될 일이다. 하지만 수빈은 자신도 스트레스를 받아가며 정리를 계속 하고, 기환에게까지 이를 강요해 결국 다투게 되었다. 수빈은 분명 합리적이지 않다. 수빈은 왜 이런 비합리적인 행동을 하는 걸까?

이는 비단 수빈의 이야기만은 아니다. 누구나 자신이 꽤 합리적이라고 생각하지만 사실은 그렇지 않다. 술을 마시고 집에 들어와 고래고래 소리를 지르던 아버지를 싫어한 아이가 있다. 시간이 지나 그는 한 아이의 아버지가 되었다. 그는 스스로에게 흠칫 놀랄 때가 많다. 자신 역시 거나하게 취한 날이면 집에 들어와 아버지처럼 고래고래 소리를 지르기 때문이다. 절대 저렇게 살지 않겠다고 다짐하고 또 다짐했던 아버지의 모습을 자신 안에서 발견한 순간, 그는 스스로가 싫어졌다. 아버지의 모습이 싫다면 그 행동을 하지 않으면 된다. 하지만 그는 아버지의 모습을 답습하면서 자신을 싫어하고 있다. 이 역시 비합리적인 행동이다.

이런 비합리성은 개인의 삶뿐만 아니라 사회 곳곳에서 나타난다. 경상도의 보수정당 지지 현상을 생각해보자. 경상도에서 나고 자라 경상도 친구들이 많다. 그 친구들은 대체로 정치에 별다른 관심이 없다. 그럼에도 불구하고 언제나 보수정당을 지지한다. 그들의 삶에 실제적인 불편과 불이익을 끼친 많은 문제들이 보수정당의 정책으로 인해 발생했다는 사실을 말해주어도 소용없다. 비정규직인 친구에게 보수정당이 대기업의 이권을 보호하느라 서민들을 고용 불안에 몰아넣은 것이라고 설명해주어도 그는 선거 때가 되면 보수정당을 찍는다. 이 역시 비합리적인 행동이다.

인간은 합리적이지 못하다. 우리는 합리성이 평범함이라 믿지만, 현실은 정반대다. 비합리성이 우리의 평범함이다. 우리 주위에 있는 평범한 이들을 돌아보라. 자신도 지치면서 과도한 정리벽을 고치지 못하는 아내, 결코 닮지 않겠다고 다짐했던 아버지의 모습을 닮아가는 아들, 비정규직의 설움을 겪으면서도 대기업의 보디가드를 자처하는 보수정당에 투표하는 경상도 친구…. 이런 평범한 이들의 비합리성을 어떻게 설명할 수 있을까?

지적 능력의 결핍 때문일까? 이는 순진한 진단이다. 물론 지적 수준이 높아지면 자신의 비합리성을 극복할 개연성이 높아지는 것은 사실이다. 하지만 많이 배운 사람들 중에도 비합리적으로 행동하는 사람이 얼마나 많던가. 비합리성은 지적 능력과 큰 상관이 없다. 그렇다면 인간의 비합리성은 어떻게 설명할 수 있을까? 정신분석학을 기초 세운 지그문트 프로이트에게 실마리를 얻어보자.

━━ 세 가지 '나' : 이드, 초자아, 자아

프로이트는 '나'라는 의식 구조가 '이드', '초자아', '자아'라는 세 가지 층위로 구성되어 있다고 말한다. 우선 '이드'는 동물적 본능이나 신체적 욕구로 구성되는 '나'다. 예를 들어 배가 고프면 음식을 먹고 싶고, 성 능력이 생기면 섹스하고 싶어지는 것은 '이드'의 영향이다. 인간은 동물이기에 '이드'의 영향으로부터 자유로울 수 없다. 반면, '초자아'는 문화나 규범으로 구성되는 '나'다. '초자아'에 대해서는 프로이트의 설명을 직접 들어보자.

> 인간 존재로 성장해가는 아이가 부모에 의존하여 사는 긴 유아기의 침전물로 자아 속에서는 하나의 특별한 기관이 형성되는데, 여기서 부모의 영향은 지속된다. 이 기관은 '초자아'라는 이름을 얻는다.
>
> ─『정신분석학개요』

'초자아'의 원형은 부모라고 할 수 있다. 어떤 인간이든 문화나 규범을 습득하는 데 있어서 가장 먼저, 그리고 가장 크게 영향을 받는 대상이 바로 부모(혹은 부모로 상징되는 존재)이기 때문이다. 부모를 통해 문화나 규범이 또 다른 '나'로 자리 잡게 된다. 그렇게 형성된 '초자아'는 우리가 어떤 행동을 하려고 할 때 그것이 문화나 규범에 맞지 않으면 "그렇게 행동하지 마!"라는 금지의 목소리를 낸다. 예를 들어 배가 고파도 아무것이나 훔쳐 먹지 않고, 성적 충동을 느껴도 아무하고나 섹스하지 않는 것은 '초자아'의 영향 때문이다.

'자아'는 무엇일까? 이는 '이드'와 '초자아'가 충돌하면서 만들어진 '나'다. 다시 프로이트의 이야기를 들어보자.

> 자아의 행위는 그것이 이드, 초자아 및 실재의 요구를 동시에 충족
> 시킬 때, 따라서 이들의 요구를 서로 조화시킬 수 있을 때 올바른 것
> 이다. ─ 『정신분석학개요』

　인간은 복잡한 존재다. 인간 역시 동물이기에 '이드'의 영향을 받을 수밖에 없다. 배가 고프면 앞뒤 안 가리고 무엇이든 먹고 싶다. 하지만 인간은 동물인 동시에 '초자아'의 영향을 받는 사회적 존재이기에 아무거나 주워 먹거나 다른 이의 것을 훔쳐 먹지는 못한다. 이 과정에서 '자아'라는 '나'가 탄생한다. '자아'는 "이드, 초자아 및 실재의 요구를 동시에 충족"시키는 '나'다.

　배가 고픈 상황을 생각해보자. "실재의 요구"는 '빵을 먹고 싶다.'이다. 이 실재적 요구가 '이드'를 통해 드러나면 '옆 사람의 빵을 뺏어 먹고 싶다!'라는 마음이 된다. 반면 이 실재적 요구가 '초자아'를 통해 드러나면 '그렇게 하면 안 돼!'라는 마음이 된다. 이때 '자아'는 무엇일까? 이 세 가지 요구를 서로 조화시키려는 마음이다. 쉽게 말해, '조금만 참았다가 집에 가서 빵을 먹으면 되잖아.'라며, 실재적 요구를 충족시키는 동시에 이드와 초자아를 절충하고 화해시키려는 마음이다. 즉, '자아'는 '이드'와 '초자아' 사이의 절충이자 균형점이라고 말할 수 있다.

이제 우리는 인간의 비합리성에 대해 어느 정도 이해할 수 있다. 다시 수빈의 이야기로 돌아가 보자. 그녀는 왜 스스로를 지치게 하는 정리벽에서 벗어나지 못하는 걸까? 프로이트라면, '초자아'의 영향을 너무 강하게 받고 있기 때문이라고 진단할 테다. 돌아가신 수빈의 어머니는 집안이 정리정돈되지 않은 것을 참지 못하는 사람이었다. 어린 시절 수빈은 직감했다. 엄마에게 사랑받는 방법은 정리정돈을 잘하는 것이라는 사실을. 이에 대해 프로이트는 이렇게 말한다.

> 자아와 초자아 사이 관계의 세부 사항은 보통 아이의 부모에 대한 관계로 거슬러 올라감으로써 이해될 수 있다. ─『정신분석학개요』

이제 왜 수빈이 자신은 물론이고 남편까지 닦달해가며 정리정돈에 집착하는지 이해할 수 있다. '정리정돈을 해야 한다'는 '초자아'의 요구와 '편하게 쉬고 싶다'는 '이드'의 요구가 충돌할 때마다 '초자아(엄마가 훈육한 규범)'가 '이드(육체적 편함)'를 압도하기 때문이다. 수빈의 '자아'는 '초자아'가 '이드'를 압도한 상태로 균형점이 맞춰져 있다. 이것이 그녀가 "나도 안 하고 싶어. 그런데 그게 안 되는 걸 어쩌란 말이야!"라고 화를 내며 말했던 이유다. 쉽게 말해, 수빈의 마음속에는 죽은 엄마가 여전히 살아 숨 쉬며 "수빈아, 집안을 잘 정리정돈해야지."라고 끊임없이 속삭이고 있는 것이다.

싫어하는 아버지를 닮아가는 아들의 비합리성 역시 같은 맥락에서 설명할 수 있다. "항상 참으며 살아야 한다." 어린 시절, 아버지가 아들에게 입버릇처럼 하던 말이었다. 아버지는 아들이 가진 '초자아'의 원형이다. 이 '초자아'는 아들에게 하나의 규범으로 내면화된다. 어른이 된 아들은 직장을 가든 친구를 만나든 항상 참으며 지낼 수밖에 없다. 이때 이드(자기표현·자기이익)는 억압된다. 그리고 과도하게 억압된 이드는 술을 마실 때마다 폭력적인 양상으로 터져 나오게 된다. 술을 먹고 가족들에게 소리를 지르는 모습은 아버지라는 '초자아'가 아들에게 남긴 상흔인 셈이다. 아버지로부터 물려받은 '초자아' 때문에 아들은 싫어하는 아버지의 모습을 닮아갈 수밖에 없는 것이다.

━━━ 경상도의 모태 신앙, 보수정당

경상도 사람들의 맹목적인 보수층 지지 현상 또한 같은 맥락에서 이해할 수 있다. 정치에 관심 없는 내 친구들은 왜 보수정당의 열렬한 지지자가 되었을까? 경상도 사람들의 보수정당 지지 현상은 모태 신앙과 그 작동 방식이 매우 유사하다. 모태 신앙의 작동 방식이 무엇인가? 부모가 특정 종교를 믿을 때, 자녀들 역시 그 종교를 무비판적으로 믿게 되는 것 아닌가? 실제로 모태 신앙인 사람들을 만나보면, 그 종교를 왜 믿는지 진지하게 자문해본 적이 없는 경우가 대부분이다. 심지어 그런 자문을 하는 것 자체를 불경스럽게 여기는 이들도 많다.

프로이트식으로 해석하면, 모태 신앙 역시 부모로부터 물려받은 '초자아'라고 할 수 있다. 아무것도 모르는 유아 시절부터 엄마를 따라 교회를 다녔던 아이의 내면은 어떨까? 그 아이의 내면에는 '신'이라는 초자아가 깊이 각인될 수밖에 없다. 그러니 기독교가 모태 신앙인 사람에게 '신'을 부정하는 것은 나를 키워준 부모를 비난하고 욕하는 것만큼이나 불경스러운 일이다. 극히 예외적인 경우를 제외하면, 모태 신앙은 '초자아'의 확장이자 대물림이다. 이에 대해 프로이트는 이렇게 말한다.

> 부모의 영향으로 작용하는 것은 부모의 개인적인 존재만이 아니다. 부모에 의해 이어지는 가족, 인종 및 민족 전통의 영향과 부모가 대변하는 각각의 사회적 환경의 요구도 작용한다. 마찬가지로 초자아는 개인 발달 과정에서 나중에 나타나는 전승자와 부모의 대체 인물 편에서 오는 기여도 받아들이는데, 그것은 교육자, 공공의 모범, 사회에서 숭배되는 이상과 같은 것이다. ―『정신분석학개요』

경상도의 보수층 지지 현상은 모태 신앙과 놀랍도록 닮아있다. 경상도의 어른들은 대부분 보수정당의 '맹신도'다. 그들은 누군가의 부모이기 때문에 누군가의 '초자아'로 기능할 수밖에 없다. 보수정당의 맹신도인 부모 밑에서 자란 아이들은 어떻게 될까? 기독교 집안에서 자란 아이들이 기독교인이 되듯, 보수정당의 맹신도 밑에서 자란 아이들 역시 보수적이 될 수밖에 없다. 프로이트에 따르면, "부모에 의해 이어지는 가족, 인종 및 민족 전통의 영향과 부모가 대변하는 각각의 사회적 환경의 요구도" 부모의 영향으로 작용하기 때문이다.

이제 왜 내 경상도 친구들이 보수정당에 대한 어떤 합리적 비판도 들으려고 하지 않았는지 이해할 수 있다. 그 친구들 앞에서 보수정당을 비판하는 것은 마치 기독교인들 앞에서 신을 부정하는 것만큼이나 불경스러운 일이기 때문이다. 세월이 흘러 경상도도 예전과 많이 달라졌지만, 여전히 보수층 지지가 굳건한 데에는 다 이유가 있다. 경상도 사람들에게 보수층 지지는 모태 신앙이자, "공공의 모범, 사회에서 숭배되는 이상과 같은 것"이기 때문이다.

▬▬ 진정으로 합리적인 삶

우리는 합리적인 사람이 될 수 있을까? 수빈은 지긋지긋한 정리벽에서 자유로워질 수 있을까? 아들은 그토록 싫어한 아버지를 닮지 않을 수 있을까? 경상도 사람들은 보수정당에 합리적인 문제 제기를 할 수 있을까? 우리는 어떻게 우리의 비합리성을 극복할 수 있을까?

가장 단순해 보이는 해법은 '초자아'를 없애는 것이다. 프로이트에 따르면, 인간의 비합리성은 유아기에 부모를 통해 받아들인 '초자아'에서 비롯된 것 아닌가. 그러니 '초자아'를 제거하면 합리적인 인간이 될 수 있을 것 같다. 하지만 이 방법은 불가능하다. '자아'는 '이드'와 '초자아' 사이의 균형점이기 때문이다. 즉, '초자아'를 제거하면 '자아'를 이루는 한 축이 무너지기 때문에 '자아' 역시 무너지게 된다. 이는 원하든 원하지 않든 우리는 어느 정도 '초자아'의 지배를 받을 수밖에 없다는 뜻이다. 그렇다면 우리는 어떻게 합리적인 사람이 될 수 있을까? 다시 프로이트의 이야기로 돌아가자.

> 정신 건강은 많은 부분 초자아가 정상적으로 발전하느냐, 즉 초자아가 사적이지 않고 객관적으로 되는가에 달려 있다. — 「비전문가 분석의 문제」

프로이트에 따르면, 정신 건강은 '초자아'와 긴밀하게 연관되어 있다. 즉, '초자아'가 정상적으로 발전하느냐 발전하지 않느냐에 따라 정신이 건강할 수도 건강하지 않을 수도 있다. 그렇다면 '초자아'가 정상적으로 발전하는 것은 어떤 것일까? "초자아가 사적이지 않고 객관적"이 되는 것이다. 그렇다면 '초자아'가 사적이지 않고 객관적이 되기 위해서는 어떻게 해야 할까? 어린 시절 우리 마음속 깊은 곳에 각인된 '초자아'가 지금 내게도 정당한 것인지 객관적으로 따져 물을 수 있어야 한다.

수빈은 어떻게 합리적인(정신이 건강한) 사람이 될 수 있을까? 어린 시절 엄마가 남긴 '초자아("집은 항상 정리정돈되어 있어야 해!")'가 지금 내게도 정당한 것인지 객관적으로 따져 물을 수 있어야 한다. 어릴 때는 엄마와 함께 사느라 어쩔 수 없이 '정리정돈'이라는 '초자아'를 받아들였지만, 남편과 살고 있는 지금도 그 '초자아'가 과연 정당한지 자문할 수 있으면 된다.

아버지를 닮아가는 아들은 어떻게 합리적인(정신이 건강한) 사람이 될 수 있을까? 자신이 따르고 있는 아버지의 '초자아("항상 참으며 살아야 한다.")'가 지금 자신의 삶에 객관적으로 도움이 되는지 살필 수 있으면 된다. 보수정당을 지지하는 경상도 친구들은 어떻게 합리적인(정신이 건강한) 사람이 될 수 있을까? 부모로부터 물려받은 '보수층 지지'라는 '초자아'가 지금 비정규직으로 일하고 있는 자신에게 도움이 되는지 따져 물을 수 있으면 된다.

평범한 이들의 비합리성은 초자아에 근거하고 있다. 하지만 그 '초자아'는 완전히 제거할 수도 없고, 그럴 필요도 없다. 문화나 규범이 전혀 없다면 그것은 인간적인 사회라고 말할 수 없을 테니까 말이다. 하지만 어린 시절 부모로부터 물려받은 '초자아'를 그대로 답습하는 것도 문제다. 그때 우리의 정신 건강에 많은 문제가 발생하게 된다. 진정으로 합리적인 삶, 즉 정신적으로 건강한 삶을 위해서 해야 할 질문은 이것이다. "초자아가 기쁜 삶을 위해 발전하고 있는가?"

철학자
더 알아보기

지그문트 프로이트
Sigmund Freud

프로이트는 오스트리아의 신경과 의사이자 정신분석학의 창시자이다. 주요 저서로는 『꿈의 해석』 『일상생활의 정신 병리학』 『성욕에 관한 세 편의 에세이』 등이 있다.

프로이트를 이해하는 데에는 '무의식'이라는 주제가 매우 중요하다. 그는 의사로서 여러 가지 정신 질환을 앓고 있는 이들을 관찰하며, 인간의 마음에는 투명하고 명료한 '의식'뿐만 아니라 불투명하고 혼란스러운 '무의식'의 영역이 존재한다고 밝혔다. 특히 그는 '꿈'을 통해 인간의 무의식을 이해하려고 시도했다. 그가 환자들의 '꿈'을 기반으로 정신적인 문제를 진단하고 치료하는 과정은 그의 저작에 잘 담겨 있다.

프로이트가 밝혀낸 '무의식'은 개인적 차원뿐만 아니라 철학사적으로도 후대에 큰 영향을 미치게 된다. 프로이트 이전에는 "나는 생각한다. 고로 존재한다."라는 데카르트의 유명한 말처럼 인간은 언제나 명료하고 합리적인 존재라는 인식이 강했다. 하지만 프로이트가 인간은 '이드'와 '초자아'가 충돌하며 구성된 '자아'를 가진, 불투명하고 때로는 비합리적인 존재임을 입증한다. 이런 인간에 대한 인식의 전환으로 철학사는 새로운 전기를 맞이하게 된다.

프로이트 이전의 철학적 흐름이 '유일한 진리'에 대해 탐구하려는 경향이었다면, 프로이트 이후의 철학적 흐름은 '다수의 진리' 혹은 '진리의 다수'에 대해 탐구하려는 경향으로 선회하게 된다. '유일한 진리'는 인간이 명료한 의식을 갖고 있다는 것을 전제해야지만 가능한 논의다. 프로이트가 인간의 의식이 불투명하고 혼란스럽다는 것을 증명함에 따라, 철학이 진리를 다루는 방식 역시 다수의 측면에서 논의되어야 한다는 방향으로 선회하게 된 것이다.

삶의 진실을
마주할 용기가
있는가?

칸트

미성숙이란 다른 사람이 이끌어주지 않으면
자신의 지성을 사용할 수 없는 상태를 말한다.
… 과감히 알려고 하라!
자기 자신의 지성을 사용할 용기를 가져라!

『계몽이란 무엇인가?』

이번 생은 여기까지

부자 부모를 둔 친구가 있다. 그 친구는 별다른 직업이 없음에도 불구하고 경제적으로 부침 없이 산다. 하지만 그도 나이를 먹으면서 뭔가 잘못 살고 있다는 것을 느끼는 모양이다. "이렇게 살아서는 안 된다."라는 이야기를 하는 날이 부쩍 늘었다. 그를 만날 때마다 "너는 부모 잘 만난 덕에 아직도 애처럼 산다."라고 말한다. 기분 나쁠 법도 한데 그는 매번 웃으며 나를 반겨준다.

세상의 부조리를 온몸으로 느낄 때가 있다. 없는 집에서 자란 아이는 마음까지 어둡고 뒤틀린 경우가 많고, 있는 집에서 자란 아이는 마음마저 밝고 긍정적인 경우가 많다. 그 친구가 그렇다. 그 친구는 밝고 긍정적이다. "언제까지 부모 뒤에 숨어 살 거야!" 내가 야박하게 말해도 그는 멋쩍은 듯 "아는데 잘 안되네."라고 대답할 뿐이다. 조금 더 다그치면 웃으면서 이렇게 덧붙인다. "이번 생은 여기까지!" 마음에 안 드는 구석이 있어도 미워할 수 없는 친구다.

▄▄▄ 두 가지 미성숙

그는 미성숙하다. 자기 힘으로 밥벌이를 해본 적이 없으니 그것이 얼마나 고되고 치사스러운 일인지 모른다. 그 친구를 만날 때마다 두 가지 생각이 든다. 미성숙이란 무엇일까? 미성숙은 어떻게 극복할 수 있을까? 미성숙에 대해서 명쾌하게 정의한 철학자가 있다. '서양철학의 저수지'라고 불리는 임마누엘 칸트다. 그의 이야기를 직접 들어보자.

> 미성숙이란 다른 사람이 이끌어주지 않으면 자신의 지성을 사용할 수 없는 상태를 말한다. 이러한 미성숙의 원인이 지성의 결핍 때문이 아니라 다른 사람의 지도를 받지 않고서 지성을 사용할 결단력과 용기의 결핍 때문이라면 미성숙은 스스로의 잘못으로 초래한 것이다. ─「계몽이란 무엇인가?」

우리는 흔히 미성숙을 지성에 관련된 문제라고 여긴다. 쉽게 말해, 뭘 모르기(지성이 없기) 때문에 미성숙하다고 생각한다. 옳은 이야기다. 다섯 살 아이가 미성숙한 이유는 뭘 모르기 때문이다. 지성(앎)이 없으면 미성숙하다. 하지만 칸트는 지성이 없기 때문에 발생하는 미성숙 이외에 또 다른 미성숙이 있다고 말한다.

칸트는 인간의 미성숙을 두 가지로 구분한다. "지성의 결핍"으로 인한 미성숙과 "결단력(용기)의 결핍"으로 인한 미성숙. "지성의 결핍"은 분명 미성숙을 낳는다. 하지만 이는 온전히 자기 잘못이라 할수 없다. 모르는 것을 배울 기회가 없었기에 지성이 없는 것이니까. 모르는 것은 배우면 된다. 하지만 "결단력(용기)의 결핍"으로 인한 미성숙은 다르다. 이 "미성숙은 스스로의 잘못으로 초래한 것이다." 이는 이미 지성을 갖고 있음에도 불구하고 그 지성을 사용할 결단력과 용기가 없어서 발생한 것이기 때문이다.

갖고 싶은 것이 있으면 무조건 떼를 쓰는 아이를 생각해보자. 그 아이는 분명 미성숙하다. 하지만 그 미성숙은 아이의 잘못만은 아니다. '갖고 싶은 것을 항상 다 가질 수는 없다'는 사실을 아직 부모가 가르쳐주지 않았기 때문이다. 하지만 그 아이가 청년이 되어서도 똑같이 떼를 쓴다면 상황은 다르다. 청년이 된 그는 '갖고 싶은 것을 항상 다 가질 수는 없다'는 사실을 이미 알고 있다.

그럼에도 불구하고 떼를 쓴다면 그것은 자신에게 책임이 있는 미성숙이다. 왜 그런가? 그의 미성숙은 자신의 지성('갖고 싶은 것을 항상 다 가질 수는 없다'는 앎)을 사용할 결단력과 용기가 없기 때문에 발생한 것이기 때문이다. 그래서 그의 미성숙은 그의 책임이다. 칸트의 말처럼, 그 청년의 "미성숙은 스스로의 잘못으로 초래한 것이다." 모르는 것은 배우면 되지만, 알게 된 지성을 사용하지 못하는 것은 자신의 책임이다.

▬▬ 미성숙의 원인, 게으름과 비겁함

부자 부모를 둔 친구는 무지하지 않다. 이름만 대면 알 만한 대학에서 공부하며 꽤 많은 지식을 쌓았다. 그 지식을 바탕으로 무엇이 옳고 그른지 스스로 판단할 수 있는 지성도 갖췄다. 그런데도 그는 미성숙하다. 그러니 그 친구가 미성숙한 이유는 지성의 결핍 탓은 아닌 셈이다. 그 친구가 미성숙한 이유는 '지성'이 없기 때문이 아니라 그 지성을 사용할 '결단력'과 '용기'가 없기 때문이다. 그 미성숙은 자신의 책임이다. 그렇다면 그는 왜 그 미성숙에서 벗어나지 못했을까? 칸트의 이야기를 더 들어보자.

> 대다수의 사람들이 자연적 연령으로는 이미 오래전에 타인의 지도에서 해방된(즉, 연령적으로 성년이 된) 이후에도 평생토록 미성숙에 안주하는 이유는 … 그들의 게으름과 비겁함 때문이다. 미성숙의 상태

칸트에 따르면, 미성숙에서 벗어나지 못하는 이유는 "게으름과 비겁함 때문이다." 더 정확히는 "미성숙의 상태에 안주하는 것이 너무나 편안"하기 때문이다. 칸트의 지적은 적확하지 않은가? 그 친구는 게으르고 비겁했기에, 더 정확히는 미성숙한 상태에 안주하는 것이 너무나 편안했기에 지성을 사용할 결단도 용기도 내지 못한 것이다.

누군가 보기에 그는 부지런한 사람이다. 그는 아침 일찍 일어나 운동도 하고 사람도 만난다. 경영학과 경제학에 관심이 많아 책도 많이 읽는다. 그런 측면에서 그는 부지런하다. 하지만 삶의 고민에 있어서는 한없이 게으르다. 그는 지성이 있다. 하지만 그 지성은 지금 자기 삶을 유지할 만큼의 지성일 뿐이다. 지금 삶 너머의 삶에 대해서는 알려고도, 생각하려고도 하지 않는다. 현재 자기 삶의 정당성을 훼손할 만한 지식이나 사유 앞에서는 놀라울 정도로 게으르다. 이것이 그가 비겁한 이유다.

언젠가 그 친구와 자신의 아버지에 대해 이야기를 나눈 적이 있다. 친구는 아버지가 자수성가한 분이라고 했다. 그래서 아버지가 지금 누리는 부는 정당한 것이라고 했다. 그 친구의 말은 사실일까? 그렇지 않다. 친구의 아버지는 어떤 방법으로 부를 축적했을까? 아버지는 직장을 다닐 때 번 돈과 할아버지로부터 물려받은 돈으로 작은 건물을 샀다. 그 건물 바로 옆에 지하철역이 들어서고 상권이 생기면서 큰돈을 벌었다. 그렇게 번 돈으로 건물을 여러 채 사서 같은 방법으로 돈을 불렸다. 친구는 그것이 아버지가 노력해서 모은 부라고 주장했다.

하지만 이는 사실이 아니다. 생각해보라. 친구 아버지의 부는 대부분 건물값이 올라서 발생한 것이다. 건물값은 왜 올랐는가? 거기에 상권이 생겼기 때문이다. 상권은 왜 생겼는가? 거기에 지하철역이 생겼기 때문이다. 지하철역은 왜 생겼는가? 국민들이 세금을 냈기 때문이다. 따지고 보면 친구 아버지의 부 중 적지 않은 부분은 국민들의 몫인 셈이다. 사실상 직장을 다닐 때 번 돈을 제외하면 지금 친구 아버지가 누리는 부 중에 스스로의 노력에 의한 것은 거의 없다고 말할 수 있다.

하지만 친구는 이런 논의를 더 이상 들으려고 하지 않았다. 이 논의가 지성적(논리적)이지 않아서가 아니었다. 이 논의가 자신의 삶을 정당화해주지 않아서였다. 그가 부지런히 알고자 했던 것은 건물주의 아들인 자신의 삶을 정당화해주는 일부 경영학과 경제학 지식뿐이었다. 그는 자신의 삶을 정당화해주지 않는 지식 앞에서는 한없이 게을러졌다. 어떤 책임감이나 부채 의식도 지지 않은 채, 지금 누리고 있는 삶의 편안함을 계속 누리고 싶기 때문이었다. 그 비겁함이 그의 게으름을 낳은 것이다.

지식과 지성이 있다고 모두 성숙한 것은 아니다. 세상 사람들은 대체로 자신의 삶을 정당화해줄 지식만을 알려고 한다. 재벌들이 시장 논리를 정당화해줄 경제·경영학 지식을 찾아 헤매고, 친일파 후손들이 친일을 정당화해줄 역사적 논거를 악착같이 찾아내려고 하는 것처럼 말이다. 그래서 그들의 지성은 자신의 삶을 정당화해줄 편협한 지식에 머물 수밖에 없다. 그들은 지성은 있지만 용기가 없기에 진정한 앎을 대면할 수 없다. 그래서 자신의 편협한 지성을 확장할 수도 없다. 이것이 한국의 재벌과 친일파가 미성숙한 이유다.

내 친구도, 재벌도, 친일파도 이해 못할 것은 아니다. 진짜로 아는 것은 불편하고 아픈 일이니까. 자신의 삶을 정당화하는 지식만을 알려고 하는 이들에게 진정한 앎은 두렵다. 진짜로 아는 것은 자신의 삶을 부정하게 만들기 때문이다. 진짜로 알게 되면 지금 자신의 삶이 부끄러워진다. 그 부끄러움이 건강한 책임감과 부채 의식을 낳고, 그 책임감과 부채 의식을 통해 한 인간은 성숙한 존재로 나아가게 된다.

그 친구가 끝끝내 아버지의 삶을 정당화하려고 했던 이유는 무엇이었을까? 아버지가 누리는 부가 온전히 그 자신의 노력에 의한 것이라고 주장했던 이유는 무엇이었을까? 아버지의 부에 국민들의 몫이 상당 부분 포함되어 있다는 사실을 진짜로 알게 되면, 지금처럼 편안한 삶을 누릴 수 없기 때문이다. 그 사실을 진짜로 알게 되면, 하루하루 힘들게 살아가는 사람들이나 생계 문제에 시달리는 사회적 약자들을 마주할 때 자신의 안온한 삶이 부끄러워져 정당한 책임감과 부채 의식을 느끼지 않을 수 없다. 그 건강한 책임감과 부채 의식이 그 친구를 성숙한 존재로 만들어 줄 테다. 하지만 그 친구는 그 사실을 아직 모른다.

재벌이나 친일파 역시 마찬가지다. 그들은 자신을 미성숙으로부터 벗어나게 해줄 책임감이나 부채 의식을 피하기 위해 진정한 앎 앞에서 한없이 게을렀다. 아니 진정한 앎을 악착같이 외면하고 자신의 삶을 정당화해줄 지식만을 쌓아올렸다. '금수저'를 물고 태어난 재벌은 사회적 약자들의 삶이 불편할 수밖에 없고, 친일파 후손은 독립운동의 역사가 불편할 수밖에 없다. 사회적 약자들의 삶과 독립운동의 역사를 진짜로 알게 되면 지금 자신의 안온한 삶이 부정당하기 때문이다. 그들은 진정한 앎을 직면할 결단력과 용기가 없었다. 그것이 그들이 미성숙한 이유다.

이런 미성숙은 거대 담론에만 있는 것이 아니다. 양성평등에 대해서 알려고 하지 않는 일부 남성들을 생각해보라. 그들은 왜 자신들이 상처받은 사실만을 보는가? 왜 여성들이 단지 여성이라는 이유만으로 억압받고 소외되었던 역사적 진실에 대해서는 알려고 하지 않는가? 그것을 진짜로 아는 순간, 명절에 아내를 부려 먹을 수 없고 알량한 가부장적 권위마저 잃을지도 모른다는 사실을 직감하기 때문이다.

━━ 지성을 사용할 용기

칸트는 미성숙에서 벗어날 수 있는 방법에 대해서 다음과 같이 말한다.

> 과감히 알려고 하라! 자기 자신의 지성을 사용할 용기를 가져라!
> ―『계몽이란 무엇인가?』

칸트의 말을 이제 이해할 수 있다. 자신의 삶을 정당화하는 앎은 자연스럽게 알게 된다. 하지만 삶의 진실은 그냥 알게 되는 것이 아니다. 과감하게 알려고 해야 한다. 지성은 그냥 사용할 수 있는 것이 아니다. 결단력과 용기를 갖추어야만 사용할 수 있다. 지성을 과감하게 사용할 결단력과 용기가 없다면, 자기가 보고 싶은 것만 보고 듣고 싶은 것만 듣는 미성숙한 상태에서 결코 벗어날 수 없다.

불편한, 그래서 알고 싶지 않은, 하지만 삶의 진실인 것에 대해서 과감하게 알려고 할 때, 비로소 성숙한 존재가 될 수 있다. 미성숙은 지식이나 지성의 문제가 아니다. 삶의 진실에 대해 과감하게 알려고 하는 용기와 결단력의 문제다. 미성숙에서 벗어나는 일이 그리도 어려운 이유는 바로 이 때문이다. 삶의 진실을 진짜 알게 되었을 때, 그만큼 삶의 무게는 더해질 수밖에 없으니까 말이다.

우리는 무엇을 알아야 하는가? 내 삶의 정당성을 파괴할지도 모르는 앎이다. 그 불편하고 위험한 앎에 대해서 과감하게 알려고 할 때, 우리는 진정한 지성인이 되어서 성숙한 존재로 나아갈 수 있다. 미성숙을 극복하고 싶은 이들을 위한 표어는 이것이다. "지성을 갖추려 하지 말고, 지성을 갖출 결단력과 용기를 갖춰라!"

철학자
더 알아보기

임마누엘 칸트
Immanuel Kant

칸트는 독일의 근대 철학자다. 주요 저서로는『순수이성비판』
『실천이성비판』『판단력비판』등이 있다.

칸트는 흔히 '서양철학의 저수지'라고 불린다. 이는 칸트 이전의
철학이 칸트의 사유로 한번 유입되었다가 다시 이후의 철학으로 전
개되었기에 붙여진 별명으로, 서양철학사에서 그의 위상을 상징적
으로 보여주는 말이다. 칸트는 근대철학사에서도 중요한 위치를 차
지하는데, 이는 그가 근대철학의 쟁점인 경험론(인식이나 지식의 근
원을 오직 경험에서만 찾을 수 있다는 철학)과 합리론(이성, 논리, 필연을
중시하는 철학)을 종합하려고 시도했기 때문이다.

칸트의 주저 세 권은 분명한 문제의식을 담고 있다.『순수이성비
판』은 '인간은 무엇을 알 수 있는가?'라는 질문에 답하며, 인간의 인

식 능력의 한계에 대해서 말하고자 했다.『실천이성비판』은 '인간은 무엇을 해야 하는가?'라는 질문에 답하며, 인간이 해야 할 것과 하지 말아야 할 것을 구분하는 도덕의 기초를 마련하고자 했다. 마지막으로『판단력비판』은 '인간은 무엇을 바랄 수 있는가?'라는 질문에 답하고자 했다.

『순수이성비판』『실천이성비판』『판단력비판』은 각각 '진眞(진짜-거짓)', '선善(선-악)', '미美(아름다움-추함)'의 문제에 대응된다. 칸트 이전의 일반적 인식은 이 세 가지를 나누어 보지 못했다. 즉, 진짜가 선하고 아름다운 것이며, 거짓은 악하고 추하다고 보았다. 하지만 칸트의 철학이 들어선 이후에는 이 세 가지를 각자의 영역으로 나누어서 볼 수 있게 되었다. 예를 들면, 악한 것도 아름다울 수 있고, 선한 것도 추할 수 있다고 볼 수 있게 되었다. '진선미眞善美' 삼위일체 체계의 해체, 이것이 칸트의 가장 큰 업적이다.

사유는, 인간다움의 전제조건이다

아렌트

이러한 무사유가 인간 속에서
아마도 존재하는 모든 악을 합친 것보다도
더 큰 파멸을 가져올 수 있다는 것, 이것이 사실상
예루살렘에서 배울 수 있는 교훈이었다.

『예루살렘의 아이히만』

━━ 어느 임원의 자기 항변

"이제 직장생활 마무리 짓고 좀 마음 편히 살아야겠어."

"이사님, 마지막이니 할 말은 해야겠네요."

"응? 그래. 박 대리 이야기해봐."

"김 대리 기억하시죠? 직장 그만두고 지금 정신과 치료까지 받고 있답니다. 그런데 이사님은 마음 편히 살고 싶다는 말이 나오세요?"

"어떻게 그게 내 탓인가? 나는 주어진 자리에서 내 일을 열심히 했을 뿐인데."

최 이사는 악랄하기로 둘째가라면 서러울 정도로 직원들을 닦달하는 영업실 임원이었다. 실적이 좋지 못한 직원에게는 인신공격은 물론이고 욕설까지 서슴지 않았다. 그 악랄함은 지독히도 근면했기에 직원들을 더욱 질리게 했다. 그런 최 이사도 정리해고는 피해갈 수 없었다. 마지막 회식 자리에서 켜켜이 쌓였던 직원들의 불만이 터져버렸다. 최 이사가 유독 닦달했던 직원이 김 대리였다. 김 대리는 늘 실적이 좋지 못했다. 영업직이 자신에게 맞지 않는다며 연구직에서 근무하고 싶다는 김 대리의 전배 요청을 최 이사는 매몰차게 거절했다.

김 대리의 전배 요청 이후 최 이사의 닦달은 극에 달했다. 업무 처리가 늦거나 목표 실적을 맞추지 못하면 "야, 직장에 놀러왔어? 월급 받아먹기 미안하지도 않냐?"라며 인격적 모멸감을 주었다. 내성적인 성격 탓이었을까? 김 대리는 아무에게도 고민을 말하지 못한 채 잿빛 얼굴로 사표를 썼다. 퇴사 후 극심한 스트레스로 인해 정신과 치료를 받느라 다른 직장을 구할 엄두도 내지 못했다. 이 모든 사정을 알고 있던 박 대리는 최 이사에게 쌓였던 감정이 터져버렸다. "이사님이 직원들한테 어떻게 했는지 알고 있어요?"

하지만 최 이사는 담담하고 차분하게 자신은 주어진 자리에서 자기 일을 열심히 했을 뿐이라고 답했다. 그리고 "너희들도 그 자리에 가면 나를 이해하게 될 거야."라는 말도 덧붙였다. 반성은 고사하고 일말의 미안함도 느끼지 않는 것처럼 보였다. 심지어 몇몇 직원들은 최 이사의 말에 일정 정도 수긍하는 것처럼 보였다. 다들 속으로 '그래, 그건 회사의 구조적 문제지, 최 이사 잘못은 아니지.'라고 생각하는 것 같았다.

생각해보면 정말 그렇지 않은가? 최 이사는 왜 그렇게 직원들을 닦달했을까? 사장이 본부장을 닦달하고, 본부장이 다시 최 이사를 닦달했기 때문이다. 최 이사는 자기 말마따나 직장에서 살아남기 위해 주어진 역할을 충실히 했을 뿐이다. 직장인은 다들 자기 몸 하나 건사하기 위해 하루하루 힘겹게 버티며 살아가는 존재 아닌가. 그렇기에 최 이사의 당당한 자기 항변은 기묘한 설득력을 가질 수밖에 없었다.

━━ 최 이사와 아이히만

1961년, 예루살렘의 재판장에 너무도 당당한 죄인이 서 있었다. 아이히만. 그는 유대인을 수용소로 실어 나르는 수송 부서의 책임자로, 유대인 대학살에 상당한 책임이 있는 전쟁 범죄자였다. 그가 유대인에게 저지른 짓을 보면 인간이 아니라 괴물의 짓이라고 느껴질 정도로 끔찍하고 참혹하다. 하지만 놀랍게도 아이히만은 재판장에서 일말의 죄책감도 없이 당당하게 자기 항변을 했다. 그는 자신은 법을 지키는 시민으로서 국가 명령에 최선을 다했을 뿐이라고 주장했다.

아이히만의 이야기에는 묘한 설득력이 있다. 자신은 수송 부서의 책임자로 유대인을 수용소로 실어 나르는 역할을 충실히 했을 뿐인데, 그것이 무슨 잘못이냐는 것이다. 그는 자신은 국가 공무원으로서 국가가 시킨 일을 시킨 대로 했을 뿐이라고 주장했다. 이것이 아이히만이 자신을 심판하는 법정에서 "나의 유죄는 복종에서 나왔으며, 복종은 미덕이다."라고 당당하게 외칠 수 있었던 이유다. 어쩌면 아이히만은 우리에게 이렇게 묻고 싶었는지도 모른다. "너희가 내 자리에 있었으면 달랐을 것 같아?"

최 이사와 아이히만이 다르다면 얼마나 다를까? 물론 최 이사는 몇몇 직원들의 인격을 훼손했고, 아이히만은 수많은 유대인들을 학살했다는 결정적 차이는 있다. 하지만 주어진 자리에서 자신의 역할을 충실히 했을 뿐, 자신에게는 아무런 잘못이 없다는 논리 구조는 완전히 같다. 그렇다면 정말 최 이사나 아이히만은 아무 잘못이 없는 것일까? 이 질문에 대한 답은 유대인 정치철학자, 한나 아렌트에게 들어보자.

━━ '사유하지 않은' 죄

아렌트는 「뉴요커」지의 특파원 자격으로 예루살렘에서 열린 아이히만의 전범 재판에 참석했다. 이후 『예루살렘의 아이히만』을 집필해 큰 반향을 일으켰다. 모두(특히 유대인)의 기대와 달리, 아렌트는 자신이 본 아이히만은 괴물이나 악마라기보다 오히려 우리 주변에서 흔히 볼 수 있는 평범한 공무원이나 직장인 같은 사람이라고 기록했다. 아렌트는 아이히만에 대해 이렇게 말한다.

> 자신의 개인적인 발전을 도모하는 데 각별히 근면한 것을 제외하고는 그는 어떠한 동기도 갖고 있지 않았다. 그리고 이러한 근면성 자체는 결코 범죄적인 것이 아니다. 그는 상관을 죽여 그의 자리를 차지하려고 살인을 범하려고 하지는 않았을 것이다. 이 문제를 흔히 하는 말로 하면, 그는 단지 자기가 무엇을 하고 있는지 결코 깨닫지 못한 것이다. ─ 『예루살렘의 아이히만』

아렌트가 말하는 아이히만은 지극히 평범하고 어찌 보면 모범적이기까지 한 사람이다. "자신의 개인적인 발전을 도모하는 데 각별히 근면한" 사람은 얼마나 모범적인가? 그는 결코 "상관을 죽여 그의 자리를 차지하려고 살인"을 저지르는 괴물이나 악마 같은 사람이 아니다. 그렇다면 아이히만은 아무 잘못이 없는 것일까? 그렇지 않다. 아렌트는 그의 잘못은 "자기가 무엇을 하고 있는지 결코 깨닫지 못한 것"이라고 말한다. 그렇다면 그의 잘못은 '어리석음'일까? 아렌트의 이야기를 더 들어보자.

> 그(아이히만)는 어리석지 않았다. 그로 하여금 그 시대의 엄청난 범죄

자들 가운데 한 사람이 되게 한 것은 (결코 어리석음과 동일한 것이 아닌) 철저한 무사유sheer thoughtlessness였다. — 『예루살렘의 아이히만』

아이히만의 죄는 단순한 '어리석음'이 아닌 '철저한 무사유'다. 그 '철저한 무사유'가 평범한 아이히만을 "그 시대의 엄청난 범죄자들 가운데 한 사람"으로 만들었다. '어리석음'과 '철저한 무사유'는 다르다. 이 둘은 모두 무지無知의 상태라는 점에서는 같다. 하지만 '어리석음'은 수동적 무지의 상태이고, '철저한 무사유'는 능동적 무지의 상태이다. 즉, '어리석음'은 어쩔 수 없이 모를 수밖에 없는 상태이고, '철저한 무사유'는 조금만 노력하면 알 수 있음에도 불구하고 알지 않으려는 상태이다.

여섯 살짜리 아이와 아이히만이 '유대인 수용소 이송 계획서'에 사인을 했다고 해보자. 아이의 사인은 '어리석음'의 결과다. 아이는 '유대인 수용소 이송 계획'의 의미가 무엇인지 모를 수밖에 없는 상태(수동적 무지)이기 때문이다. 하지만 아이히만의 사인은 전혀 다르다. 그것은 '철저한 무사유'의 결과다. 그는 '유대인 수용소 이송 계획'이 어떤 의미인지 사유할 수 있는 충분한 능력이 있음에도 불구하고, 적극적으로 그것을 외면했다. 바로 이 능동적 무지의 상태가 아이히만의 죄다.

"철저한 무사유는 죄다!" 이것이 아렌트가 예루살렘에서 아이히만을 바라보며 내린 결론이었다. 아렌트는 아이히만의 진짜 죄는 유대인을 수용소로 운반한 것이 아니라 '철저한 무사유'라고 말했다. 아이히만은 국가라는 조직에 충실히 복종했지만 자신의 행동이 타인에게 어떤 결과를 미칠지 (충분히 사유할 수 있는 능력이 있었지만) 사유하지 않았다. 최 이사도 마찬가지다. 최 이사도 회사라는 조직에 충실히 복종했지만 자신의 행동이 직원들에게 어떤 악영향을 미칠지 (충분히 생각할 수 있었지만) 생각하지 않았다. 최 이사는 유죄다. 최 이사의 진짜 죄는 김 대리의 인격을 훼손한 것이 아니라 '사유하지 않은 것(철저한 무사유)'이다.

▬▬ 악은 평범하다

"악은 평범하다!" 아렌트의 일갈이다. 우리는 '최 이사'나 '아이히만'을 쉽게 비난하지만, 아렌트는 그들 역시 우리와 크게 다르지 않은 평범한 사람들이라고 말한다. 이는 조금만 생각해보면 아주 불편한 이야기이다. 아렌트는 우리 역시 사유하지 않는다면 최 이사와 아이히만 같은 악행을 저지를 수도 있다고 말하는 것이다. 아이히만을 우리와 동떨어진 존재로 치부하려는 이들에게 아렌트는 날카롭게 말한다. "아이히만을 쉽게 비난하지 말라. 우리 역시 언제든 아이히만이 될 수 있다."

고백할 것이 있다. 나는 한때 대기업에서 성실히 일했다. 회사의 방침을 충실히 따른다며 협력 업체를 못살게 굴었다. 단가를 후려치는 것은 물론이고, 보고서 기한을 맞춰야 한다고 협력 업체 직원을 밤낮없이 들들 볶았다. 그러면서 단 한 번도 내가 죄를 짓고 있다고 생각해본 적이 없었다. 나는 그저 회사의 방침을 잘 따르며 주어진 업무를 충실히 하는 평범한 직장인일 뿐이라고 생각했다.

하지만 이제는 안다. 나는 유죄였다. 나는 나에게 주어진 역할을 다하는 것이 타인에게 어떤 영향을 미칠지 전혀 생각하지 않았다. 더 정직하게 말해, 그런 생각을 할 능력이 있었음에도 불구하고 적극적으로 그 생각을 외면했다. 아렌트의 말처럼, 나는 '사유하지 않은' 죄를 저질렀던 셈이다. 개인의 영달과 이득을 위해 아무 생각 없이 주어진 역할을 충실히 이행할 때, 우리 역시 작게는 '최 이사'가, 크게는 '아이히만'이 될 수 있다.

이제 사유의 범위를 넓혀보자. 대기업이 골목 상권에 진출하는 것을 생각해보자. 기업의 입장에서 보면, 이는 자신의 이익을 도모하기 위해 근면하게 노력한 결과라고 할 수 있다. 하지만 대기업은 유죄다. '사유하지 않은' 죄. 그들은 자신의 결정이 하루 벌어 하루 먹고사는 중소 상인들에게 어떤 영향을 미칠지 전혀 고민하지 않았다. 조금 더 야박하게 말하자면, 그 대기업에서 일하는 직원들 역시 유죄다. '사유하지 않은' 죄. 그들이 골목 상권에 진입하기 위해 갖가지 아이디어를 짜내는 것은 개인의 영달을 위한 노력이지만, 그들 역시 자신의 업무가 옆집 빵집 아저씨에게 어떤 영향을 미칠지 전혀 고민하지 않았다.

최악의 불행은 한 사람 한 사람의 무사유가 더해질 때 벌어진다. 유대인 학살이라는 최악의 불행은 아이히만의 무사유와 수많은 나치들의 무사유가 더해진 결과였다. 우리 시대 최악의 불행도 그렇게 찾아올지도 모른다. 대기업의 무사유, 그 기업 직원들의 무사유, 정치인들의 무사유, 시민들의 무사유가 더해질 때, 사회·경제적 약자들은 우리 시대의 '유대인'이 되어, 우리 시대의 '아우슈비츠'로 내몰리게 될지도 모른다.

> 이러한 무사유가 인간 속에서 아마도 존재하는 모든 악을 합친 것보다도 더 큰 파멸을 가져올 수 있다는 것, 이것이 사실상 예루살렘에서 배울 수 있는 교훈이었다. ─『예루살렘의 아이히만』

■■■ '공감하지 않은' 죄

그렇다면 우리는 왜 사유할 능력이 있음에도 불구하고 '철저한 무사유'에 머무는 것일까? 그것은 내면화된 이기심 때문이다. 누구에게나 '자기보존'의 욕구가 있다. 자신의 이익을 지켜 자기를 보전하려는 것은 인간의 본성이다. 하지만 이 '자기보존'의 욕구는 이기심과는 다르다. 인간의 본성에는 '자기보존'의 욕구만큼이나 '타자

공감'의 마음이 있다. 내 것을 지키고 싶은 마음만큼이나 타인의 기쁨과 슬픔에 공감할 수 있는 마음이 있다.

내면화된 이기심은 '자기보존'과 '타자공감'이라는 인간의 두 본성 중 하나(후자)를 잃어버린 상태다. 이것이 내면화된 이기심을 갖고 있는 이들이 아무 거리낌도 없이 타인에게 상처 줄 수 있는 이유다. 타인에게 공감할 수 없는 이들은 자신의 이기심을 성찰해볼 수 없다. 인간은 언제 자신의 이기심을 성찰하는가? 그것은 타인에게 공감할 때다. '나'의 행동으로 인해 촉발된 '너'의 기쁨과 슬픔이 다시 '나'에게 되돌아올 때, 우리는 자신의 이기심을 되돌아볼 수밖에 없다.

나는 협력 업체 단가를 후려칠 때도, 나이 지긋한 협력 업체 직원을 밤낮없이 닦달할 때도 얼핏 알고 있었다. 뭔가 잘못하고 있다는 것을. 하지만 그 불편한 감정을 은폐하고자 노력했다. "나는 주어진 일을 열심히 하는 것일 뿐이야!" "내가 먹고살기 위해서는 어쩔 수 없어!" 그것은 나로 인해 고통받는 주변 사람들의 마음을 애써 외면하려는 발버둥이었다. 그렇게 나는 이기심을 내면화하려고 노력했다. 이것이 내가 사유할 능력이 있었음에도 불구하고 철저하게 무사유할 수 있었던 이유다.

최 이사는 어떻게 타인의 인격을 무참히 짓밟는 짐승이 될 수 있었을까? 아이히만은 어떻게 수많은 유대인들을 학살한 악마가 될 수 있었을까? 달리 말해, 그들은 어떻게 사유할 능력이 있었음에도 불구하고 철저한 무사유에 머물 수 있었을까? 이기심을 완전히 내면화했기 때문이다. 즉, 그들은 공감 능력을 잃어버렸기 때문이다. 타인의 기쁨과 슬픔에 공감할 수 없었기에, 자신의 개인적 이익과 영달을 위해 자행한 참혹한 폭력들을 결코 반성할 수 없었던 것이다.

━━ 부당함으로 불이행!

'아이히만'의 반대편에 서 있는 이가 있다. '문형순'이다. 그는 (한국 역사상 가장 참혹하고 비극적인 사건이라고 평가받는) 제주 4.3 사건 당시 제주 성산포 경찰서장을 지냈다. 1950년 8월 30일, '문형순' 서장은 예비검속으로 잡혀 온 제주 시민들을 가리지 말고 사살하라는 상부의 지시를 받는다. 하지만 예비구속자들은 대부분 무고하며 선량한 시민들이었다. 이에 '문형순'은 다음과 같은 공문을 상부로 돌려보낸다.

"부당不當함으로 불이행不履行." '문형순'의 이 결단은 수백 명의 무고한 생명을 살렸다. '아이히만'이 상부의 지시를 충실히 이행하느라 무고한 유대인들을 가스실로 밀어넣을 때, '문형순'은 목숨을 걸고 상부의 지시를 거부했다. '문형순'은 어떻게 그럴 수 있었을까? 이유 없이 죽어갈 이들의 고통과 또 그렇게 죽어갈 이들의 가족과 친구들의 고통에 공감했기 때문일 테다. 그 애통한 마음을 온 마음으로 느꼈기에 부당한 일을 이행할 수 없었던 것이다.

집승과 악마의 당당함은 어디서 오는가? 공감의 부재에서 온다. 철저한 무사유는 공감의 부재로 인한 결과다. "평범한 우리 역시 사유하지 않으면 언제든 악인이 될 수 있다." 아렌트의 전언은 이렇게 바꿀 수 있다. "평범한 우리 역시 공감하지 않으면 언제든 악인이 될 수 있다." 공감은 사유의 전제조건이다. 그리고 사유는 인간다움의 전제조건이다. 공감할 수 있다면 사유할 수 있고, 사유할 수 있다면 우리는 어떤 상황에 있더라도, 최소한의 인간다움을 유지할 수 있다.

세상에는 '아이히만'만 있는 것이 아니다. '문형순'도 있다. '아이히만'은 공감하지 않았기에 사유할 수 없었고 그 때문에 최소한의 인간다움도 잃어버린 집승이 되었다. 하지만 타인에게 공감하며 그로 인해 사유할 수 있다면 우리는 인간다운 인간이 될 수 있다. '아이히만'은 언제 사라질 수 있는가? '문형순'은 언제 다시 태어날 수 있는가? 타인의 고통에 공감할 때이다. 그때 우리는 어떤 열악한 조건 속에 있더라도 당당하게 말할 수 있다. "부당함으로 불이행!"

철학자
더 알아보기

한나 아렌트
Hannah Arendt

　독일 태생의 유대계 정치철학자. 주요 저서로는『예루살렘의 아이히만』『인간의 조건』『전체주의의 기원』이 있다. 유대인이었던 그녀는 평생을 바쳐 나치즘으로 상징되는 전체주의를 철학적으로 규명하고자 애썼다. 나치즘으로 인해 가장 상처받은 사람들이 유대인이었다는 사실을 고려하면, 그녀가 전체주의를 평생의 화두로 삼은 것은 지극히 자연스러운 일이었다.

　아렌트의 철학은 엄격하다. 그래서 야박하게 느껴지는 측면이 있다. 아렌트에게 '사유'는 해도 그만, 안 해도 그만인 '권리'가 아니다. 인간이라면 반드시 해야만 하는 '의무'다. 아렌트는 인류를 파멸로 몰고 간 나치즘 혹은 전체주의는 바로 이 사유의 '의무'를 행하지 않았기에 발생한 사태라고 진단했다.

많은 철학자들이 그렇듯이, 아렌트 역시 당대의 비난에 시달렸다. 이는 철학자의 숙명과도 같은 것이다. 특히 아렌트는 그 엄격한 철학적 태도 때문에 동료 유대인들로부터 많은 비난을 받았다. 아이히만은 그들(유대인)의 삶과 그들 가족·친척·친구들의 삶을 참혹하게 파괴한 악마 같은 범죄자 아닌가? 그런데 아렌트가 그런 아이히만(나치)을 악마가 아닌 우리와 같은 평범한 사람이라 진단했으니, 동료 유대인들이 아렌트에게 깊은 배신감을 느낀 건 당연한 일이었다.

바로 여기에 아렌트의 고결함이 있다. 유대인이었던 아렌트 역시 프랑스에서 유대인 수용소에 갇혔다가 미국으로 도망쳤다. 그녀가 느꼈을 공포와 증오를 짐작할 수 있다면, 그녀 역시 아이히만(나치)을 당장 죽여도 좋을 악마로 치부하고 싶었을 테다. 하지만 그녀는 자신에게마저 엄격했다. 아렌트는 아이히만을 예외적인 악인으로 규정하는 순간, 전체주의의 비극이 반복될 것을 직감했다.

이것이 주변 사람들의 비난에도 불구하고, 아렌트가 "악(아이히만)은 평범하다."라고 말했던 이유다. 엄격한 철학적 태도에 입각한다면, 누구나 사유하지 않는다면 언제든지 아이히만이 될 수 있는 것이니 말이다. 누가 뭐래도, 아렌트는 아름다운 인문주의자다. '나'와 '너'의 상처 너머 '우리'의 상처에 더 주목하고 있기 때문이다. 그것은 그녀가 자신의 철학대로 '철저한 사유!'를 하고 있었기 때문에 가능한 일이었을 테다.

더 작은 폭력,
인간적인 폭력을 위해

메를로퐁티

> 우리가 신체를 가지고 있는 한 폭력은 숙명이다.

『휴머니즘과 폭력』

━━ 인간의 폭력의 기원, 신체

세상 사람들은 다들 자신이 나름대로 착한 존재라고 믿으며 살아간다. 자신이 매일 참혹한 폭력을 행사하며 살아간다고 믿는 이들은 거의 없다. 대단한 선행을 하지는 못하더라도 누군가를 해치는 폭력은 행사하지 않는다고 믿는다. 나 역시 그리 믿으며 살아왔다. 하지만 정말 그럴까? 우리는 정말 비폭력적인 착한 존재들일까? 그렇지 않다. 인간은 존재 자체가 이미 폭력이다.

"우리는 다 누군가의 죽음을 먹고 사는 거야." 이 당연한 말에 머리를 망치로 한 대 얻어맞은 것 같았다. 당연한 사실이었지만 여태껏 그렇게 생각해본 적이 없었다. 아침에 먹었던 밥은 벼의 죽음이고, 점심에 먹었던 햄버거는 소의 죽음이며, 저녁에 먹었던 삼겹살은 돼지의 죽음 아니던가. 그렇다. 타자의 죽음을 취하지 않고 살 수 있는 인간은 없다. 인간은 누구든지 크고 작은 폭력을 행사하며 살아가는 셈이다. 이런 삶의 진실에 대해 프랑스의 철학자, 메를로퐁티는 이렇게 말한다.

우리가 신체를 가지고 있는 한 폭력은 숙명이다. ─ 『휴머니즘과 폭력』

인간에게 신체가 있는 한 폭력은 숙명이다. 유한한 신체를 가진 인간은 누군가의 죽음을 통해서만 생존할 수 있기 때문이다. 그래서 인간에게 (타자의 죽음을 취하는) 물리적 폭력은 불가피하다. 인간의 폭력에는 이런 물리적 폭력만 있는 게 아니다. 정신적 폭력도 있다. 인간의 물리적 폭력이 주로 인간 이외의 종種(벼·소·돼지·물고기…)에게 가해진다면, 인간의 정신적 폭력은 같은 인간에게도 가해진다.

물리적 폭력과 정신적 폭력

"불안이라는 바다에 빠져 허우적거리다 죽고 싶지 않으면 더 늦기 전에 자신만의 철학을 만들어야 해요." 어느 강연을 마무리하며 철학의 중요성을 강조하려고 했던 말이었다. 그런데 그때 수업을 듣던 한 중년 여자분이 갑자기 울음을 터뜨리며 강연장을 뛰쳐나가는 것 아닌가! 당혹스러웠다. 나중에야 그분의 아들이 몇 년 전 바다에 빠져 죽었다는 사실을 알게 되었다. 강연 말미에 무심코 한 나의 이야기가 그분의 상처에 다시 생채기를 낸 것이었다.

나는 그분에게 폭력을 행사했다. 물리적 폭력은 아니었지만 분명한 정신적 폭력을 행사했다. 왜 그런 폭력을 행사하게 된 것일까? 그것은 인간의 신체만큼이나 인간의 정신 역시 유한하기 때문이다. 유한한 신체가 물리적 폭력의 기원이라면, 유한한 정신은 정신적 폭력의 기원이다. 만일 내가 (마치 신과 같은) 무한한 정신을 갖고 있었다면 그분에게 폭력을 행사하지는 않았을 테다. 무한한 정신은 그분의 상처마저 알고 있었을 테니까 말이다. 메를로퐁티의 이야기는 옳다. 인간은 존재 자체가 폭력이다. 인간은 유한한 신체, 그리고 그로 인해 구성된 유한한 정신을 갖고 있기 때문이다.

▰▰▰ 어느 모임에서 다툼

우연히 참석한 모임에서 인간은 누군가의 죽음을 먹고 살 수밖에 없는 존재라는 이야기를 한 적이 있다. 그때 한 분이 내게 따지듯 물었다. "그럼 밥도 못 먹고 고기도 못 먹고 굶어 죽으란 말이오?"

다들 즐겁게 식사하는 자리에서 왜 그런 불편한 이야기를 하냐는 것이었다. 이해도 됐다. 그 불편한 이야기를 진짜로 받아들이면 밥을 먹을 때도, 햄버거를 먹을 때도, 삼겹살을 먹을 때도 예전처럼 즐겁지 않을 테니까 말이다.

그분의 반론은 정당한 측면이 있다. 그분은 내게, 아니 메를로퐁티에게 이렇게 따져 묻고 싶었던 것인지도 모르겠다. "벼와 돼지, 소를 살리기 위해 내가 죽으란 말이오?" 나 역시 그랬다. 그날 강연장의 일을 전해 들은 한 분이 내게 타박하듯 말했다. "그러게, 조심 좀 하지 그랬어." 그 말을 듣고 억울하고 화가 났다. '강연 듣는 사람들의 속사정을 어떻게 다 알아?'라는 말이 목구멍까지 차올랐다.

메를로퐁티의 이야기는 과도하게 엄격하고 야박한 측면이 있다. "우리가 신체를 가지고 있는 한 폭력은 숙명"이라면 인간은 언제 폭력을 중단할까? 어렵지 않게 답할 수 있다. 신체가 없을 때다. 인간은 죽음을 맞이한 뒤에야 비로소 누군가의 죽음을 취하지 않게 된다. 우리가 죽어서 신체가 없어지면 더 이상 벼를 죽일 일도, 소와 돼지를 죽일 일도 없다. 동시에 우리가 죽어서 정신이 없어지면 더 이상 아무 생각 없이 내뱉은 말로 누군가에게 상처를 주는 일도 없다.

━━━ 폭력은 삶의 조건이다

인간이 폭력을 행사하지 않기 위한 근본적 해법은 죽음밖에 없다. 그러니 메를로퐁티의 논의는 얼마나 야박한가? 그렇다면 그는 우리에게 죽음을 종용한 걸까? 인간이 신체를 가지고 있는 한 폭력은 숙명이니, 죽음으로써 폭력을 중단하기를 원했던 걸까? 메를로퐁티의 이야기를 더 들어보자.

> 모든 폭력을 비방하는 사람은 정의와 불의의 영역 밖으로 자신을 밀어내는 사람이다. 그들은 세계와 인간을 저주한다. 그러나 이 저주는 위선적이다. 왜냐하면 지금 그렇게 말하는 자도 삶을 시작한 순간부터 이미 그 게임의 규칙을 인정하고 있기 때문이다. ─「휴머니즘과 폭력」

메를로퐁티는 폭력 그 자체를 문제삼지 않는다. 그것은 옳고 그름을 따질 수 없는 삶의 조건이기 때문이다. "모든 폭력을 비방하는 사람"은 그 누구도 피할 수 없는 삶의 조건을 초월하고 싶은 자이다. 그래서 "정의와 불의의 영역 밖으로 자신을 밀어"낸다. '어차피 세계(폭력)는 지옥이고, 그 지옥을 만드는 것은 인간(폭력) 아니야!' 이처럼 삶의 조건 자체를 초월하려는 자는 필연적으로 "세계와 인간을 저주"하게 된다.

하지만 메를로퐁티의 말처럼, 그 "저주는 위선적이다." 왜냐하면 그 저주는 이미 '폭력은 삶의 조건'이라는 "게임의 규칙을 인정"하는 상황 속에서 벌어지는 일이기 때문이다. 자신 역시 폭력 속에 있으면서 폭력은 나쁘다고 말하는 것은 얼마나 위선적인가. 이는 마치 자신은 정의와 불의의 영역과 아무 상관 없는 초월적인 존재라고 믿는 것과 같다. 그렇다면 우리는 어떻게 살아야 할까? 폭력이라는 주어진 삶의 조건을 그저 받아들이며 서로 상처 주는 것을 당연하게 여기며 살아야 할까? 메를로퐁티의 이야기를 들어보자.

> 우리는 순진무구함(비폭력)과 폭력을 선택하는 것이 아니다. 폭력의 종류를 선택하는 것이다. ─ 「휴머니즘과 폭력」

인간에게 폭력은 숙명이다. 그래서 우리는 "순진무구함(비폭력)과 폭력" 중 하나를 선택할 수는 없다. 하지만 폭력의 종류를 선택할 수는 있다. 그렇다면 우리가 선택해야 할 폭력은 어떤 종류의 폭력일까? 두 가지 폭력을 선택해야 한다. '더 작은 폭력'과 '인간적인 폭력'. 이 두 가지 폭력이 (우리가 선택할 수 있는 폭력 중) 우리를 조금 더 기쁜 삶으로 안내할 폭력이다. 먼저 '더 작은 폭력'에 대해서 이야기해보자.

━━━ '더 작은 폭력'은 무엇인가?

인간에게 폭력은 불가피하다. 하지만 '더 작은 폭력'을 선택할 수는 있다. 도살장에서 직접 돼지를 죽이지 않을 뿐 즐겁게 삼겹살을 먹을 때 우리는 돼지 한 마리를 죽이는 셈이다. 삼겹살은 명백한 폭력이다. 이때 '더 작은 폭력'은 무엇일까? 삼겹살 자체를 부정하는 것일까? 그렇지 않다. 조금 적게 삼겹살을 먹는 것 혹은 남기지 않을 만큼 삼겹살을 주문하는 것, 이것이 '더 작은 폭력'이다. 필요 이상 삼겹살을 먹지 않을 때, 남기지 않을 만큼만 삼겹살을 주문할 때, 우리는 더 적은 돼지를 죽이게 되기 때문이다. 더 나아가 삼겹살 대신 채소를 먹거나 차를 마시는 것은 '더욱 더 작은 폭력'이라고 말할 수 있다.

정신적 폭력 역시 마찬가지다. 오래 만난 연인과 이별한 친구가 있다고 해보자. "야, 뭐 그런 걸 가지고 난리냐? 나는 더한 것도 겪었어!" 그에게 이렇게 말하는 것은 폭력이다. 따뜻한 말을 해준다고 해서 상황이 달라지는 것은 아니다. 이별한 친구에게 어떤 말을 하건 그 친구에게는 폭력일 수 있다. 이때 '더 작은 폭력'은 무엇일까? 그 친구의 하소연을 묵묵히 들어주고 함께 아파하는 것이다. 더 나아가 그 친구에게 맛있는 밥 한 끼 사주는 것은 '더욱 더 작은 폭력'이라고 말할 수 있다. 이처럼 물리적이든 정신적이든 비폭력(순진무구함)을 선택할 수는 없지만 각자의 사정과 조건 안에서 가능한 '더 작은 폭력'을 선택할 수는 있다.

━━━ '인간적인 폭력'은 무엇인가?

이제 '인간적인 폭력'에 대해서 이야기해보자. 먼저 메를로퐁티의 이야기를 들어보자.

> 우리가 중요하게 토론해야 할 것은 폭력이 아니다. 폭력의 의미 내지는 폭력의 미래이다. 이것은 미래를 향해서 현재를, 타자를 향해서 자기를 뛰어넘는 인간적인 행위의 법칙이다. ─ 『휴머니즘과 폭력』

폭력은 삶의 조건이다. 그러니 "우리가 중요하게 토론해야 할 것은 폭력이 아니다." 중요하게 토론해야 할 것은 "폭력의 의미 내지는 폭력의 미래이다." 왜 그런가? 이것이 바로 "미래를 향해서 현재를, 타자를 향해서 자기를 뛰어넘는 인간적인 행위의 법칙"이기 때문이다. 쉽게 말해, 앞으로 어떤 폭력을 행사할 것인지를 고민하는 것이 바로 인간적인 일이라는 의미다. 이는 어려운 말이 아니다.

우리 세계에 폭력은 넘쳐난다. 그 폭력을 어떻게 막을 수 있을까? 역설적이게도 폭력은 폭력으로 막을 수밖에 없다. 폭력은 삶의 조건이니까. 우리네 삶이 그렇지 않은가? 직장에서 폭언과 인신공격을 일삼는 사장이 있다고 해보자. 우리는 그 폭력을 어떻게 막을 수 있을까? 비폭력(순진무구함)으로 막을 수 있을까? 그런 일은 일어나지 않는다. 사장이 자신에게 혹은 동료에게 폭력(폭언·인신공격)을 행사할 때 우리 역시 폭력을 행사해야만 한다. "사장님, 말씀이 심하시네요. 직원은 사장의 노예가 아니에요. 선 넘는 말씀을 삼가 주세요."

> 폭력을 행사하는 자들에 대해서 폭력을 자제하는 것은 그들의 공모자가 되는 것이다. —『휴머니즘과 폭력』

　부당한 폭력에 맞서는 대항적이고 대안적인 폭력, 이것이 '인간적인 폭력'이다. 자신을 위해, 동료를 위해 사장에게 할 말을 하는 것 역시 일종의 폭력이다. 하지만 이 폭력은 "인간적인 행위의 법칙"일 수 있다. 이는 자신과 동료를 지켜내는 인간적인 행위일 수 있으니까 말이다. 반대로, 무분별하고 부당한 "폭력을 행사하는 자들에 대해서 폭력을 자제하는 것은 그들의 공모자가 되는 것이다." 그것은 가장 비인간적인 행위일 수 있다. 우리는 어떤 경우에도, 비폭력(순진무구함)을 선택할 수 없다. 하지만 각자의 사정과 조건 안에서 가능한 '인간적인 폭력'을 선택할 수는 있다.
　'더 작은 폭력'과 '인간적인 폭력'을 행사할 수 있다면 폭력이라는 삶의 조건 안에서도 조금 더 기쁜 삶으로 나아갈 수 있다. 하지만 문제가 있다. '더 작은 폭력'과 '인간적인 폭력'을 선택하기 어렵다는 사실이다. 돈이 있다는 이유로 삼겹살을 잔뜩 주문하고, 맛이 없다는 이유로 그것을 쓰레기통에 버리는 일은 얼마나 흔한가. 아무런 관심도 애정도 없는 이에게 함부로 말을 내뱉어 상처 주는 일은 또 얼마나 흔한가.

▬▬ '인간은 존재 자체가 폭력'이라는 사실을 안다는 것

이런 '더 큰 폭력'은 왜 벌어지는 것일까? 건강한 부채감과 자기성찰이 부족하기 때문이다. 우리는 왜 불필요하게 과식을 할까? 우리는 왜 맛이 없다는 이유로 음식을 쓰레기통에 버릴까? 그런 행동들이 불필요한 죽음을 초래하는 일임을 깨닫지 못했기 때문이다. 그런 건강한 부채감을 갖지 못했기 때문에 '더 큰 폭력'을 행사하게 되는 것이다. 마찬가지로, 우리는 왜 누군가에게 함부로 말을 내뱉을까? 그 말이 누군가에게 씻을 수 없는 상처가 될 수 있다는 자기성찰을 해보지 않았기 때문이다.

'인간적인 폭력' 역시 마찬가지다. 우리는 왜 부당하고 무분별한 폭력 앞에서 침묵하는가? 그것은 건강한 부채감과 자기성찰이 부족하기 때문이다. 사장의 폭력 앞에서 침묵하는 이유가 무엇인가? 사장의 부당한 폭력이 자신의 삶을 얼마나 파괴할지 성찰해보지 않기 때문이다. 또 내가 사장의 폭력에 침묵하면 나의 후배들 역시 그 폭력에 노출될 수밖에 없다는 부채감을 느끼지 않기 때문이다. '인간적인 폭력'은 건강한 부채감과 자기성찰이 없다면 쉬이 행사할 수 없는 폭력이다.

"우리가 신체를 가지고 있는 한 폭력은 숙명이다." 즉, '나는 존재 자체가 폭력이다.' 메를로퐁티의 이 짧은 말에 모든 답이 있다. 이 삶의 진실을 아프게 자각할 때, 건강한 부채감과 부단한 자기성찰의 틈이 열린다. 건강한 부채감을 기꺼이 껴안고 자기성찰을 할 수 있다면, 우리는 타자들을 섬세하게 대하며 최대한 '더 작은 폭력'과 '인간적인 폭력'을 행사하려고 애를 쓰며 살아갈 수 있다. 그렇게 우리네 삶을 기쁨으로 안내할 대항적이고 대안적인 폭력을 행사할 수 있다.

한 사람이 '나'라는 존재가 어쩔 수 없는 폭력임을 깨달아가고 있다. 그는 매일 조금 더 적게 먹고, 조금 더 적게 말하는 '더 작은 폭력'을 선택하려 애를 쓰며 살아간다. 그는 매 순간 더 큰 폭력 앞에서 당당하게 '인간적인 폭력'을 선택하려 애를 쓰며 살아간다. 그렇게 그는 주어진 삶의 조건 안에서 삶을 변화시키려 애를 쓰며 살아간다. 더 아름다운 세계는 그 한 사람이 모여 만들어낸다.

철학자
더 알아보기

모리스 메를로퐁티
Maurice Merleau-Ponty

메를로퐁티는 프랑스의 철학자다. 주요 저서로는 『지각의 현상학』『휴머니즘과 폭력』『보이는 것과 보이지 않는 것』이 있다.

'신체(몸)의 현상학자', 이 한마디로 메를로퐁티를 표현할 수 있다. '현상학phenomenology'은 말 그대로 '현상phenomenon'을 중요시하는 철학적 이론이다. 메를로퐁티가 지향했던 현상학은 서양철학사에서 독특한 위상을 지닌다. 서양철학에는 사물에 대한 인식이나 지각에 있어서 명료한 의식이 가장 중요하다고 여기는 전통이 있다. 메를로퐁티는 이 전통에 강한 의문을 제기했다. 그는 특정한 '현상'에 대한 인식이나 지각에 있어서 중요한 것은 의식이 아니라 신체(몸)라고 주장했다.

"지각된 광경은 순수 존재를 갖지 않는다." 메를로퐁티의 현상학을 함축적으로 표현하는 말이다. 우리는 일상적으로 보는 광경들이 명료하다고 생각한다. 하지만 메를로퐁티에 따르면, 그 (명료해 보이는) 광경에는 이미 신체와 그 신체로 경험한 개인의 기억(역사)이 깊이 관계되어 있다. A, B 두 사람이 하얗게 눈 덮인 산을 보았다고 해보자. A는 시력이 좋고, 하얀 눈밭에서 아버지와 즐겁게 뛰놀았던 기억을 가진 사람이다. 반면 B는 시력이 나쁘고, 겨울날 눈 위에서 추위에 떨었던 기억을 가진 사람이다. 이 둘에게 "지각된 광경은 순수 존재(하얗게 눈 덮인 산)를 갖지 않는다." 쉽게 말해, 이 둘에게 그 광경(현상)은 현저히 다른 장면이다.

이처럼 우리에게 드러난 '현상'은 결국 우리의 몸에 의해 드러나는 '현상'인 셈이다. 메를로퐁티에게 인간이 결코 순진무구할 수 없는 존재인 이유도 바로 이 때문이다. 인간의 신체는 유한하고, 그 유한한 신체에는 개개인의 복잡미묘한 기억(개인의 역사)까지 뒤엉켜 있다. 그 신체적·정신적 유한성 때문에 인간은 본인이 원하든 원하지 않든 타자에게 크고 작은 상처를 주며 살아갈 수밖에 없다. 이제 메를로퐁티가 "우리가 신체를 가지고 있는 한 폭력은 숙명"이라고 말했던 진의를 조금 더 이해할 수 있다.

4장

삶의 주인으로
거듭나는
'자유'의 훈련

내가 걸어가는 길이
곧 나의 길이다

장자

길은 걸어 다녔기 때문에 만들어진 것이고,

사물은 그렇게 불렸기 때문에

그것이 된 것이다.

『내편』「제물론」

━━ 벽 사이에 갇히다

집에 있으면 답답했다. 직장에 가면 숨이 막혔다. 세상은 너무 커 보였고, 나는 한없이 작아보였다. 뭘 해도 안 될 것 같은 막막한 기분이 수시로 들었다. 사람들을 만나는 것도 겁이 났다. 어느 날 나를 찾아온 불청객 같은 감정이었다. 나중에 알게 된 사실이지만, 그것은 꽤 심각한 우울증 증세였다. 이런저런 자리에서 나와 비슷한 증세를 겪었다는 사람들을 많이 만났다. 답답함, 불안감, 공포, 공황 장애…. 이름은 다 달랐지만, 그들이 겪은 감정은 내가 겪은 감정과 크게 다르지 않았다.

우울증은 왜 생기는 것일까? 우울증은 삶에서 자신이 선택할 수 있는 길이 전혀 없는 것처럼 느껴질 때 발생한다. 이러지도 저러지도 못하는 상황에 갇힐 때 우울증에 사로잡히게 된다. 나 역시 그랬다. 나는 왜 우울증에 걸렸던 것일까? 직장 때문이었다. 직장이 싫었다. 거짓 관계가 난무하고, 그런 관계를 애써 숨기기 위해 거짓 웃음과 거짓 친절을 남발하는 그 공간이 지독히도 싫었다.

매일 아침, 두꺼운 가면을 쓰고 출근하는 것 같아 숨이 막혔다. 시간이 흐르자 도저히 직장에 다닐 수 없는 지경에 이르렀다. 하지만 그만둘 수 없었다. 지방대 출신으로 운 좋게 들어간 대기업이었다. 지금 직장을 그만두면 이만한 직장을 다시 구할 수 없다는 것을 모를 만큼 순진하지는 않았다. 아내와 두 아이의 생계를 생각하면 눈앞이 아찔했다.

━━ 우울증의 원인, 결단의 부재

나는 갇혀버렸다. 직장을 다닐 수도 그만둘 수도 없는 상황에 갇혀버렸다. 마치 양쪽에서 조금씩 밀려오는 벽 사이에 갇힌 것 같았다. 직장이라는 벽과 퇴사라는 벽, 양쪽 벽 사이 공간이 좁아질수록 내 우울증은 심해졌다. 아무 선택도 할 수 없었다. 그저 시간에 몸을 맡긴 채 출근하고 피폐해지고, 다시 출근하고 피폐해지는 일상을 반복할 뿐이었다. 늦게 퇴근한 어느 날, 현관 앞에 주저앉아 한

참을 울었다. 급기야 불 꺼진 방안에서 '이대로 눈을 뜨지 않으면 내일 회사에 가지 않아도 되겠지.'라는 생각에 이르렀다.

우울증의 원인은 결단의 부재다. 삶의 어느 시점에서 내려야 할 결단을 외면하거나 유보할 때 우울증은 찾아온다. 아주 오래전에 이미 알고 있었다. 직장을 그만두어야 이 지긋지긋한 우울증에서 벗어날 수 있다는 사실을. 하지만 그 선택을 하지 못했다. 퇴사 후 벌어질 일련의 일들을 감당하지 못할 것 같아서였다. 다른 우울증 역시 마찬가지다.

남편의 외도를 알게 된 여자를 알고 있다. 그녀는 심각한 우울증에 시달렸다. 그녀는 왜 우울증에 시달렸을까? 남편의 외도 때문일까? 아니다. 선택하지 못해서다. 남편을 용서하자니 다른 여자와 뒹구는 장면이 계속 떠올라 괴로웠고, 이혼을 하자니 앞으로 홀로 살아갈 현실이 두려웠다. 그녀 역시 이러지도 저러지도 못하는 상황에 갇혀 우울증에 빠진 것이었다.

우울증은 어떻게 극복할 수 있을까? 논리적인 해법은 간단하다. 어느 한쪽을 선택하면 된다. 우울증은 이러지도 저러지도 못해서 발생하는 마음의 병이니까 말이다. 하지만 우울증에 시달리는 이들에게 이 해법은 아무 소용이 없다. "회사를 그만두든 계속 다니든 어느 한쪽을 선택하면 우울증은 사라져!" 누가 나에게 이렇게 조언했다면 어땠을까? "이혼을 하든 남편을 용서하든 어느 한쪽을 선택하면 우울증은 사라져!" 누가 그녀에게 이렇게 조언했다면 어땠을까? 나와 그녀는 버럭 화를 내며 이렇게 답했을 테다. "누가 몰라? 그게 안 되니까 괴로운 거 아니야!"

━━ 장자의 '진짜 손가락'

그렇다면 우울증에서 벗어날 다른 방법은 없을까? 중국 고대철학자, 장자의 힘을 빌려보자. 장자라면 우울증에 시달리는 이들에게 이렇게 말해줄 것이다.

> 지금 있는 손가락으로 그 손가락이 진짜 손가락이 아님을 설명하는 일은以指喩指之非指, 지금 있는 손가락이 아닌 것으로 설명하는 것만 못하다不若以非指喩指之非指也. 지금 있는 말로 그 말이 진짜 말이 아님을 설명하는 일은以馬喩馬之非馬, 지금 있는 말이 아닌 것으로 설명하는 것만 못하다不若以非馬喩馬之非馬也. ─『내편』「제물론」

장자의 난해한 말을 풀이해보자. 손가락에는 두 가지 손가락이 있다. "지금 있는 손가락"과 "진짜 손가락"이다. "지금 있는 손가락"은 지금 우리 손에 붙어 있는 실제 손가락(☞)을 의미한다. 반면 "진짜 손가락"은 누구나 가지고 있는 보편적(개념적·추상적)인 손가락을 의미한다. 장자는 "지금 있는 손가락(☞)"으로 "진짜 손가락(보편적 손가락)"을 설명하는 것보다 "지금 있는 손가락이 아닌 것"으로 설명하는 것이 더 낫다고 말한다. 이것이 무슨 말인가?

"진짜 손가락(보편적 손가락)"을 설명하는 두 가지 방법이 있다. 나의 손가락을 들어올려 "이것이 손가락이다."라고 말하는 방법과 '머리·팔·다리·발가락(손가락이 아닌 것)'을 보여줌으로써 "이것 아닌 것이 손가락이다."라고 말하는 방법이다. 둘 중 어느 방법이 "진짜 손가락(보편적 손가락)"을 더 잘 설명할 수 있을까? 후자다. "손가락이 아닌 것"들을 최대한 많이 보여줘서 그것이 아닌 것이 손가락임을 알려주는 경우다.

의아하다. 우리는 나의 손가락(☞)을 직접 보여줌으로써 "진짜 손가락(보편적 손가락)"을 설명하는 것이 더 좋은 방법처럼 보이지 않는가? 하지만 이는 오해다. 우리가 실제 손가락(☞)으로 진짜 손가락(보편적 손가락)을 설명하는 것이 더 좋다고 여기는 이유가 무엇인가? 우리가 '☞'이 '손가락'임을 이미 알고 있기 때문이다. 세 살짜리 아이에게 '☞("지금 있는 손가락")'을 보여주면서 "이것이 손가락("진짜 손가락")이다."라고 설명한다고 해보자. 그때 아이는 '☞'이 '저쪽으로 가라'는 지시를 의미하는지, 아니면 눈앞에 있는 물건을 지정하는 것인지, 그도 아니면 '하나'라는 숫자를 의미하는 것인지 알 길이 없다. 이때 진짜 손가락을 설명하는 가장 좋은 방식은 "손가락이 아닌 것"들을 보여줌으로써 손가락을 알려주는 것이다.

'손가락'을 '말馬'로 바꿔 생각해보자. "진짜 말(보편적 말)"을 어떻게 설명할 수 있을까? 실제로 하얀 말 한 마리를 가져와서 "이것이 말이다."라고 설명할 수 있다. 이 설명은 언뜻 명료해 보이지만 전혀 그렇지 않다. 이 설명만 듣고 "진짜 말"을 이해한 이는 흑마나 얼룩말 혹은 조랑말을 "진짜 말"이라고 이해할 수 없기 때문이다. "진짜 말"이 무엇인지 알기 위해서는 오히려 "말 아닌 것(개·소·돼지·염소·사슴…)"들을 최대한 많이 보여주는 편이 낫다. 말 아닌 것들을 최대한 많이 알게 되었을 때, 우리는 색깔과 크기의 차이와 상관없이 "진짜 말"이 어떤 것인지 더 잘 이해할 수 있다.

▬▬▬ 도행지이성道行之而成

이제 '손가락·말'의 자리에 '나'를 넣어 생각해보자. 현재 직장인인 '나'가 있다고 해보자. '진짜 나'를 설명하는 두 가지 방법이 있다. '지금 있는 나(직장인)'를 통해 '진짜 나'를 설명하는 방법과 '나 아닌 것(학생·배우·가수·화가·사업가…)'들을 통해 '진짜 나'를 설명하는 방법이 있다. 어느 것이 '진짜 나'를 더 잘 설명할 수 있을까? 이 역시 후자다.

"지금 있는 말"로 "진짜 말"을 설명할 수 없는 이유가 무엇인가? 지금 눈앞에 있는 백마는 하얀 말일 뿐이다. 하지만 "진짜 말"은 그런 것이 아니다. 흑마, 얼룩말, 조랑말, 심지어 오토바이나 아버지가 태워준 목마 역시 "진짜 말"일 수 있다. 하지만 지금 눈앞에 있는 백마를 통해 "진짜 말"을 설명하려 했을 때, 그 다양한 말들(흑마·얼룩말·조랑말·오토바이·목마)을 아우르는 "진짜 말"은 설명할 길이 없다.

마찬가지로 '지금 있는 나(직장인)'로 '진짜 나'를 설명하기는 어렵다. 오직 직장인으로서의 '나'만을 볼 때, 내 속에 존재하는 수많은 잠재적인 '나'를 볼 수 없게 되기 때문이다. 오히려 '나 아닌 것'들을 최대한 많이 알게 되었을 때, '진짜 나'가 누구인지 더 잘 이해할 수 있다. 그 모든 '나 아닌 것(학생·배우·가수·화가·사업가…)'들을 통해 '지금의 나'가 아닌 (하지만 내가 될 수 있는) '잠재적인 나'를 만날 수 있기 때문이다. 이제 우리는 장자의 중요한 말을 이해할 준비가 되었다.

■■■ 길은 걸어 다녔기 때문에 길이다

길은 걸어 다녔기 때문에 만들어진 것이고道行之而成, 사물은 그렇게 불렸기 때문에 그것이 된 것이다物謂之而然. ―「내편」「제물론」

길道은 걸어 다녔기 때문에 만들어진 것이다. 길은 미리 존재하는 것이 아니다. 누군가 걸어 다녔기 때문에 길이 된 것이다. 누군가 미리 길을 만들어놓았다고 해도 이 사실은 달라지지 않는다. 누군가 미리 아스팔트길을 만들어놓았다고 해도, 아무도 다니지 않는다면 그것은 길이 아니기 때문이다. 너무 당연한 말처럼 느껴지는가? 하지만 이는 결코 당연한 말이 아니다.

'도道'라는 말은 흥미롭다. '도'는 '길道'이라는 의미와 '진리(본질)'라는 의미를 동시에 지니고 있다. '도道'라는 말은, '길道'이 미리 존재하는 것이 아니라 걸어 다녔기 때문에 만들어진 것처럼, '진리道(본질)' 역시 그렇다는 의미를 담고 있다. "사물은 그렇게 불렸기 때문에 그것이 된 것이다." 이제 장자의 난해한 말을 이해할 수 있다.

'의자'의 본질道(진리)은 무엇인가? 앉을 수 있는 물건이다. 하지만 이 본질道은 미리 정해진 것이 아니다. '의자'를 '앉을 수 있는 물건'이라고 여기는 것은 수많은 사람들이 '의자'에 앉았기 때문이다. 달리 말해, '의자는 앉는 것'이라고 수없이 불렸기 때문에 '의자'가 된 것일 뿐이다. '의자'의 '도道(진리·본질)'는 그렇게 만들어진 것이다.

'진짜 나' 역시 마찬가지다. '나의 도道(본질)'는 미리 존재하지 않는다. 한 걸음 한 걸음씩 걸어가며 '나 아닌 것(학생·배우·가수·화가·사업가…)'들을 알아갈 때 알 수 있다. 그렇게 지금 내 길이 아닌 길을 걸어갈 때, 진짜 나의 길을 발견하게 된다. '황진규'라는 사람은 미리 존재하는 것이 아니라, 그 사람이 한 걸음 한 걸음씩 걸어가서 만들어진 길道이다. 더 정확히는 '나 아닌 것'들의 길道을 직접 걸어가며 만들어진 도道다. 그것이 진짜 '황진규'의 본질道에 가깝다고 말할 수 있다.

　나는 왜 우울증에 걸렸을까? 직장을 그만둘 결단을 내리지 못해서? 아니다. 나의 길이 정해져 있다는 믿음 때문이었다. '직장인'의 길을 벗어나 다른 길을 갈 수 있다고 생각하지 못했다. 머리로는 직장을 떠나 자유롭게 사는 모습을 상상했지만, 나에게 그런 삶은 결코 펼쳐지지 않을 것이라 확신했다. 직장을 그만두면 반드시 불행한 미래가 펼쳐질 것 같았다. 이것이 내가 직장과 퇴사 사이, 그 중간 어디쯤에서 매일 유령처럼 배회했던 이유였다. '나의 길道'이 이미 존재한다는 믿음이 나의 우울증의 진짜 원인이었던 셈이다.

　"길은 걸어 다녔기 때문에 만들어진 것이고, 사물은 그렇게 불렸기 때문에 그것이 된 것이다." '나의 길은 이미 정해져 있다'는 무의식적 믿음이 우울증의 원인이라면, 장자의 이 전언은 이미 우울증을 벗어날 방법을 말해주고 있다. 월급쟁이가 월급쟁이인 이유는 월급쟁이의 길을 걸어갔기 때문이다. 저자가 저자인 이유는 저자의 길을 걸어갔기 때문이고, 철학자가 철학자인 이유는 철학자의 길을 걸어갔기 때문이다.

　우리가 어떤 선택 앞에서 망설이는 이유는 무엇일까? 그것은 일정 정도 우리가 운명론자이기 때문이다. 아이를 갖는 것을 두려워하는 친구가 있다. 그는 항상 입버릇처럼 "난 부모가 될 만한 사람이 아니야."라고 말한다. 정말 그럴까? 태어날 때부터 부모인 사람,

부모가 아닌 사람은 없다. 아이를 낳고 기르는 '길'을 걸어감으로써 부모가 되는 것이다. 장자의 가르침을 진심으로 받아들인 이는 부모가 될 수 있다. 아이를 낳고 부모의 길을 걸어가면 부모가 된다고 믿을 테니까 말이다.

━━ 우울증 너머 더 나은 사람이 되는 법

생물학은 흥미로운 사실 하나를 말해준다. 인간의 몸은 특정한 주기에 따라 세포 단위까지 완전히 바뀐다는 것이다. 예외적인 세포도 있지만, 탄소 추적 연구에 의하면, 인간의 세포는 대부분 7~10년의 순환 주기를 가진다. 이는 쉽게 말해, 10년 전의 '나'는 물질적으로 존재하지 않고, 10년 뒤의 '나'는 물질적으로 전혀 다른 존재라는 의미다. 이 생물학적 사실이 함의하는 바가 무엇인가? 미리 존재하는 '나'는 없고, 끊임없이 변화하는 '나'만 있다는 사실이다. 즉, 내가 10년 동안 걸어온 길이 지금 '나의 도道(본질)'이다.

우리에게 어떤 길이 미리 주어져 있다고 믿는 것은 얼마나 어리석은가? 어린 시절의 몇 가지 기억으로 자신은 원래 소심한 사람이라느니, 공무원이 천직이라느니 하는 말들은 얼마나 어리석은가? 우리 몸이 끊임없이 변하듯 우리의 의식 역시 끊임없이 변할 수 있다. 우리가 어떤 길을 걸어가면 우리는 그 길에 어울리는 사람이 되기 때문이다. 원하는 모습이 있다면 그 길을 걸어가면 된다. 물론 무엇이든 '하면 된다!'는 순진한 이야기를 하려는 것은 아니다.

무엇이든 '하면 되는 것'은 아니지만 무엇이든 '하면 느는 것'은 분명한 사실이다. 직장을 그만둔지 10년이 지났다. 철학자이며 저자가 되었다. 훌륭한 철학자, 훌륭한 저자가 되었는지는 모르겠으나, 지금 '나의 도道(본질)'가 철학자이며 저자라는 것은 분명하다. 이는 내가 10년 동안 철학을 공부하고 글을 쓰는 길을 걸어갔기 때문이다. 이제 내게 우울증은 없고 앞으로도 없을 테다. 나에게 정해진 그 어떤 길도 없다는 사실을 알고 있기 때문이다. 미리 주어진 길에 갇히지 않는 사람에게 우울증은 없다.

장자의 철학을 진심으로 믿게 될 때, 두려움도 망설임도 없이 삶을 바꿀 선택을 할 수 있다. 내가 가는 길이 바로 '진짜 나'임을 깨닫게 되기 때문이다. 아무것도 선택하지 못하고, 기껏 선택하고도 중간에 주저앉는 것은 "나는 그런 일을 할 만한 사람이 아니야."라는 부정적 운명론 때문 아닌가? 인생에 정해진 길은 없다. 정답도 없다. 자신이 결단해서 온몸으로 밀고 나갈 때 만들어지는 길이 바로 자신의 길이고 답이다. 숲을 반복해서 걸어가면 그곳이 바로 길道인 것처럼. 그것이 바로 우리의 도道다.

철학자
더 알아보기

장자
莊子

중국의 고대철학자. 주요 저서로는 『내편』『외편』『잡편』이 있다. 여기서 『내편』은 장자 본인의 저작으로 추정되고, 『외편』과 『잡편』은 장자에게 영향 받은 후대 사람들이 쓴 것으로 추정된다.

장자의 철학을 이해하려면 '소통'이라는 개념을 알아둘 필요가 있다. 장자는 어떤 철학자보다 소통에 대해 깊이 사유했던 철학자다. 장자가 말하는 '소통'은 우리가 일반적으로 사용하는 의사소통 communication과는 조금 다른 의미이다.

『외편』에 나오는 일화 하나를 이야기해보자. 바닷새 한 마리가 노나라로 왔다. 임금은 이 새에게 소와 돼지, 음식, 음악을 극진히 대접했다. 하지만 새는 사흘 만에 죽어버렸다. 이에 대해 장자는 "사람을 기르는 방법으로 새를 기른 것이지, 새를 기르는 방법으로 새를 기른 것이 아니다."라고 말했다. 이 일화는 장자의 '소통' 개념을 함축적으로 보여준다.

진정한 소통은 자신의 기준을 버리고 타자의 입장에 설 때 가능하다. 장자는 타자를 진정으로 이해하고 타자와 진정으로 소통하기 위해서는 '허虛'와 '망忘'이 중요하다고 말했다. 임금은 어떻게 바닷새의 속내를 이해하고 소통할 수 있을까? 그것은 자신의 신념이나 취향 등을 비우고虛 잊어야지만忘 비로소 가능한 일이다. 장자의 이야기는 임금과 바닷새 이야기가 아니라 바로 우리의 이야기인지도 모른다.

우리가 누군가와 소통하지 못하는 이유는 무엇인가? 그것은 자신의 신념이나 취향 등에 집요하게 집착하기 때문 아닌가? 내가 옳다는 것, 내가 맛있다는 것에 집착하기 때문에 우리는 부지불식간에 상대와의 소통은 고사하고 상대를 질식시키고 마는 것 아닌가? 우리는 타자와 소통하면서 얼마나 자신을 비우고 잊으려고 노력했을까? 소통의 실패로 생긴 오해와 갈등은 결국 자신을 비우고 잊는 것이 아니라, 상대방을 나에게 맞추려고 했기에 발생한 비극이다.

적게 생각하고,
많이 행동하라

베르그손

> 몸은 여러 가지 대상들을 움직이게 만드는 대상이다.
> 따라서 나의 몸은 행동의 중심이며,
> 그 몸이 표상을 만들어낼 수는 없을 것이다.

『물질과 기억』

인간은 '생각'하는 '동물'이다

인간은 어떤 존재일까? 긴 시간 '인간은 생각하는 동물'이라고 정의해왔다. 이 정의에서 방점은 '동물'이 아니라 '생각'에 있다. 인간은 분명 동물적 속성을 가지지만 그것으로 인간성을 규정하지는 않는다. 세상 사람들은 인간의 고유성은 동물성이 아니라 사유성에 있다고 믿는다. 쉽게 말해, 인간은 생각하기 때문에 인간이라는 것이다. 아주 긴 시간 동안 인간과 다른 생명체들과의 차이를 '생각(지성·사유·이성)'에서 찾곤 했다. 이는 서양철학에서도 분명히 확인된다.

"나는 생각한다. 고로 존재한다cogito ergo sum." 이 유명한 말로 데카르트는 서양 근대철학의 시작을 알렸다. 데카르트는 '생각'이 바로 인간의 존재 조건이라 규정하며 중세를 끝맺고 근대를 열었던 셈이다. 데카르트 이후 지금까지도 인간의 고유한 특성을 아주 당연하게도, 사유 능력에서 찾곤 한다. 하지만 베르그손은 이런 관점은 터무니없는 억측이라고 진단한다. 베르그손의 이야기를 직접 들어보자.

━━ 몸은 행동의 중심이다

> 몸은 여러 가지 대상들을 움직이게 만드는 대상이다. 따라서 나의 몸은 행동의 중심이며, 그 몸이 표상을 만들어낼 수는 없을 것이다.
> ─『물질과 기억』

베르그손은 "나의 몸은 행동의 중심"이며, "그 몸이 표상(생각)을 만들어낼 수는 없다."라고 말한다. 이는 쉽게 말해, 인간은 근본적으로 '행동'하는 존재이지 '생각(표상)'을 만들어내는 존재가 아니라는 의미다. 데카르트가 인간을 생각하는 존재로 규정했다면, 베르그손은 인간을 행동하는 존재로 규정한 셈이다. 어느 쪽의 주장이 옳은 것일까? 있는 그대로의 삶의 진실을 살펴보자.

눈앞에 있는 사과를 본다고 해보자. 그때 우리는 머릿속으로 사과의 '생각(표상)'을 떠올리는 것일까? 즉, 사과 하나를 바라보며 저 사과는 어떤 품종이고, 그 품종의 색깔과 맛은 어떠하며, 사과는 각각의 품종별로 어떤 특성과 효능이 있는지를 '생각'하게 될까? 전혀 그렇지 않다. 우리는 사과를 바라보며 근본적으로 '먹을 것인가, 말 것인가?'를 결정하는 '행동'의 중심에 서게 된다.

물론 인간은 분명 '생각'한다. 하지만 인간에게 근본적인 것은 '행동'이며, '생각'은 부차적일 뿐이다. 당연하지 않은가? 사과에 대한 '생각', 즉 사과의 품종이나 특성, 효능 등등에 관련된 이성적 분석이나 지성적 분류는 결국 사과를 먹는 '행동' 때문에 발생하는 것이니까 말이다. 우리는 '사과'를 볼 때 사과에 관련된 여러 '생각'을 하게 된다고 믿지만, 실제로는 우리의 몸이 사과와 관련된 '행동'의 중심에 서게 되는 것이다. 데카르트는 인간을 오해했고, 베르그손은 그 오해로부터 비롯된 아주 오래된 편견을 바로잡았다.

━━ 생각보다 행동이 근본적이다

이는 생명의 진화 과정을 통해서도 여실히 확인된다. 아주 긴 진화의 역사에서 우리(인간) 역시 원생동물(단세포 동물)이었던 시절이 있었다. 다세포 고등동물인 인간은 근본적으로 단세포 생명인 원생동물로부터 왔다고 말할 수 있다. 단세포 원생동물(아메바)이 진화에 진화를 거듭해서 다세포 고등동물(인간)이 된 것이니까 말이다. 이는 인간의 근본적인 특성은 아메바와 같은 단세포 원생동물의 특성에서 찾을 수 있다는 의미이기도 하다.

아메바(원생동물)는 눈앞의 먹이를 보며 어떤 반응을 할까? '작은 유기물 덩어리가 있다.'라고 '생각'할까? 전혀 아니다. 아메바는 아주 단순하게, 지금 눈앞에 있는 먹이를 섭취할 것인지 아니면 지나칠 것인지를 판단할 뿐이다. 아메바와 인간 사이에는 엄청난 차이가 있지만, 근본적으로 동일한 지점이 있다. 둘 다 몸을 가지고 있는 존재들이라는 사실이다. 아메바도 인간도 몸을 가진 존재이기에 특정한 대상(사건) 앞에서 그것을 어떻게 대할지 결정하는 '행동'의 중심에 서 있는 존재다.

이 진화의 역사가 알려주는 바가 무엇인가? 세계를 대하는 근본적인 태도와 관련해서 인간 역시 아메바와 같은 원생동물과 크게 다르지 않다는 사실이다. 인간 역시 아메바처럼 기쁜(유익한) 건 취하고, 슬픈(유해한) 건 회피하려는 몸을 가진 존재일 뿐이다. 이처럼 인간은 근본적으로 '행동'하는 존재이지, 결코 '생각'하는 존재가 아니다.

━━━ 뇌는 정말 생각하는 기관일까?

그렇다면 우리는 왜 인간의 고유성을 '행동'이 아닌 '생각'에서 찾게 된 것일까? 그것은 인간의 독특한 기관인 뇌와 관련되어 있을 테다. 세상 사람들은 뇌를 생각하는 기관이라고 믿는다. 인간은 여느 동물에 비해 압도적으로 진화한 뇌를 갖고 있다. 바로 이 때문에 인간을 '생각'하는 존재라고 여기게 된 측면이 있다. 베르그손은 이 역시 허황된 억측이라고 말한다. 놀랍게도, 베르그손은 인간의 뇌가 '생각'을 담당하는 기관이 아니라고 말한다. 그의 이야기를 직접 들어보자.

> 뇌가 지닌 이른바 지각 능력이라 하는 것과 척수의 반사 기능 사이에는 정도의 차이만 있을 뿐 성질의 차이는 있을 수 없다. 척수는 받아들여진 자극을 이미 이루어진 운동으로 변형하고 뇌는 그것을 단지 이제 곧 나타내려고 할 뿐인, 따라서 아직 이루어지지 않은 반작용으로 연장한다. 그러나 이 경우든 저 경우든 신경 물질의 역할은 운동들을 인도하거나, 서로 결합하거나, 억제하는 것이다. ─『물질과 기억』

뇌 과학자들은 수의근(자신의 의지대로 움직일 수 있는 근육)과 불수의근(자신의 의지대로 움직일 수 없는 근육)을 질적으로 완전히 다른 운동으로 구분한다. 수의근은 뇌가 개입하는 운동이고, 불수의근은 뇌가 개입하지 않는 운동이다. 예를 들어, 척수가 관여하는 무릎 반사처럼 대뇌가 개입하지 않는 운동과 대뇌가 개입하는 운동을 구분한다. 하지만 이는 전혀 삶의 진실이 아니다. 베르그손의 말처럼, 뇌가 지닌 지각(생각) 능력과 척수의 반사 기능은 정도의 차이만 있을 뿐, 성질의 차이, 즉 근본적인 차이는 있을 수 없다.

척수에서 즉각적인 반응을 일으키는 무조건 반사와 대뇌의 개입이 필요한 조건 반사는 근본적으로 같은 반응이라고 볼 수 있다. 예를 들어보자. 아주 매혹적인 사람이 나타나면 그 사람에게 다가갈지 말지 고민(대뇌)하는 시간이 길어질 수는 있지만 시간을 압축하면 결국 어떠한 형식으로든 그 사람 쪽으로 가게 마련이다. 이는 무릎을 툭 치면 다리가 순식간에 올라오는(척수) 반응과 근본적으로 다르지 않다.

척수 반응과 대뇌 반응은 동일한 반응이다. 차이가 있다면 그것은 오직 반응 시간의 차이뿐이다. 즉, 어떤 대상(사건)에 대해 즉각적으로 반응하느냐 혹은 시간을 두고 반응하느냐의 차이만 있을 뿐이다. 척수 반응과 달리, 대뇌가 개입한 반응에 무엇인가 특별한 작동 원리가 있다는 생각은 편견이다. 결국, 척수 반응이나 대뇌 반응이나 모두 내가 '행동'의 중심으로서 어떻게 갈 것인가의 문제일 뿐이다. 쉽게 말해, 우리의 뇌조차 '생각'하는 기관이라기보다 '행동'하는 기관에 더 가깝다는 것이다.

'인간은 생각하는 동물이다.' 이 오래된 정의는 다음과 같이 수정 되어야 한다. '인간은 동물로서 생각하는 존재다.' 몸을 가진 인간은 근본적으로 '행동(동물성)'하는 존재다. 인간에게 '생각'이란 더 잘 '행동'하기 위한 진화 과정에서 출현한 부산물이기 때문이다. 인간 의 '생각'하는 능력, 즉 비교·분석·분류·상상하는 능력을 과대 포 장해서는 곤란하다. 어쩌면 바로 여기서 우리의 거의 모든 불행이 시작되는 것인지도 모르겠다.

우리는 때로 크고 작은 걱정과 불안에 휩싸여 불행해지곤 한다. 동료들과 작은 마찰이나 혹은 사소한 업무 차질에도 과도하게 걱정 하고 불안해하곤 한다. 왜 이런 일이 벌어지는 것일까? 그것은 대부 분 우리의 과도한 '생각' 능력 때문일 테다. 우리는 작고 사소한 문 제 앞에서 아직 일어나지 않은, 앞으로도 일어나지 않을 일들을 과 도하게 '생각'하지 않던가? 바로 이 때문에 우리네 삶이 점점 불행 해지는 것 아닌가?

이런 불행을 막는 것은 의외로 어렵지 않다. 저마다 할 수 있는 '행동'을 하면 된다. 어떤 문제든 그 문제에는 항상 두 가지 일이 겹 쳐있다. 자신이 개입할 수 있는 일과 개입할 수 없는 일. 이 두 가지 일에 대해서 '행동', 즉 몸을 움직일 때 불행을 막을 수 있다. 취업이 안되는 문제가 있다고 해보자. 이때 자신이 개입할 수 있는 일이 있다. 취업 원서를 쓴다거나 관련된 자격증을 취득하는 일이다. 가장 먼저, 이런 '행동'을 하면 된다.

━━ '진인사대천명'의 진짜 의미

하지만 그런 '행동(입사 지원, 자격증 취득…)'을 한다고 해도 취업이 되지 않을 수 있다. 취업의 당락은 자신이 개입할 수 없는 일이기 때문이다. 흔히, 자신이 개입할 수 없는 일에 대해서는 자신이할 수 있는 것이 아무것도 없다고 믿는다. 하지만 이는 사실이 아니다. 자신이 개입할 수 없는 일 앞에서도 끊임없이 하고 있는 일이있다. 바로 '생각'이다. '또 떨어지면 어쩌지?', '그러면 이제 어떻게살지?' 등등 온갖 걱정과 불안이라는 생각에 사로잡힌다.

자신이 개입할 수 없는 일 앞에서 해야 할 것은 '생각'이 아니다. '행동'이다. 어떤 문제 앞에서 자신이 개입할 수 있는 '행동'을 다했다면, 이제 또 다른 '행동'을 해야 할 때다. 그것은 자신이 개입할 수없는 문제들에 대한 '생각'을 하지 않기 위한 '행동'이다. 이는 어떤'행동'인가? 기력이 없다면 산책하고, 기력이 있다면 힘껏 뛰는 '행동'을 하면 된다. 그때 불필요하고 소모적인 걱정과 불안은 눈 녹듯사라지곤 한다.

진인사대천명盡人事待天命! 자신이 할 수 있는 일을 다하고 결과는 하늘에 맡긴다. 이는 자신이 할 수 있는 '행동'을 하고 나머지는 아무런 '행동'도 하지 않는다는 의미일까? 최선을 다한 후에 그 결과를 하늘에 맡기는 것은 결코 쉬운 일이 아니다. 노력의 결과를 하늘에 맡기기 위해서는 또 '행동'해야 한다. 불필요한 '생각(불안·걱정)'을 덜어낼 '행동' 말이다. 인간은 '생각'의 존재가 아니라 '행동'의 중심에 서 있는 존재일 때 가장 인간다운 삶을 살 수 있다. 인간은 근본적으로 몸을 가진 존재이니까.

▄▄▄ 몸의 역할은 무엇인가?

그렇다면 몸이라는 '행동'의 중심이 세계 속에서 실제로 어떻게 작동하는지 살펴보자.

> 몸이라고 부르는 상의 역할이 다른 상들에게 실제적인 영향을 미친다고 가정했다. 즉, 몸은 실질적으로 가능한 여러 행동 방식들 사이에서 결정을 내리는 것이다. 그리고 그 행동 방식들은 분명 몸이라는 상이 주변의 상들로부터 얼마만 한 이익을 끌어낼 수 있느냐에 따라 내 몸에게 제안된 것이다. 그러므로 주위의 상들은 어떤 방식으로든 그것들이 내 몸으로 향하고 있는 앞쪽에 내 몸이 그것들로부터 끌어낼 수 있는 이득을 그리고 있어야 한다. —『물질과 기억』

우리 몸의 역할은 무엇일까? 우선, 몸(상)은 다른 대상(상)들에게 실제적인 영향을 미친다. 우리가 꽃을 꺾거나 친구와 이야기를 나눌 때를 생각해보자. 이때 우리의 몸은 꽃과 친구에게 실제적인 영향을 미친다. 이는 단순히 꽃을 꺾고 친구와 이야기를 나눈다는 행동만을 의미하지 않는다. 이는 우리의 몸이 실질적으로 가능한 여러 행동 방식들 가운데 특정한 결정을 내리는 것을 의미한다.

'꽃을 꺾는다'는 것은 우리의 몸이 여러 가지 꽃들 가운데 어떤 꽃을 꺾을 건지 결정한다는 사실을 내포한다. '친구와 대화를 나눈다'는 것도 마찬가지다. 이는 여러 친구들 가운데 어떤 친구와 이야기를 나눌지 결정하고, 또 그 선택한 친구와 어떤 주제로 이야기를 나눌 건지를 결정한다는 사실을 내포하고 있다. 이처럼 몸은 실질적으로 가능한 여러 행동 방식들 사이에서 특정한 결정을 내리는 역할을 한다. 이것이 몸의 첫 번째 역할이다.

▬▬ 몸은 기쁨을 주는 쪽을 향한다

그런데 몸의 역할은 이것으로 끝이 아니다. 이보다 더 중요한 역할이 있다. 그것은 바로 그 결정은 내 몸에 가장 큰 이득이 되는 쪽을 향한다는 사실이다. 이는 전혀 어려운 말이 아니다. 우리의 몸은 자연적으로 우리에게 이득을 줄 대상 앞으로 향하게 마련이다. 직장 상사를 만나면 뒷걸음질 치게 되고, 사랑하는 사람을 만나면 그 사람 곁으로 가려고 하는 것도 바로 그 때문이다.

직장을 갈 때 어깨가 처지고 연인을 만나러 갈 때 발걸음이 가볍게 마련이다. 우리는 이러한 일련의 행동 방식을 갖고 있다. 이는 우리의 몸이 주변의 대상들로부터 얼마만 한 이득을 끌어낼 수 있느냐에 따라 행동하게 되기 때문이다. 즉, 몸은 자연스럽게 어떤 대상이 내게 기쁨을 줄지, 슬픔을 줄지를 판단해서 가장 큰 기쁨을 주는 쪽으로 향하게 하는 역할을 한다. 이것이 우리 몸의 근본적인 역할이다.

이제 우리가 왜 불행해졌는지도 답할 수 있다. 우리의 몸은 자연스럽게 기쁨을 찾아가려는 본성을 갖고 있다. 그런데 왜 우리네 삶은 점점 슬픔에 내몰리는가? 과도하게 '생각'하기 때문이다. 화창한 봄날 직장이 아닌 사랑하는 이 곁으로 가야 한다는 것을 몸은 이미 알고 있다. 하지만 우리는 왜 슬픔이 가득 찬 직장을 향하는가? 미래에 대한 불안과 걱정을 과도하게 '생각'하기 때문 아닌가?

행복해지는 방법은 어렵지 않다. 본성대로 살면 된다. 우리의 본성은 '뇌(생각)'가 아닌 '몸(행동)'에 있다(뇌 역시 몸이다!). 즉, 인간의 본성은 '생각'이 아니라 '행동'에 있다. 슬픔을 멀리하고 기쁨을 가까이하려는 자연스러운 '행동' 말이다. 삶의 매 순간, 우리는 인간의 본성을 관철하려고 애를 쓰며 살아야 한다. 우리는 긴 시간 우리의 본성을 왜곡해왔으니까 말이다. 잘 산다는 것은 몸을 쓰며 산다는 것이다. 적게 '생각'하고 많이 '행동'하라!

철학자
더 알아보기

앙리 베르그손
Henri Bergson

　베르그손은 프랑스의 현대철학자다. 주요 저서는 『창조적 진화』와 『물질과 기억』 등이 있다.

　베르그손 철학의 핵심은 '시간'이다. 서양철학은 오랫동안 '공간'을 중심으로 사유가 전개되어 왔다. 하지만 베르그손은 '공간'을 중심으로 하는 서양철학의 전통에서 벗어나 '시간'을 중심으로 하는 독자적인 철학을 구축해나갔다. 이는 '있음有'과 '없음無'의 논의로 구체화할 수 있다. '있음'과 '없음'에 대한 논의는 얼핏 보면 '공간'에 대한 논의처럼 보인다. '무엇이 있다'는 것과 '아무것도 없다'는 것은 어떤 공간을 기준으로 판단된다고 믿기 때문이다. 하지만 베르그손은 '있음'과 '없음'이 근본적으로 '공간'이 아닌 '시간'과 관계하고 있다고 주장한다.

〈존재하지 않는〉 것으로 상상하는 대상의 관념 속에는 〈존재한다〉고 생각된 동일한 대상의 관념보다도 더 적은 것이 아니라 더 많은 것이 있다. ─ 『창조적 진화』

베르그손의 이 난해한 말은 '없음(존재하지 않는 것)'이 '있음(존재하는 것)'보다 더 크다는 의미다. 쉽게 말해, '0'이 '1'보다 더 크다는 것이다. 이 황당한 논리는 어떻게 가능한가? '0'은 분명 '1'보다 작다. 하지만 이는 오직 '공간' 속에서 볼 때만 참이다. 하나의 방(공간)에는 꽃이 있고(1), 또 하나의 방에는 꽃이 없다(0)고 해보자. 이때 분명 '0'은 '1'보다 작다. 하지만 이를 '시간'적으로 보면 어떨까?

우리가 어떤 방에 들어갔는데 꽃이 없다(0)는 사실을 알아챘다고 해보자. 이것은 무엇을 의미하는가? 달리 말해, 우리는 꽃이 없다(0)는 것을 어떻게 지각하게 되는가? 그것은 과거 언젠가 그 방에 꽃이 있었다(1)는 사실을 이미 알고 있을 때 가능하다. 만약 우리가 과거 언젠가 그 방에 꽃이 있었다는 사실을 미리 알지 못했다면 그 방에 들어섰을 때 꽃이 없다는 사실 자체를 알아챌 수 없다.

즉, 꽃 없음(0)은 과거 언젠가 거기에 꽃이 있었고(1), 다시 그 꽃이 사라졌다(1)는 두 가지 사건이 있어야 가능한 일(0=1+1)이다. 그러니 '없음(0)'에는 '있음(1)'보다 더 적은 것이 아니라 더 많은 것이 있는 셈이다. '공간'적 세계, 즉 꽃이 있는 방과 꽃이 없는 방은 현실인가? 그렇지 않다. 그것은 끊임없이 흐르는 시간을 고정시켜 보았기에 발생한 착시일 뿐이다. 실재하는 현실은 '시간'적 세계다. 언젠가 있었던 꽃이 지금은 사라진 방이다. 베르그손은 이러한 '있음'과 '없음'의 논의로 현실의 본질이 '공간'이 아니라 '시간'이라고 역설한다.

이는 우리네 삶에서 아주 쉽게 확인된다. 어른이 되고 나서 어린 시절 살던 곳에 가보면 공터에 건물이 서고 아이스크림 가게는 흔적도 없이 사라져 있다. 이런 '있음'과 '없음'의 변화, 그러니까 공터에 건물이 생기고 아이스크림 가게가 사라지는 '공간'의 변화는 근본적으로 '시간'의 변화 때문에 가능하다. 같은 맥락에서 베르그손은 『창조적 진화』에서 세상의 모든 존재들 역시 '시간'의 흐름 속에서 창조적으로 진화하려는 변화 과정에 있다고 주장한다.

[쇼우]

행복은
위험 속에 있다

니체

선과 악 – 이 두 가지는 결박이다.

지혜로운 자는 선과 악을

자신의 몸에서 흔들어 털어낸다.

어떤 행위로도 그의 영역은 고통받지 않는다.

그는 선과 악, 이 두 가지를 넘어선다.

『도덕의 계보』

양심적 병역 거부자와 자유 섹스 주의자

"요새 양심적 병역 거부자가 많다던데, 어떻게 생각해?"

"이기적인 새끼들이지. 저 좋은 것만 하고 살겠다는 거 아니야!"

"자기가 좋은 것만 하고 살면 좋은 거 아니야? 너도 군대 가고 싶지 않았잖아."

"어떻게 저 좋은 것만 하고 살 수 있나? 해야 할 건 해야지!"

한 친구와 양심(신념)적 병역 거부자에 대한 이야기를 나눈 적이 있다. 양심(신념)적 병역 거부는 자신의 종교·철학적 신념에 따라 병역을 거부하는 행위를 말한다. 친구는 양심(신념)적 병역 거부자에 대해 깊은 반감을 보였다. 그 반감의 핵심은 '사람은 좋은 일만

해서는 안 되고, 해야 할 일을 해야 한다'는 논리였다. 그 친구가 말한 '해야 할 일'은 무엇일까? 바로 '옳은 일'이다.

친구의 주장, 즉 '좋은 일보다 옳은 일을 해야 한다'는 논리에 반론을 제기하기는 쉽지 않다. 병역 문제처럼 사회적으로 예민한 문제일 때만 그런 것이 아니다. 삶에서 흔히 겪는 일상적인 문제에서도 상황은 별반 다르지 않다. 세상 사람들은 '옳은 일'을 정당한 일, 그래서 당연히 해야 하는 일이라고 여기는 반면, '좋은 일'은 억누르고 참아야 하는 일이라고 여기는 경향이 있다.

'자유 섹스 주의자'가 있다. 그녀는 마음이 가는 사람이면 윤리적 잣대에 구속받지 않고 자유롭게 섹스하며 살겠다고 공공연하게 밝힌다. 그녀가 하루에 먹는 욕은, 옳은 일만 하고 사는 사람이 평생 먹을 욕에 비견된다. 사람들은 왜 '양심(신념)적 병역 거부자'나 '자유 섹스 주의자'에게 반감을 가지고 그들을 욕하거나 비난하는 걸까? 그 답은 '옳은 것'과 '좋은 것'의 구분에 있다.

═══ '옳고 그름' vs. '좋고 싫음'

한 개인의 선택과 행동을 판단하는 기준은 크게 두 가지로 나눌 수 있다. 하나는 '옳고(선) 그름(악)'이고 다른 하나는 '좋고(기쁨) 싫음(슬픔)'이다. '옳고 그름(선-악)'은 한 사회의 도덕적 기준에 따라 성립된다. 그래서 옳은(선한) 행동을 할 때 포상·인정을 받고, 그른(악한) 행동을 할 때 처벌·지탄을 받는다. 반면, '좋고 싫음(기쁨-슬픔)'은 한 개인의 취향·기호·감정·욕망을 기준으로 성립된다. 즉, 자신에게 기쁨을 주는 일은 '좋은' 행동이고, 자신에게 슬픔을 주는 일은 '싫은' 행동이다.

양심(신념)적 병역 거부자와 자유 섹스 주의자가 처벌받고 비난받는 이유는 그들이 '옳고 그름'보다 '좋고 싫음'을 기준으로 선택하고 행동했기 때문이다. 세상 사람들은 '좋고 싫음'보다 '옳고 그름'을 기준으로 선택하고 행동하기를 원한다. 그래서 '옳고 그름'이라는 잣대에 부합하는 선택이나 행동을 많이 하는 이를 '성인군자'라 칭송하고, '좋고 싫음'이라는 잣대에 부합하는 선택이나 행동을 많이 하는 이를 '망나니'라고 비난한다. 왜 이런 일이 일어나는 것일까? 누구보다 '옳고 그름'과 '좋고 싫음'에 대해 깊이 고민한 철학자, 니체의 이야기를 들어보자.

━━ 도덕적 판단은 복수다

도덕적으로 판단하고 판결을 내리는 것은 정신적으로 편협한 이들이 덜 편협한 이들에게 즐겨 쓰는 복수이다. ─「선악을 넘어서」

"도덕적으로 판단하고 판결을 내리는 것"은 '옳고 그름(선-악)'을 판단한다는 의미다. 니체는 이러한 행위가 "정신적으로 편협한 이들이 덜 편협한 이들에게 즐겨 쓰는 복수"라고 말한다. 이것은 무슨 뜻일까? 니체가 말하는 '편협함'은 무엇일까? 자신의 '좋고 싫음(기쁨-슬픔)'의 기준을 따르지 못하고, 사회적으로 규정된 '옳고 그름(선-악)'의 기준에 종속되는 마음이다. 즉, "편협한 이들"은 사회의 '옳고 그름'에 종속되어 자신의 '좋고 싫음'을 따르지 못하는 이들이다. 반면, "덜 편협한 이들"은 사회의 '옳고 그름'에 덜 종속되어, 그만큼 자신의 '좋고 싫음'에 따라 행동하는 이들이다.

이제 우리는 "도덕적으로 판단하고 판결을 내리는 것"이 왜 편협한 이들의 복수인지 이해할 수 있다. "편협한 이들"이라고 해서 왜 기쁨을 주는 '좋은 것(자유·섹스)'을 따르고, 슬픔을 주는 '싫은 것(입대·금욕)'을 멀리하고 싶지 않겠는가? 하지만 그들은 편협하기 때문에 '옳고 그름'에 종속되어 '좋은 것(기쁨)'을 멀리하고 '싫은 것(슬픔)'을 가까이할 수밖에 없다. 그러니 그들에게 어찌 복수심(피해의식)이 생기지 않을 수 있을까?

'옳은' 삶을 살기 위해 '좋음(기쁨)'을 거부하고, '그른' 삶을 살지 않기 위해 '싫음(슬픔)'을 떠안고 사는 이가 있다고 해보자. 그런 이가 '선악'이라는 가치를 넘어 당당하게 '좋음(기쁨)'을 선택하고 '싫음(슬픔)'을 거부하는 이들을 보면 어떤 마음이 들겠는가? 피해의식이 생길 수밖에 없다. 즉, 억울하고 화가 나서 복수심이 생길 수밖에 없다. '양심(신념)적 병역 거부자'와 '자유 섹스 주의자'를 도덕적으로 판단하고 판결 내리고 싶은 마음이 바로 그 복수심이다.

"입대를 거부하는 인간은 몰염치하다." "자유롭게 섹스하는 인간은 부도덕하다." '양심(신념)적 병역 거부자'와 '자유 섹스 주의자'에게 도덕적 판결을 빙자한 비난과 지탄을 쏟아내는 이들이 있다. 정직하게 말해보자. 이들 역시 군대를 가기 싫었을 테고, 섹스를 하고 싶었을 테다. 하지만 그들은 '선악'이라는 사회적 가치에 종속되어 군대를 가까이했고, 섹스를 멀리했다. 그 때문에 발생한 억울함과 분노가 복수심으로 전환될 때, '양심(신념)적 병역 거부자'와 '자유 섹스 주의자'들을 욕하고 비난하게 되는 것이다.

━━ '선악'이라는 감옥

모종의 거부감이 들지도 모르겠다. '선악'을 따라 행동하는 것이 왜 '편협함'이란 말인가? 우리는 '옳고 그름'에 따라 행동하는 것을 '성숙함'이라 배우지 않았던가? 세상 사람들은 '선악'이라는 기준으로 삶을 사는 것이 중요하다고 믿는다. 하지만 이는 어리석은 생각이다. 왜 그런가? '선악'을 기준으로 산다는 것은 사회적 기준으로 산다는 것을 의미하고, 이는 곧 타인의 기준으로 산다는 것을 의미하기 때문이다.

타인의 기준으로 삶을 살 때, 자신에게 기쁨을 주는 '좋은' 일은 하기 어렵고, 반대로 자신에게 슬픔을 주는 '싫은' 일은 하기 쉬워진다. 그렇다. '선악'이라는 관념은 감옥이다. 도덕적 감옥. 이 감옥은 슬픔(싫음)에 갇혀 기쁨(좋음)을 찾지 못하게 하는 감옥이다. '선악'을 기준으로 삶을 사는 이들은 자신이 갇힌 줄도 모른 채 감옥살이를 하고 있는 셈이다.

'선'하다고 믿는 삶("성욕은 참아야 해!")을 사느라 기쁨을 놓치는 삶(매혹적인 이와 황홀한 섹스), '악'하다고 믿는 삶("백수는 나쁜 거야!")을 피하느라 슬픔에 잠식당하는 삶(질식할 것 같은 직장생활). 이런 삶은 너무 불행하지 않은가? '선악'을 기준으로 사는 것은 스스로 행복에서 멀어지고 불행에 가까워지려는 삶이다. 아니 이는 행복을 적대시하며 불행을 간절히 원하는 삶인지도 모르겠다. 이보다 어리석은(편협한!) 삶도 없다. 이에 대해 니체는 이렇게 말한다.

▬▬ 위험한 표제어, '선악을 넘어서'

'선악을 넘어서'라는 저 위험한 표제어를 내가 사용하고자 한다는 것, ··· 이것은 적어도 '좋음과 싫음'을 넘어선다는 것을 의미하지는 않는다. ──「도덕의 계보」

니체는 "선악을 넘어서"야 한다고 말한다. 그리고 덧붙인다. "이 것은 적어도 '좋음과 싫음'을 넘어선다는 것을 의미하지는 않는다." 이는 선악을 넘어서야 하지만, 선악을 넘는다는 것이 '좋음(기쁨)과 싫음(슬픔)'마저 넘어서는 것을 의미하지는 않는다는 뜻이다. 즉, 니 체는 '선악'이라는 구분보다 '좋음(기쁨)—싫음(슬픔)'이라는 구분이 우리네 삶에서 더 중요하다고 말하고 있는 셈이다. 이는 니체의 말 처럼 분명 "위험한 표제어"이다.

니체는 '양심(신념)적 병역 거부자'와 '자유 섹스 주의자'에게 이 렇게 말할지도 모르겠다. "군대를 가는 것이 '선'이라 하더라도 그 것이 싫다면(슬픔을 준다면) 그 '선'을 거부하라!" "자유롭게 섹스하 는 것이 '악'이라 하더라도 그것이 좋다면(기쁨을 준다면) 그 '악'을 행하라!" 이 얼마나 위험한 말인가? 니체는 혁명적이다. 그래서 위 험하다. 니체의 이야기는 선뜻 받아들이기 어렵다. 그러니 잠시 우 회해서 '선악' 그리고 '좋음(기쁨)—싫음(슬픔)'의 구분은 어떻게 만 들어지는지 살펴보자.

━━ '선악'의 기원

'선악'의 구분은 어디서 오는가? 모든 사회적 가치는 특정한 외부 적 권력에 의해 만들어진다. '선악'의 구분은 결코 자연스러운 결과가 아니다. 병역의 의무가 옳다면, 그것은 왜 옳은 것일까? 국가라는 절대적인 권력이 그것을 옳은 일(선)로 규정했기 때문이다. 여성이 자유롭게 섹스하는 것이 그르다면, 그것은 왜 그른 것일까? 남성권력이 그것을 그른 것(악)으로 규정했기 때문이다.

그렇다면 '좋음–싫음'의 구분은 어디서 오는 걸까? '좋음–싫음'의 구분은 외부적 권력에 의해 만들어지지 않는다. 그것은 개개인의 취향·기호·감정·욕망에 의해 만들어진다. 장미꽃이 '좋은' 이유는 그것이 '옳기' 때문이 아니다. 그것이 '기쁨'을 주기 때문이다. 한 사람을 사랑하게 되는 일을 생각해보라. 우리는 어떤 사람이 '옳다'고 그 사람을 '좋아'하지 않는다(오히려 그 사람을 '좋아'하기 때문에 '옳다'고 믿는다). 그 사람이 '기쁨'을 주기 때문에 그 사람을 '좋아'하게 된다.

바로 여기에 '선악'보다 '좋음–싫음'이 중요한 이유가 있다. 인간의 역사가 시작된 이래, 권력은 언제나 개인을 억압하고 착취해왔다. 그 억압과 착취의 도구가 바로 '선악'이라는 가치 체계다. 한 개인을 억압하고 착취하는 데, '선악'의 가치 체계보다 효과적이고 효율적인 도구도 없다. 인간의 역사는 이 삶의 진실을 우리에게 정확히 보여주고 있다.

━━ '선악'은 억압과 착취의 수단이다

조선 시대를 생각해보자. 결혼하자마자 남편과 사별한 부인이 있다. 그녀에게 평생 정절을 지키며 사는 것은 의심할 여지없는 '선'이다. 왜 재가하지 않는 것이 '선'인가? 국가가 그것을 '옳은' 일이라 규정했기 때문이다. 여성이 남성의 소유물로 전락해야만 가부장적 사회 질서를 손쉽게 유지할 수 있었기 때문이다. 그래서 국가는 그 '선'을 따른 이들에게 열녀문을 세워주고 심지어 그 자식들에게는 손쉽게 출세할 수 있는 길까지 열어주었다. 반대로 그 '선'을 따르지 않은 이들에게는 온갖 처벌과 비난을 가했다.

국가라는 권력은 이렇게 '선악'의 가치 체계를 확립한다. 권력에 의해 '선(정절)-악(재가)'의 기준이 만들어지면, 거의 모든 여성들은 그 '선(악)'을 자발적으로 따르게(피하게) 된다. 그렇게 건강한 욕망을 가진 한 여성은 기쁨을 따르지 못하고 슬픔이 가득 찬 생을 외롭게 마감하게 된다. 권력이 요구한 그 '선'한 삶을 살다가. 이 얼마나 효율적이고 효과적인 억압과 착취의 수단이란 말인가?

자본주의 시대는 어떠한가? 자본주의 사회에서 열심히 일해서 돈을 버는 것은 '선'이다. 이것은 왜 '선'인가? 자본이라는 권력이 열심히 일하는 것을 '옳은' 일로 규정했기 때문이다. 노동자가 고되게 일해야지만 (일하지 않는) 자본가가 더 큰 자본을 축적할 수 있다 (노동자가 일하지 않으면 자본가는 자본을 축적할 수 없다). 그래서 자본

권력은 그 '선'을 충실히 따른 이들을 근면하다고 칭찬하고 급여를 올려주거나 승진을 시켜준다. 반대로 그 '선'을 따르지 않은 이들에게는 온갖 처벌과 비난을 가한다.

자본이라는 권력은 이렇게 '선악'의 가치 체계를 확립한다. 권력에 의해 '선(근면)-악(나태)'의 기준이 만들어지면, 거의 모든 노동자들이 그 '선(악)'을 자발적으로 따르게(피하게) 된다. 그렇게 노동자들은 기쁨을 주는 '좋은(음악을 듣고, 그림을 그리고, 글을 쓰고, 영화를 보고, 사랑을 하고…)' 일들로부터 점점 멀어진다. 그렇게 우리 시대 대부분의 사람들은 자본이라는 거대한 권력에 착취당하는지도 모른 채, 일하고 돈 벌고 돈 쓰는 생을 쓸쓸하게 마감하게 된다. 권력이 요구한 그 '선'한 삶을 살다가. 이 얼마나 효율적이고 효과적인 억압과 착취의 수단이란 말인가?

━━ '선악'이라는 결박을 어떻게 풀 것인가?

건강하고 유쾌한 삶은 어떤 삶인가? 자신에게 기쁨(좋음)을 주는 일을 가까이하고, 슬픔(싫음)을 주는 일은 멀리하는 삶이다. 그러니 건강하고 유쾌하게 살아가려면 '선악'보다 '좋음-싫음'에 집중해야 한다. '선악'에 매여 있을 때 우리는 외부적 권력에 짓눌려 살 수밖에 없으니까 말이다. 이에 대해 니체는 불교와 베단타(인도철학)를 예로 들며 다음과 같이 말했다.

> 선과 악, 이 두 가지는 결박이다. 완전한 자는 이 두 가지를 지배했
> 다. … 지혜로운 자는 선과 악을 자신의 몸에서 흔들어 털어낸다. 어
> 떤 행위로도 그의 영역은 고통받지 않는다. 그는 선과 악, 이 두 가
> 지를 넘어선다. ─『도덕의 계보』

니체는 "선과 악, 이 두 가지는 결박"이라고 말한다. 우리가 자유
로운 삶을 살아갈 수 없게 만드는 결박. 그래서 "완전한 자" 혹은
"지혜로운 자"는 "이 두 가지(선악)를 지배"한다. 선악을 지배한다는
것은 어떤 의미일까? 니체는 이를 "선과 악을 자신의 몸에서 흔들
어 털어"내는 것이라고 말한다. 즉, 우리 내면에 각인되어 있는 선
과 악의 관념을 완전히 털어낼 때, 우리는 "선과 악, 이 두 가지를
넘어"설 수 있다는 것이다.

"완전한 자" 혹은 "지혜로운 자"는 이 과정을 완수하였기에, 기쁨
(좋음)을 누리고 슬픔(싫음)을 멀리하며 어떤 행위로도 고통받지 않
는다. 그렇다면 이제 우리에게 하나의 질문이 남겨진다. 어떻게 '선
악'이라는 도덕적 결박을 풀고 '좋고 싫음'의 삶으로 나아갈 것인
가? 달리 말해, 어떻게 '선악'이 아니라 '기쁨과 슬픔'을 기준으로
삶을 살아갈 것인가? 다시 니체의 이야기로 돌아가 보자.

─── '선악'은 가변적이며 상대적이다

> 고귀한 부류의 인간은 스스로 (도덕적) 가치를 결정하는 자라고 느
> 낀다. 그는 "나에게 해로운 것은 그 자체로 해로운 것이다."라고 판
> 단한다. 그는 대체로 자신을 사물에 처음으로 영예를 부여하는 사람
> 이라고 알고 있다. 그는 가치를 창조하는 자이다. ─「선악을 넘어서」

니체에 따르면, 고귀한 자(지혜로운 자)는 "스스로 도덕적 가치를 결정하는 자"다. 즉, 사회가 정한 '선악'을 따르는 자가 아니라 자신이 스스로 '선악'을 정하는 자다. 이는 허황된 말장난이 아니다. '좋고 싫음'에 따라 '선악' 개념은 달라진다. 어느 시대, 어느 지역의 사회적 권력이 좋아하는(싫어하는) 것은 '선(악)'이 된다. 조선 시대에 '정절'이 '선'이고, '재가'가 '악'이었던 이유는 사회적 권력(남성)이 여성의 '정절'을 좋아하고, '재가'를 싫어했기 때문이다. 자본주의 시대에 '근면'이 '선'이고, '나태'가 '악'인 이유는 사회적 권력(자본가)이 '근면'을 좋아하고 '나태'를 싫어하기 때문이다. 이처럼 '선악' 개념은 상대적이고 가변적이다.

그러니 우리 역시 우리만의 '선악' 개념을 결정할 수 있다. "나에게 해로운 것은 그 자체로 해로운 것"이기에 그것은 '악'이다. 반대로 나에게 유익한 것은 그 자체로 유익한 것이기에 그것은 '선'이다. 이렇게 우리가 어떤 사물(선택·행동)에 처음으로 영예를 부여할

수 있다면("재가는 인간다운 일이다!", "나태는 자신을 찾는 일이다!"), 우리는 우리 내면 깊은 곳에 각인된 사회적 '선악' 개념을 털어내고 지혜로운 삶의 주인이 될 수 있다. 이것이 니체가 지혜로운 자는 선악의 "가치를 창조하는 자"라고 말했던 이유다.

━━ 행복은 위험 속에 있다

하지만 이것이 어디 말처럼 쉬운 일일까? 우리가 자신의 '좋고 싫음'에 따라 새로운 '선악(도덕적 가치)'을 결정하려고 할 때, 사회는 온갖 불이익을 준다. 생각해보라. "정절이 악이고, 재가가 선이다!"("근면은 악이고 나태가 선이다!")라고 외치는 조선 시대의 어느 여인(자본주의 시대의 어느 노동자)의 삶은 어땠겠는가? 그 여인은 동네 사람들의 온갖 비난을 감당했어야 할 것이다(그 노동자는 직장에서 온갖 불이익을 감당해야 할 것이다). 지혜로운 자, 즉 사회적 선악을 넘어 자신의 기쁨과 슬픔에 따라 새로운 선악을 만들려는 이들은 필연적으로 고통 속에 있을 수밖에 없다.

> 우리가 가장 심한-위험에 처하게 될 때, 그곳에서 우리는 우리 자신의 더없는 행복 속에 있게 된다. ─『선악을 넘어서』

니체는 우리가 가장 심한 위험에 처하게 될 때 더없는 행복 속에 있다고 말한다. 이제 우리는 니체의 이 당혹스러운 말을 이해할 수 있다. 우리는 어떻게 기존의 '선악' 개념을 넘어 '좋음-싫음'을 기준으로 사는 삶을 관철해낼 것인가? 그것은 위험 없이는 불가능하다. 조선 시대 어느 여인이 진정으로 자신의 기쁨을 따르고 슬픔을 멀리하려면, '재가'를 하는 위험 없이는 불가능하다. 자본주의 시대 어느 노동자가 진정으로 자신의 기쁨을 따르고 슬픔을 멀리하려면 '사표'를 던지는 위험 없이는 불가능하다.

━━━ '옳고 그름'을 넘어 '좋고 싫음'으로

니체에 따르면, 선악을 넘는다는 것은 사회적 가치와 통념에 따라 살지 않는다는 것을 의미한다. 사회적 가치와 통념을 넘을 때만 자신만의 '좋음-싫음'에 따라 삶을 살아갈 수 있으니까 말이다. 하지만 이는 얼마나 위험한 일인가? 국가주의 시대에 한 남자가 자신만의 '좋음(기쁨)-싫음(슬픔)'에 따라 삶을 관철하려면 병역을 부정하는 위험이 필요하다. 가부장제 시대에 한 여자가 자신의 기쁨을 따르고 슬픔을 멀리하려면 섹스를 긍정하는 위험이 필요하다.

행복을 원한다면 위험을 넘어야 한다. 그 위험을 지나올 때만 우리는 기존의 선악이라는 결박을 풀어내고 자신만의 기쁨과 슬픔에 따라 새로운 선악 개념을 형성할 수 있다. 그 지난한 과정을 지나야지만 비로소 당당한 주인의 삶을 살 수 있다. 당당한 주인의 삶은 극심한 위험 없이는 불가능하다. 하지만 그런 삶보다 행복한 삶도 없다. 분명 누군가에게 니체의 이야기는 거부감이 들 수 있다.

니체는 급진적이며 혁명적이다. 이것이 많은 이들이 니체를 불편해하는 이유고 동시에 많은 이들이 니체에 매혹되는 이유다. 하지만 니체의 불편과 매혹을 동등한 가치로 다뤄서는 안 된다. 불편보다 매혹에 시선을 두어야 한다. 니체에게 매혹되는 일이 옳은 일이 아니라 좋은 일이기 때문이다. 니체에게 매혹될 때 우리네 삶은 조금 더 기뻐진다. 나는 이 사실을 온몸으로 경험했다.

나는 니체를 만나 조금 더 건강하고 유쾌한 사람이 되었다. 그만큼 더 기뻐졌다. 니체를 만나서 "옳은 일을 하고 그른 일은 하지 말아야 해!"라고 말하는 사람들에게 당당하게 말할 수 있게 되었다. "나는 당신이 싫어요!" 니체를 만나서 나에게 기쁨과 유쾌함을 주는 이들에게 당당하게 말할 수 있게 되었다. "나는 당신이 좋아요!" 이보다 기쁜 삶이 어디 있겠는가? 싫은 것을 싫다고 말할 수 있고, 좋은 것을 좋다고 말할 수 있는 삶보다 기쁜 삶은 없다.

철학자
더 알아보기

프리드리히 니체
Friedrich Nietzsche

니체는 독일을 대표하는 철학자 중 한 명이다. 주요 저서로는 『차라투스트라는 이렇게 말했다』 『도덕의 계보』 『선악을 넘어서』 등이 있다. 니체는 서양철학의 양대 근간이었던 이성과 도덕을 집요하고 강력하게 비판했다.

"신은 죽었다!" 니체의 이 유명한 외침은 그를 이해하는 데 매우 중요하다. 신(종교)이 낡아버린 우리 시대에 니체의 사자후는 별말 아닌 것처럼 들릴 수 있다. 하지만 니체가 살았던 시대는 여전히 기독교적 믿음이 절대적인 시대였다. 그 시대상을 짐작해보면 이 말이 얼마나 혁명적이고 위험한 말인지 가늠할 수 있다. 신을 믿고 신의 뜻대로 살아가는 시대에 "신은 죽었다!"라는 말은 얼마나 불온하고 위험한가.

니체는 왜 이 불온하고 위험한 말을 외쳤던 것일까? 한때 인간은 신에 기대어 살아가던 존재였다. 그런데 신이 죽었다면 인간은 어떻게 살아가야 할까? 스스로 살아가야 한다. "신은 죽었다!" 니체의 이 위험한 말은 인간이 어떤 가치에도 기대지 않고 당당히 홀로 서야 한다는 의미를 담고 있다. 이처럼 니체는 개인의 삶을 억압하는 그 어떤 외부적 권위도 거부했다.

니체는 여전히 우리에게 유의미하다. 우리 역시 '신'을 믿으며 살아가고 있으니 말이다. 지금 우리는 종교적 '신'이 사라진 자리에 '돈'이라는 '신'을 모시며 살고 있다. 우리 역시 외양과 이름만 바꾼 '신'에 기대어 살아가고 있다. 니체가 떠난 지 이백 년이 지났다. 지금 우리는 니체처럼 당당하게 외칠 수 있을까? "돈은 죽었다!"

광기를
존중하라!

푸코

광기는 부서지기 쉽지만
최고의 지혜이다.

『광기의 역사』

━━ 휴직 그리고 우울증

현태는 직장 스트레스 때문에 우울증에 빠졌다. 우울증이 심해져서 휴직을 했다. 어느 날 그가 의아한 말을 했다. "휴직하고 우울증이 더 심해졌어." 직장을 다닐 때는 가슴이 답답한 정도였는데, 휴직한 뒤에는 가끔 호흡 곤란이 올 정도로 증세가 악화되었다는 것이다. 이상한 일 아닌가? 직장 때문에 우울증이 생겨 휴직한 것인데, 정작 휴직하고 우울증이 더 심해졌다니 말이다. 현태는 왜 휴직이후 우울증이 더 심해진 것일까?

"애비야, 이제 정신 차려야지." 현태의 부모는 휴직한 현태를 볼 때마다 타일렀다. "여보, 이제 우리도 좀 정상적으로 살면 안 돼?"

현태의 아내는 매일 집에 있는 현태를 다그쳤다. 부모의 타이름과 아내의 다그침이 현태의 우울증을 악화시킨 걸까? 아니다. 그것은 현태의 우울증을 촉발한 계기일 수는 있지만 직접적인 원인은 아니다. 그렇다면 직접적인 원인은 무엇이었을까? 바로 현태의 자기인식이다. 부모의 타이름과 아내의 다그침이 만들어낸, "나는 비정상적인 인간이구나!"라는 자기인식.

부정적 자기인식은 우울증의 직접적인 원인이 된다. 스스로를 비정상이라 여기는 마음보다 한 사람을 우울하게 만드는 일도 없다. 다른 이들은 다 정상적으로 사는데 나만 비정상적으로 사는 것처럼 느껴질 때, 가볍게든 심각하게든 불안과 우울에 휩싸이지 않을 수 없다. 나 역시 이런 마음을 잘 알고 있다. 철학을 공부하고 글을 쓰며 살고 싶다고, 누구는 못 들어가서 안달인 대기업을 스스로 그만두었다. 친구들은 미친 짓이라고 말했고, 부모는 귀신에 씌었으니 굿을 해야 한다고 말했다. 내 주변의 거의 모든 사람들이 나를 비정상이라고 말했다.

━━ 너는 비정상이야!

이는 비단 현태와 나만의 이야기는 아닐 테다. 우리는 '정상-비정상'이라는 구분을 일상적으로 하며 산다. 아침에 출근해서 저녁에 퇴근하는 삶은 정상이고, 오후에 일어나 어디에도 출근하지 않는 삶은 비정상이라고 여긴다. 나이가 차서 결혼을 하고 아이를 낳아 가정을 이루고 사는 것은 정상이고, 나이가 찼는데도 가정을 이루지 않거나 결혼을 해도 아이를 낳지 않으면 비정상이라고 여긴다. 남자와 여자가 만나 사랑을 하는 것은 정상이고, 동성끼리 만나 사랑을 하는 것은 비정상이라고 여긴다.

이처럼 사회적 통념에 순응하는 일을 '정상'이라고 하고, 사회적 통념에서 벗어나는 일을 '비정상'이라고 한다. 우리는 '정상'을 긍정하고, '비정상'을 부정한다. 쉽게 말해, '정상'적으로 살고 싶고, '비정상'적으로 살고 싶지 않다. 바로 여기에 우리의 불행이 도사리고 있다. 사회적 통념은 우리를 기쁘게 하기보다 슬픔에 빠뜨리는 경우가 더 많다. 그러니 우리가 '비정상'적인 삶을 피해 '정상'적인 삶을 살려고 할수록 우리 삶은 점점 더 슬픔에 빠지게 마련이다.

우리의 불행을 돌아보라. 좋아하는 일을 포기하고 악착같이 직장을 구하려는 것. 삶을 피폐하게 하는 직장을 그만두지 못하는 것. 때가 되면 생면부지의 사람과 맞선을 봐서까지 결혼을 하려는 것. 온갖 슬픔뿐인 결혼 생활을 끝내지 못하는 것. 온갖 부당한 일 앞에서도 큰소리로 화 한번 못 내는 것. 이는 모두 '비정상'적인 삶을 피해 '정상'적으로 살고 싶어서 생긴 불행 아니던가. 어쩌면 우리네 삶 전반이 '비정상'적인 사람이 되지 않기 위한 혹은 '정상'적인 사람이 되기 위한 발버둥일지도 모르겠다.

'정상'과 '비정상'은 어떻게 구분되는 것일까? 이 질문은 중요하다. '정상'과 '비정상'의 구분이 우리네 삶의 행복과 불행을 상당 부분 결정하는 까닭이다. 이 중요한 질문에 답하기 위해서는 정상인-광인(비정상인)에 대해 누구보다 깊이 연구하고 사유한 프랑스의 철학자, 미셸 푸코의 도움을 받을 필요가 있다.

> 이성이 광기를 소유하는 방식에 의거해서만 광기를 알아볼 뿐이다. 따라서 비이성은 이성의 근거가 된다. ─ 『광기의 역사』

푸코가 말하는 '이성'은 정상이고 '광기(비이성)'는 비정상이다. 이성적인 사람보다 '정상'적인 사람도 없고, 미친 사람보다 '비정상'적인 사람도 없으니까. 정도의 차이는 있으나, '정상'적인 행동(졸업·취업·근속·결혼·절제된 감정표현·이성애…)을 할 때 세상 사람들이 "너 이성적이구나!"라고 말하고, '비정상'적인 행동(자퇴·휴직·퇴사·이혼·원색적 감정표현·동성애…)을 할 때 세상 사람들이 "너 미쳤어?"라고 말하는 것도 바로 이 때문이다.

푸코는 이런 이성(정상)-광기(비정상)의 구분에 대해 이렇게 말한다. "비이성은 이성의 근거가 된다." 이는 전혀 어려운 말이 아니다. '비이성(비정상)'이 먼저 있어야지만 '이성(정상)'이 존재할 수 있다는 의미다. 애가 둘인 가장의 퇴사를 생각해보자. 이는 '비이성'적이고 '비정상'적인 행동이며, 누군가에게는 '광기'일 수 있다. 그리고 그가 계속 직장을 다니는 것은 지극히 '이성'적이고 '정상'적인 행동이다. 여기서 중요한 것은 이 둘이 동시적인 사건이 아니라는 사실이다.

━━ '비이성'이 규정되어야 '이성'이 규정된다

'비이성(비정상)'적인 행위가 어떤 것인지 먼저 규정되어야 '이성(정상)'적인 행동이 어떤 것인지 규정될 수 있다. 쉽게 말해, "애가 둘 딸린 가장의 퇴사는 비이성(비정상)적이야!" 이런 규정이 선행될 때, 비로소 가장이 한 직장을 계속 다니는 것이 '이성(정상)'적인 일로 자리매김할 수 있다. 가장의 퇴사만 그럴까? 아무리 화가 나는 일이 있어도 차분하게 참는 것이 '이성(정상)'적인 일이다. 그것이 '이성(정상)'적인 일이 될 수 있는 근거는 무엇인가? 바로 '길거리에서 소리를 지르며 화를 내는 것'은 '비이성(비정상)'적이라는 규정 때문이다.

이는 반대로 생각해보면 좀 더 쉽게 이해된다. 만약 가장의 퇴사(혹은 원색적 감정표현)가 일상화된 곳, 즉 그것을 전혀 '비이성(비정상)'적인 일이라고 규정하지 않는 곳이 있다면 어떨까? 그곳에서는 가장의 근속(혹은 절제된 감정표현)이 '이성(정상)'적인 일이 될 수 없다. 더 정확히 말하면, 가장의 퇴사(원색적 감정표현)든 근속(절제된 감정표현)이든 둘 다 일상의 한 단면일 뿐, 이성(정상)-비이성(비정상)으로 구분되지 않는다.

복지국가와 아이들을 생각해보라. 사회적 안전망이 촘촘하고 두텁게 확립된 복지국가에서 가장의 퇴사는 '이성(정상)'적이지도 '비이성(비정상)'적이지도 않다. 그것은 그저 다양한 일상의 한 단면일 뿐이다. 자신의 감정을 자연스럽게 표현하는 아이들 사이에서 원색적 감정표현은 '이성(정상)'적이지도 '비이성(비정상)'적이지도 않다. 그것 역시 아이들의 다양한 감정표현의 한 단면일 뿐이다. 이처럼 '비이성(비정상)'과 '이성(정상)'은 자연적 실체로 존재하지 않는다. '비이성(비정상)'이 무엇인지 규정될 때, 무엇이 '이성(정상)'인지가 결정될 뿐이다.

■■■ '이성'이 '비이성'을 규정한다

그렇다면 '비정상(비이성)'은 누가 규정하는 걸까? 즉, '가장의 퇴사(자퇴·휴직·이혼·원색적 감정표현·동성애…)'가 '비정상'적이며 '광기'이며 '비이성'이라는 규정은 누가 하는 걸까? 이에 대해 푸코는 이렇게 말한다. "이성이 광기를 소유하는 방식에 의거해서만 광기를 알아볼 뿐이다." 이는 어려운 말이 아니다. 광기(비정상)는 이성을 규정하지 못한다. 미친 사람이 어떤 사람이 이성적인 사람인지 규정하는 일은 없다.

광기(비정상)를 규정하는 것은 이성(정상)이다. 쉽게 말해, 오직 '이성(정상)'적인 사람만이 누가 미친 사람인지 규정할 수 있다. 그래서 "이성이 광기를 소유"한다고 말할 수 있다. 동시에 이성은 "광기를 소유하는 방식에 의거해서만 광기를 알아"보게 된다. 당연하지 않은가? '이성'이 광기를 어떻게 규정하는지에 따라 어떤 행동(혹은 어떤 사람)이 광기(비정상)인지 이성(정상)인지 판단할 수 있게 된다. 말하자면 '이성(정상)'은 자신이 '이성(정상)'일 수 있는 근거를 마련하기 위해 광기(비정상)를 규정하는 셈이다. 이에 대해 푸코는 다음과 같이 말한다.

광기의 역사는 이성의 역사에 대한 보완물이다. ─ 『광기의 역사』

『광기의 역사』는 푸코가 서구의 역사를 가로질러 광인들에 대한 규정이 어떻게 변화되어 왔는지를 면밀히 살핀 책이다. 이를 통해 푸코가 우리에게 전하려고 하는 바는 명료하다. 시간과 공간을 넘어서는 고정불변한 실체로서의 '광기'는 존재하지 않는다는 것! 광기란 단지 그 시대의 '이성(정상)'적인 이들이 특정한 사람과 행동을 광기라고 규정했기 때문에 발생한 개념일 뿐이다. 즉, '광기의 역사'는 '이성(정상)'이 '비이성' 혹은 '광기(비정상)'를 배제하고 가두고 침묵시킨 역사인 셈이다.

이는 우리네 현실에서도 그대로 적용되지 않는가? '근속하는 가장'이 있고, '퇴사하는 가장'이 있다. '퇴사하는 가장'은 '근속하는 가장'에 대해 아무것도 규정하지 않는다. 그저 떠날 뿐이다. 오직 '근속하는 가장'만이 '퇴사하는 가장'을 '비이성'적이고 '비정상'이며 '광기'라고 규정한다. 소위 말하는 '정상'과 '비정상'은 모두 이러한 관계 속에 있다. '자퇴·휴직·퇴사·이혼·동성애'자는 '졸업·취업·근속·결혼·이성애'자에 대해 어떤 것도 규정하지 않는다. 그저 자신의 삶을 살 뿐이다. 오직 '졸업·취업·근속·결혼·이성애'자만이 '자퇴·휴직·퇴사·이혼·동성애'자들을 '비이성'적이고 '비정상'이며 '광기'라고 규정할 뿐이다.

▬▬ 정상인이란 개념은 창안물이다

> 정상인의 개념은 창안물이다. … 따라서 광인이 광인으로 인정되는 것은 광인이 질병으로 인해 정상상태의 가장자리 쪽으로 옮겨졌기 때문이 아니라 광인이 우리 문화에 의해 수용의 사회적 명령과 권리주체의 능력을 판별하는 법률적 인식 사이의 접점에 놓여 있기 때문이다. —『광기의 역사』

푸코의 말처럼, 정상인이라는 개념은 명백한 창안물이다. 누군가를 비정상이라고 규정함으로써 고안된 창안물. 광인이 광인으로 인정되는 것은 특정한 결함(질병) 때문이 아니다. 광인(비정상)이 우리 문화(사회적 통념)에 의해 수용되기 어려운(애매한) 접점에 놓여 있기 때문이다. 예컨대 어떤 행동이 사회적 통념에서 조금 벗어나면 '비정상(휴직·퇴사·이혼)'으로 규정되고, 많이 벗어나면 '광기(행위예술·동성애)'로 규정되는 것이다.

푸코의 통찰은 적확하다. 시공을 넘어 절대적으로 존재하는 비정상이나 광기 같은 것은 존재하지 않는다. 이성(정상)이 무엇을 비이성·광기로 규정했느냐에 따라 '비정상'은 늘 변해왔다. 휴직한 현태는 비정상인가? 그렇다. 하지만 그것은 현태에게 어떤 결함이 있기 때문이 아니다. 부모·아내 혹은 세상 사람들(이성)이 현태를 비정상(비이성)으로 규정했기 때문이다. 또한 "나는 비정상이야!"라는 자기인식은 우울증을 불러올 만큼 부정적인 것이 아니다. 그 자기인식이 부정적인 것이 된 것은 세상 사람들(이성)이 그것을 부정적인 것으로 설정했기 때문일 뿐이다.

━━━ **'비정상'의 진실**

그렇다면 '비정상(비이성·광기)'의 진실은 무엇일까? 다시 푸코의 이야기로 돌아가자. 푸코는 광기를 어떻게 규정하고 있을까?

> 광기는 은밀하게 이성이라는 것이다. … 비이성은 광기의 진실이 이
> 성이라는 것이다. 더 정확히 말하자면, 준 이성이라는 것이다. ─「광
> 기의 역사」

푸코는 광기란 은밀한 이성이라고 말한다. 또한 광기의 진실이
이성이라고 말한다. 난해한 이야기일 수 있다. 우리에게는 두 가지
이성이 있다. 사회적 통념 속으로 들어가기 위한 이성과 사회적 통
념 너머로 나아가기 위한 이성이다. 쉽게 말해, 전자는 직장에 들어
가서 잘 적응하기 위한 이성일 테고, 후자는 직장을 그만두고 오랫
동안 품어왔던 자신의 꿈을 향해 나아가기 위한 이성일 테다. 푸코
의 말을 빌려 말하자면, 전자는 '이성'이고, 후자는 "은밀한 이성" 혹
은 "준 이성", 즉 광기다.

바로 여기서 광기의 역설이 펼쳐진다. 이는 광기(비이성)가 이성
이 되는 역설이다. "광기의 진실이 이성"이라는 푸코의 말을 온몸
으로 이해하고 있다. 둘째 아이가 걸음마를 시작할 무렵, 대책 없이
회사를 그만두었다. 철학을 공부하고 글을 쓰고 싶어서였다. 그것
은 지금 생각해도, '비이성(비정상)'적인 일이었다. '이성(정상)'적으
로 생각하면 할수록, 그 선택은 결코 하면 안 되는 것이었다. 주변
사람들의 "미쳤어? 왜 그래?"라는 걱정은 과장이 아니었다. 그것은

정말 미치지 않았으면 하기 힘든 선택이었으니까. 그렇게 나는 미친 짓(광기!)을 했다. 그 '비이성'적인 선택으로 알게 되었다. "광기의 진실"은 바로 "은밀한 이성"이라는 사실을.

▬▬ 광기는 진정한 이성이다

내 속에는 광기가 있었다. 세상이 옳다고 말하는 모든 것을 거부하고 싶은 광기! 세상이 말하는 행복을 쓰레기통에 처박고 내 멋대로 살고 싶다는 광기! 아주 오래전부터 있었지만 결코 드러난 적이 없었던 광기다. 회사를 그만두고 그 광기의 진실을 보았다. 그 광기의 진실은 바로 이성이었다. '나는 누구인가?' '나는 어떻게 살아야 하는가?' 광기를 직면하기 전까지는 결코 답할 수 없었던 질문에 너무나도 선명하게 답할 수 있는 '이성'을 얻었다. 광기는 은밀한 이성이다. 그것은 진정한 이성이다.

> 진정한 이성은 어떻게든 광기에 연루되어 있고, 광기가 내는 길로 마땅히 접어들게 되어 있다. ─ 『광기의 역사』

푸코의 말처럼, 진정한 이성은 어떤 방식으로든 광기에 연루되어 있다. 그리고 그 진정한 이성은 광기가 내는 길로 마땅히 접어들게 되어 있다. 이는 한 번이라도 자신의 광기의 진실을 마주했던 이들이라면 모두 알고 있는 사실이다. 푸코는 이에 대해 이렇게 말한다.

> 광기가 섞여 있지 않은 위대한 정신은 없다. 바로 이러한 점에서 지혜로운 자들과 가장 정직한 시인들은 때로 이성을 잃고 격정의 상태에 빠질 필요가 있다는 점을 인정했다. 광기는 이성의 노고에 대해 난처하지만 없어서는 안 될 계기이다. 광기를 가로질러, 그리고 광기의 허울뿐인 승리를 지나서 이성은 표면화되고 승리를 구가한다. 광기는 다만 이성의 날카롭고 비밀스러운 힘일 따름이다. —「광기의 역사」

"광기(비정상)가 섞여 있지 않은 위대한 정신은 없다." 그러니 "때로 이성을 잃고 격정의 상태에 빠질 필요가 있다." 이는 "지혜로운 자들과 가장 정직한 시인들"의 말을 빌리지 않더라도 자신의 광기를 마주해본 이들이라면 모두 알고 있는 삶의 진실이다. 광기(비정상)는 분명 이성의 입장에서 보자면 난처하지만 없어서는 안 될 무엇이다. "광기를 가로질러"야만, "이성은 표면화되고 승리"를 이룰 수 있기 때문이다. 광기는 부정적이지 않다. 광기는 "이성의 날카롭고 비밀스러운 힘"일 뿐이다.

━━━ 광기를 존중하라!

　비정상은 부정적이지 않다. 그것은 광기의 진실을 마주할 수 있는 문이기 때문이다. 광기는 존중되어야 한다. 타인에게 심대한 위해를 가하지 않는다면, 사회적 통념을 넘어서기 위한 어떠한 사유와 행동도 존중되어야 한다. 광기를 존중할 때 우리는 삶의 진실을 마주하고 진정으로 자신이 누구이며 어떻게 살아가야 하는지 알 수 있다. '현태'는 어떻게 우울증을 극복할 수 있을까? 다시 복직하면 되는 걸까? 그렇지 않다. 자신의 광기를 존중할 수 있어야 한다. 그렇다면 광기를 존중한다는 것은 무엇인가?

> 광기를 존중한다는 것은 광기에서 질병이라는 무의지적이고 불가피한 사고를 간파하는 것이 아니라, 인간적 진실의 그 하부한계, 우발적이지 않은 본질적 한계를 받아들이는 것이다. ─ 『광기의 역사』

　광기를 존중한다는 것은, 광기를 어떤 질병이나 결함으로 보지 않는다는 것을 의미한다. 광기를 존중한다는 것은 인간적 진실의 하부한계, 그 본질적 한계를 받아들이는 것이다. 누구에게나 광기는 있다. 광기는 누구에게는 이유 모를 짜증이나 분노로 나타날 수 있고, 누구에게는 성적인 형태로 드러날 수 있으며, 또 누구에게는 폭력적인 형태로 드러날 수 있다.

그것이 무엇이든, 광기는 인간적 진실의 제일 하층부에 존재한다. 그것은 우리의 본질적 한계다. 그 한계를 받아들여야 한다. 조금 더 노골적으로 말해, 자신에게 누구에게도 밝힐 수 없고 자신조차 이해할 수 없는 짜증과 분노, 성적 취향 혹은 폭력적 성향이 있다는 사실을 받아들여야 한다. 그리고 모든 사람들에게 그런 광기가 있다는 사실을 받아들여야 한다. 그것이 광기를 존중하는 일이다.

━━ 광기를 존중하며 미치지 않는 법

이제 우리는 하나의 의문, 아니 두려움에 봉착하게 된다. 그렇게 자신 안에 감춰 두었던 광기를 존중하게 되면 그 광기에 휩싸여 정말로 미쳐버리면 어쩌나 하는 두려움, 즉 우리의 삶이 완전히 파괴되면 어쩌나 하는 두려움이다. 이에 대해 푸코는 이렇게 말한다.

> 인간이 광기 속에서 자신의 진실을 발견하므로, 치유가 가능하게 되는 것은 인간의 진실과 광기의 바탕으로부터다. — 『광기의 역사』

자신의 삶을 파괴할 광기는 자신의 진실을 발견하지 못할 때 찾아온다. 그러니 삶을 송두리째 파괴할 광기를 치유하는 법은 광기를 마주하는 일이다. 인간은 "광기 속에서 자신의 진실을 발견"하게 되기 때문이다. 광기의 치유는 "인간의 진실과 광기의 바탕"으로부터 가능하다. 광기에 잠식되지 않고 광기를 제어하고 통제하는 거의 유일한 방법은 바로 광기를 존중하는 일이다. 이것이 푸코가 "'인간'에서 '참된 인간'으로 이르는 길은 '미친 인간'을 통과"해야 가능하다고 말했던 이유다.

누가 비정상인가? 누가 미쳤는가? 이런 질문보다 의미 없는 질문도 없다. 누구나 비정상이고 누구나 미쳤기 때문이다. "어떻게 비정상(광기)을 이해하고 받아들일 것인가?" 이것이 중요한 질문이다. 비정상적인 이들을 비난해서는 안 된다. 또한 자신이 비정상적이라고 스스로를 비난해서도 안 된다. 오히려 비정상(광기)은 조심스럽게 우리가 마주해야 하는 선물이다. 자신을 비정상이라고 여기고 있거나, 누군가를 비정상이라고 여기고 있다면 푸코의 말을 가슴에 품어야 한다.

광기는 부서지기 쉽지만 최고의 지혜이다. —『광기의 역사』

철학자
더 알아보기

미셸 푸코
Michel Foucault

프랑스의 현대철학자. 주요 저서로는『주체의 해석학』『성의 역사』『광기의 역사』등이 있다. 푸코는 역사를 연구하는 방법(계보학)을 통해서 정치권력이 인간을 어떻게 훈육하는지를 밝혀내려고 했다. 그리고 그 훈육으로 발생한 부정적 내면화를 극복하고 삶을 긍정할 수 있는 방법을 집요하게 모색했다.

푸코는 진정한 인문주의자이다. 진정한 인문주의자는 억압받고 소외된 이들 곁에 서기 때문이다. 푸코는 강자(권력)에 의해 은폐되고 가려진 역사를 발굴하고 재배치하는 작업에 전 생애를 바쳤다. 그는 왜 이런 삶을 살았을까? 억압받고 소외된 이들에게 새로운 역사를 선물해주고 싶었기 때문이다. 그는 비정상이라고 손가락질 받는 이들에게 이렇게 외치고 싶었던 것이다. "당신들은 비정상이 아니오! 당신들을 비정상이라고 규정한 역사가 비정상이오!"

푸코를 이해하는 데, '생체권력'이라는 개념을 빼놓을 수 없다. '생체권력'이란 우리의 신체에 스며들어 내면을 조종하고 통제하는 권력으로, 푸코는 이 개념을 통해 권력에 의해 훈육된 존재는 그 내면까지 왜곡될 수밖에 없다는 사실을 밝혀냈다. 쉽게 말해, 노예로 길러진 이는 내면까지 노예화될 수밖에 없다는 것이다. 하지만 푸코는 억압받고 소외된 이들을 수동적인 존재로 치부하지 않았다. 그는 '비정상'들에게 능동적 결단을 요구했다.

푸코는 어떤 체제의 지배는 개인의 내면과 생활에 침투해 있기 때문에 체제와 싸우기 위해서는 전선을 외부가 아니라 개인의 내면에 그어야 한다고 말했다. 전선을 개인의 내면에 긋는다는 것은 어떤 의미일까? 우리 마음에서 체제나 권력의 지배에 길들여지지 않은 부분을 집요하게 찾아 거기서부터 주체를 만들어나가야 한다는 의미다. 푸코가 '비정상'의 역사에 주목한 이유도 그 때문이다.

현대인의 특징 중 하나가 바로 '자발적 복종'이다. 우리 역시 누가 뭐라고 하지 않아도 권력과 자본 앞에서 알아서 기는 노예의 내면으로부터 자유롭지 않다. '자발적 복종'은 권력이 우리 신체에 집요하게 새겨 넣은 '생체권력'의 결과다. '자발적 복종'으로부터 벗어나고 싶다면, 우리 내면에서 권력의 지배에 길들여지지 않은 부분을 찾는 것부터 시작해야 한다. 지금은 분명 '광기'의 지혜가 필요한 시대다.

함께 기쁘게
살아가는
'공존'의 훈련

중요한 것은,
돈이 아니라
시간이다

마르크스

부의 척도는 어쨌든
이제 노동 시간이 아니라,
오히려 가처분 시간이다.

「정치경제학 비판 요강」

━━ '학벌 없는 사회'는 왜 자진 해산했을까?

우리 시대에 부자를 꿈꾸지 않는 사람은 거의 없다. 당연한 일이다. 지금은 돈이면 뭐든 다 된다고 믿는 시대다. 다들 부자가 되기 위해 혈안이 되어 산다. 단도직입적으로 묻자. 우리는 부자가 될 수 있을까? 최선을 다하면 부자가 될 수 있을까? 직장에서 일하고, 부업을 하고, 주식·부동산·경매·암호화폐 같은 각종 재테크를 하면 부자가 될 수 있을까? 그렇지 않다. 아주 예외적인 경우가 아니라면, 최선을 다해도 부자가 될 수 없다.

왜 그럴까? 개천에서 용 나는 시대는 지났기 때문이다. 지금은 명백히 부가 대물림되는 시대다. 부자 부모를 두지 않는 한 아무리 열심히 살아도 부자가 되기는 힘들다. 2016년, '학벌 없는 사회'가 자진 해산했다. '학벌 없는 사회'는 학벌에 따른 사회적 차별과 불이익을 해소하기 위해 설립된 시민 단체였다. 이 시민 단체는 왜 자진 해산했을까? 우리 사회에 학벌 혹은 학벌에 따른 사회적 차별과 불이익이 사라졌기 때문일까? 아니다. 학벌마저 부의 대물림으로 결정되는 시대에 더 이상 학벌 반대 운동은 의미가 없다고 판단했기 때문이다.

긍정적이든 부정적이든, 한때 학벌은 자본주의적 계급 상승을 위한 안전한 사다리였다. 찢어지게 가난한 집 아이라도 공부를 열심히 해서 명문대에 가면 돈 걱정에서 자유로울 수 있는 나름의 기회를 제공받았다. 하지만 지금은 어떤가? 그런 이야기는 다 옛말이다. 이제 가난한 집 아이가 자기 노력만으로 자본주의적 계급을 바꾸기는 매우 어려워졌다. 자본주의적 계급 상승을 위한 마지막 사다리였던 학벌 체제마저 부의 대물림 현상 안으로 포섭되었기 때문이다. 이제 명문대는 소위 말하는 강남 8학군 아이들로 넘쳐나게 되었다.

▬▬ 경제적인 부와 실질적인 부

그렇다면 평범한 우리들이 부자가 될 가능성은 전혀 없는 것일까? 성급하게 답하기 전에 탁월했던 철학자를 한 사람 만나보자. 자본주의와 부富에 대해 누구보다 깊이 사유한 철학자, 카를 마르크스다. 마르크스는 부에 대해 이렇게 정의한다.

> 부의 척도는 어쨌든 이제 노동 시간이 아니라, 오히려 가처분 시간이다. —「정치경제학 비판 요강」

마르크스는 부자와 빈자를 가름하는 기준, 즉 부의 척도가 가처분 시간이라고 말한다. 가처분 시간은 자기가 임의로 처분할 수 있는 시간을 의미한다. 쉽게 말해, 자기 마음대로 쓸 수 있는 시간이다. 의아하다. 마르크스는 부의 척도가 돈의 양이 아니라 시간의 양이라고 말하고 있는 것이다. 이는 어떤 의미일까? 마르크스가 생각하는 '부'의 개념을 조금 더 깊이 들여다보자.

마르크스는 '부'를 두 가지로 구분한다. '경제적인 부'와 '실질적인 부'. '경제적인 부'는 어렵지 않다. 이는 자기가 처분할 수 있는 경제적 자원의 양을 의미한다. 쉽게 말해, 지금 당장 팔아서 돈이 될 수 있는 집·자동차·냉장고·스마트폰 등이 '경제적인 부'다. 이는 우리가 일반적으로 '부'라고 여기는 것이다. 우리가 주목해야 할 것은 '실질적인 부'다. 마르크스는 '실질적인 부'라는 흥미로운 개념을 제시한다. '실질적인 부'는 무엇일까?

'실질적인 부'는 필요한 노동 시간 외의 가처분 시간이다. 필요한 노동 시간이란 우리가 먹고살기 위해 돈을 버는 시간을 의미한다. 그러니까 생계유지에 사용하는 시간 외에 우리 마음대로 사용할 수 있는 시간이 바로 '실질적인 부'인 것이다. 마르크스의 '경제적인 부'와 '실질적인 부' 개념을 받아들이면 기묘한 역설이 발생한다. 우리가 일반적으로 생각하는 부자가 가난한 사람이 되고, 우리가 일반적으로 가난하다고 생각하는 사람이 부자가 되기 때문이다.

두 사람이 있다. 한 명은 대기업 임원이고, 다른 한 명은 직장을 그만둔 전업 작가다. 대기업 임원은 일반 월급쟁이와는 비교도 안 될 만큼 많은 돈을 번다. 하지만 그는 하루에 열두 시간 넘게 직장에 매여 있고, 주말에도 사장이나 거래처에서 연락이 올까 봐 항상 대기 상태다. 반면 직장을 그만둔 전업 작가는 직장을 다닐 때만큼 돈을 잘 벌지는 못하지만 자유로운 삶을 산다. 하고 싶은 공부를 마음껏 하고, 쓰고 싶은 글을 마음껏 쓰고, 때로는 홀로 여행을 떠나기도 한다. 그는 자신이 원할 때 원하는 일을 하며 산다.

■■■ '경제적인 부'자와 '실질적인 부'자

세상 사람들은 둘 중 누가 더 부유하다고 생각할까? 고민할 것도 없이 대기업 임원이다. 그는 역대 연봉에, 좋은 집과 차도 가지고 있으니까 말이다. 하지만 그것은 어디까지나 '경제적인 부'의 관점에서 보았을 때의 이야기다. '실질적인 부'의 관점에서 보면 그는 가난하기 짝이 없는 사람이다. 그는 하루종일 직장에 매여 있고, 주말에도 사장에게 연락이 올까 봐 노심초사하느라 자기 마음대로 사용할 수 있는 가처분 시간이 거의 없다. 그런 측면에서 그는 아주 가난하다.

그렇다면 직장을 그만둔 전업 작가는 어떨까? 그는 넉넉하지 않고 다소 불안정하지만 생계를 꾸려갈 만큼의 돈을 번다. 그리고 먹고살기 위해 일하는 시간을 제외하면 거의 대부분의 시간을 자기 마음대로 쓴다. 대기업 임원과 달리 그는 자기 마음대로 사용할 수 있는 가처분 시간이 많은 셈이다. 일반적인 관점에서 보면 그는 전혀 부자가 아니다. 하지만 마르크스가 살아 돌아온다면 그 작가를 부자라고 말해줄 것이다. 그는 '경제적인 부'자는 아니지만 '실질적인 부'자이기 때문이다.

누군가는 이런 논의를 단순한 말장난이나 혹은 돈(경제적인 부) 없는 이들의 정신승리로 치부할지도 모르겠다. 하지만 곰곰이 생각해보라. 우리는 왜 부자가 되려고 할까? '0'이 수십 개 찍힌 통장을 원해서인가? 아니면 돌고 돌아 더럽기 짝이 없는 돈이라는 종이를 집에 쌓아 놓고 싶어서인가? 전혀 그렇지 않다.

═══ 가처분 시간이 부ᇷ다

우리는 왜 부자가 되고 싶은가? 의무로 가득 찬 노동 시간을 줄이고 원하는 곳에 원하는 만큼 자유롭게 시간을 쓰고 싶기 때문이다. 이는 의심할 여지가 없는 사실이다. 악착같이 돈을 모으느라 인생을 탕진한 스크루지 영감을 비웃지 않는 사람은 없을 테니까 말이다. 이에 대해 마르크스는 이렇게 말한 바 있다.

> 12시간의 노동이 아니라 6시간의 노동이 행해질 때, 한 민족은 진실로 부유하다. … 실질적인 부는 각 개인과 전체 사회를 위해 직접적인 생산에 사용되는 시간 외의 가처분 시간이다. —「정치경제학 비판 요강」

마르크스의 말처럼, "12시간의 노동이 아니라 6시간의 노동이 행해질 때" 한 사람(혹은 어느 민족)은 "진실로 부유"해진다. 실제 존재하는(실질적인!) 부는 직접적인 생산에(돈을 버는 데에) 사용되는 시간 외에 우리가 마음대로 사용할 수 있는 시간이다. 이에 대해 이견의 여지는 없다. 우리에게 중요한 것은 돈 그 자체가 아니라 시간이다. 돈이 필요한 이유는 우리가 사랑하는 이들과 원하는 곳에서 원하는 일을 하면서 시간을 보내기 위해서다.

하지만 지금 우리네 삶은 어떤가? 우리는 주객이 전도된 채로 산다. 돈을 왜 버는지도 모르면서 그저 돈을 벌어야 한다는 강박 때문에 돈 버는 데 시간을 모조리 쏟아 붓는다. 근거 없는 미래의 불안을 달래기 위해 소중한 시간을 모조리 헌납한다. 그렇게 '경제적인 부'자가 되려고 애를 쓰느라 '실질적인 부'를 낭비하며 '실질적'으로 가난한 사람이 된다. 이 얼마나 어리석은 일인가?

━━ 어떻게 부자가 될 것인가?

상황이 다소 암울하고 척박하지만 희망은 있다. 우리도 부자가 될 수 있다. 어떻게 그럴 수 있을까? '경제적인 부'를 조금 양보하고 '실질적인 부'를 더 많이 가지려고 애쓰면 된다. 그럴 수 있을 때, 우리는 조금 더 윤택한 삶을 사는 '실질적인 부'자가 될 수 있다. 이는 지혜로운 방법이다. 진짜 부자는 '경제적인 부'가 아니라 '실질적인 부'를 많이 가진 사람이니까. 우리 주위를 잘 살펴보면 이런 '실질적인 부'자들은 늘 있다.

가족들과 함께 삼 개월간 유럽 여행을 떠난 이가 있다. 그는 어떻게 떠날 수 있었을까? 직장은 휴직하고, 도심의 아파트에서 외곽의 빌라로 이사를 가서 그 차액으로 여행 경비를 마련했다. 그는 부자다. '경제적인 부'는 조금 잃었을지 몰라도 '실질적인 부'는 마음껏 누렸으니까. 세상 사람들은 이런 이를 대책 없이 사는 무책임한 사람이라 믿지만, 이는 오해다. 어리석음에서 기인하는 오해.

행복은 결코 '경제적인 부'에 있지 않다. '실질적인 부'에 있다. 어느 정도 '경제적인 부'를 일군 이들이나 '실질적인 부'를 누리고 사는 이들은 모두 이 삶의 진실을 알고 있다. '경제적인 부'를 '실질적인 부'로 전환하며 사는 것은 무책임한 삶도, 대책 없는 삶도 아니다. 지혜로운 삶이다.

지혜가 무엇인가? 세상의 물살을 거슬러 자신만의 행복을 찾을 수 있는 역량이다. '경제적인 부'를 '실질적인 부'로 전환하는 것은 결코 쉬운 일이 아니다. 그것은 돈돈거리는 세상의 물살을 거슬러 오르는 일이니까. 오직 지혜로운 이들만이 '경제적인 부'의 집착이 남기는 미래의 불안("여행 갔다 와서는 어찌 살지?", "빌라에서 사는 것이 불편하지는 않을까?")을 넘어서 지금 여기에 있는 '실질적인 부(나의 행복)'를 누릴 수 있다. 이에 대해 마르크스는 이렇게 말한다.

▬ '경제적인 부' 너머 '실질적인 부'로

사람들people에게는 무엇보다도 정신적으로 창조하고 정신적으로 향유할 수 있는 시간이 있어야 한다. — 「경제학–철학 수고」

'경제적인 부(돈)'가 충분하지 않더라도 부자가 될 수 있다. '실질적인 부'자가 될 수 있다. '경제적인 부(돈)'가 전혀 필요 없다는 허황된 이야기를 하려는 것이 아니다. 돈은 중요하며 또 필요하다. 하지만 그보다 더 중요하며 필요한 것이 있다. 나의 행복을 위해 필요한 돈이 얼마인지 답할 수 있는 지혜다. 이 지혜가 있을 때, 우리는 불필요한 탐욕에 휩싸이지 않고 '실질적인 부'를 누리며 살아갈 수 있다.

구체적으로 말해보자. "이번 주에 야근해. 야근 수당은 1.5배야!"라는 말에 "아니요. 일찍 퇴근해서 아이들과 산책할 거예요!"라고 답하자. "주말에 장사하면 매출이 30% 더 오를 거야."라는 말에 "아니, 주말에는 좋아하는 연극을 보러 갈 거야!"라고 답하자. 그럴 수 있다면 더 많은 돈을 벌기 위해 시간에 쫓기며 사는 '경제적인 부'자보다 더 부유해질 수 있다. 진정으로 행복한 '실질적인 부'자가 될 수 있다.

'경제적인 부'자들을 부러워할 필요 없다. 그들은 온통 돈 생각뿐이며, 돈 버느라 아이들과 산책도 못하고 주말에 여유롭게 연극 한 편 편히 보지 못하는 삶을 산다. 어떤 부자가 되고 싶은가? 여전히 '경제적인 부'자인가? 아니면 행복하고 의미 있는 삶을 사는 '실질적인 부'자인가? 선택은 각자의 몫이다. 하지만 분명한 삶의 진실만은 기억해두자. '자신'이니까 살 수 있는 삶 대신 '자본'이 원하는 삶을 사는 것은 '사는 것'이 아니라 '살아지는 것'이다. '사는 것'은 주인의 삶이고, '살아지는 것'은 노예의 삶이다.

철학자
더 알아보기

카를 마르크스
Karl Marx

마르크스는 독일의 경제학자이자 정치학자, 철학자이자 혁명가다. 주요 저서로는 『독일 이데올로기』 『공산당 선언』 『자본론』 등이 있다.

경제학이나 정치학, 철학에 관심 없는 사람이라도 마르크스의 이름은 한 번쯤 들어봤을 것이다. 마르크스는 그만큼이나 인류 역사에 큰 영향을 미친 사상가이다. 그의 사상적 체계는 자본주의를 비판하는 데 초점이 맞춰져 있다. 마르크스는 "자본주의라는 체제는 필연적으로 노동자들을 착취한다."라고 말하며, 그 근거로 M-C-M'라는 자본의 일반 공식을 내세웠다. 난해한 용어들이 나온다고 거부감을 가질 필요는 없다. 의외로 내용은 간단하다.

M-C-M'에서 M은 자본가의 최초 자본Money, C는 최초 자본으로

구입한 노동력과 원료로 만든 상품Commodity, M'는 C를 팔아서 회수하는 자본을 의미한다. 여기서 중요한 것은 △M이다. △M이란 잉여가치로, M'와 M의 차액을 뜻한다. 이제 자본의 일반 공식을 아이스크림 가게를 예로 들어 설명해보자. 사장은 자신이 원래 가지고 있던 100만원으로 우유·설탕·냉장고·노동자…를 구입했다. 그리고 그 원료와 노동력을 가지고 아이스크림을 만들어 팔아 130만원을 벌었다. 이때 '100만원'은 M(최초 자본)이고, '아이스크림'이 C(상품)이고, '130만원'이 M'(회수 자본)이다. 그러니 △M(=M'-M), 즉 잉여가치는 '30만원(=130만원-100만원)'이 된다.

그렇다면 이 '30만원'의 잉여가치는 어디서 오는가? 마르크스는 이 잉여가치가 자본가(사장)가 아니라 노동자에 의해 형성된다는 점을 분명히 했다. 왜 그런가? 잉여가치는 어떻게 발생하는가? 누군가가 '아이스크림'을 구매해야 발생한다. '아이스크림'은 누가 구매하는가? 노동자다. 자본주의 체제에서 노동자가 만든 물건은 대부분 노동자가 다시 구매하게 된다. 자본가는 소수이고, 노동자는 다수이기 때문이다.

노동자가 자신들이 만든 물건을 다시 구매하지 않는다면 자본가는 결코 이윤을 남길 수 없다. 다시 말해, 노동자가 만든 물건을 노동자가 다시 구매함으로써 발생하는 이익을 자본가가 가져가는 구조가 바로 자본주의인 것이다. 이로써 마르크스는 자본주의가 노동자의 착취 없이는 지속할 수 없는 체제임을 매우 선명하게 밝혀냈다.

그뿐인가? 마르크스는 자본주의는 인간보다 화폐를 우위에 두는 체제이므로 자본주의 체제에서는 어떤 개체나 사물도 결국 자본의 양으로 측정될 수밖에 없다고 말했다. 그는 자본주의 체제에서는 결국 인간성마저도 하나의 상품으로 전락할 것이며, 이러한 맥락에서 자본주의가 지속되면 "보편적 매춘의 시대"가 열릴 것이라 전망했다. 서글프게도 지금 우리는 마르크스의 암울한 전망이 그다지 크게 틀리지 않았음을 확인하는 시대를 살고 있다.

[자본주의]

돈의 사회에서
돈의 주인으로
사는 법

루소

어떤 사람을 복종시킨다는 것은,
미리 그를 다른 사람이 없이는 살아가지 못하는
처지에 두지 않는 한 불가능한 일이다.

『인간 불평등 기원론』

노예의 시대

자본주의 시대는 노예의 시대다. 이는 비약이거나 과장이 아니다. 지금 대부분의 사람들은 돈이라는 주인을 섬기는 노예다. 만일 그렇지 않다면, 돈을 벌기 위해 하기 싫은 일을 매일 여덟 시간씩 하고, 은근한 비난과 모욕을 참고 견디며 꼴도 보기 싫은 인간들 앞에서 거짓 친절과 미소를 남발하는 삶을 설명할 길이 없다. 자본주의 사회에서 우리는 삶을 저당잡힌 채, 존엄을 포기하고 감정과 욕망을 숨기며 산다. 이것이 노예의 삶이 아니라면 무엇이란 말인가?

"그렇게 고생하며 돈을 벌어야 내가 원하는 삶을 살 수 있을 것 아니야!" 이렇게 반박하고 싶을지도 모르겠다. 이는 돈이 있어야 주인으로 살 수 있지 않겠냐는 주장이다. 이 주장은 유효할까? 정직하게 말해보자. 우리는 고되고 치사스럽게 번 돈을 정말 노예 부리듯 편하게 쓸 수 있을까? 돈 벌 때는 벌기 위해 이리저리 눈치 보고, 그 돈을 쓸 때도 '내가 이 돈을 어떻게 벌었는데…'라며 주저하고 망설이는 게 우리네 현실 아니던가?

우리는 돈의 주인이 아니다. 돈의 노예다. 돈을 부리는 게 아니라 돈을 모시며 산다. 이는 불편하고 불쾌하지만 분명한 사실이다. 하지만 이런 불행이 우리의 잘못만은 아니다. 지금은 돈 없이 할 수 있는 것이 거의 없는 시대다. 가족들과 맛있는 음식을 먹어도 돈이 들고, 연인과 커피 한잔하며 이야기를 나눠도 돈이 들고, 친구를 만나러 지하철을 타도 돈이 든다. 그러니 우리가 돈의 노예로 살 수밖에 없는 것은 어찌 보면 당연한 일이다.

=== **주인과 노예의 탄생**

그렇다면 우리는 왜 돈에 예속된 삶에서 벗어날 수 없을까? 처음부터 곰곰이 생각해보자. 우리는 왜 돈의 노예가 되었을까? 세상 사람들의 진단은 간단하다. "돈이 없으니까 그렇지!" 정말 그럴까? 우리는 돈이 없어서 돈의 노예가 된 것일까? 만일 그렇다면 돈 많은 사람은 돈의 노예가 아니어야 한다. 하지만 삶의 진실은 그렇지 않다. 돈 많은 사람들 역시 돈돈거리며 돈의 노예로 산다. 다만 그 액수가 평범한 사람들보다 조금 더 클 뿐이다.

우리가 돈의 노예가 된 것은 돈을 못 벌어서도, 돈이 없어서도 아니다. 본질적인 이유는 따로 있다. 그것은 '주인-노예'의 관계에 대한 문제다. '주인-노예'의 관계가 어떻게 시작되었는지 살펴보면, 우리가 왜 돈의 노예로 전락하게 되었는지 명료하게 알 수 있다. "주인과 노예는 어떻게 탄생했을까?" 이 질문에 대한 답은 근대 사회의 사유재산제에 대해 누구보다 날카로운 사유를 보여주었던 철학자, 루소에게 들어보자.

> (주인과 노예 사이의) 굴종의 끈은 사람들의 상호 의존과 그들을 결합시키는 서로의 욕구가 있지 않으면 성립되지 않는다. 그러므로 어떤 사람을 복종시킨다는 것은, 미리 그를 다른 사람이 없이는 살아가지 못하는 처지에 두지 않는 한 불가능한 일이다. — 『인간 불평등 기원론』

루소는 주종 관계, 그러니까 '주인-노예'의 관계는 서로를 결합시키는 서로의 욕구가 있어야 성립된다고 말한다. 루소의 논의는 어렵지 않다. 루소에 따르면, 주종 관계가 성립되기 위해서는 왕처럼 군림하고 싶은 사람과 신하처럼 복종하고 싶은 사람, 그 둘의 "상호 의존과 그들을 결합시키는 서로의 욕구"가 필요하다. 하지만 여기에는 한 가지 의아한 점이 있다.

인간에게는 누구나 자유에 대한 욕구가 있다. 그러니 더 많은 자유를 누릴 수 있는 왕이나 주인이 되려는 욕구는 쉽게 이해할 수 있다. 하지만 스스로 자유를 포기해야 하는 신하나 노예가 되려는 욕구는 좀처럼 이해하기 어렵다. 가능하다면 누구나 군림하는 왕(주인)이 되고 싶지, 복종하는 신하(노예)가 되고 싶지 않은 것이 인지상정 아닌가? 그렇다면 이 부자연스러워 보이는 '노예'의 욕구는 대체 어디서 온 것일까? 이 질문에 루소는 이렇게 답한다.

"어떤 사람을 복종시킨다는 것은, 미리 그를 다른 사람 없이는 살아가지 못하는 처지에 두지 않는 한 불가능한 일이다." 이는 어떤 의미일까? 루소는 인간의 불평등이 어디서부터 기원했는지를 낱낱이 밝힌다. 이 인간 불평등의 기원을 통해 스스로 '노예'가 되려는 욕구의 정체를 규명할 수 있다.

━━━ 인간 불평등의 기원을 찾아서

처음으로 어떤 땅에 울타리를 치면서 "여기는 내 땅이다."라고 스스로 말하고, 다른 사람들이 이 말을 믿을 만큼 단순하다는 사실을 알아낸 인간이야말로 문명사회의 진짜 창시자다. ─ 『인간 불평등 기원론』

인간의 불평등은 어디서부터 시작되었을까? 루소의 논의는 어렵지 않다. 다섯 명이 배를 타고 가다가 신대륙을 발견했다고 가정해보자. 그중 A라는 사람이 가장 먼저 땅에 내렸다. 그리고 땅에 금을 그으며 "여기는 내 땅이다!"라고 주장했다. "다른 사람들이 이 말을 믿을 만큼 단순하다는 사실을 알아"낸 A는 그 땅에서 열리는 과실역시 모두 자신의 것이라고 주장했다.

그렇다면 A를 제외한 나머지 네 사람은 어떻게 되었을까? A에게 농사지을 땅을 빌려 달라고 부탁해야 하는 처지가 되었다. 왜냐하면 A가 신대륙의 모든 땅을 자기 것이라 공표했고, 나머지 네 사람은 얼떨결에 그 공표에 동의해버렸기 때문이다. 그들은 굶어 죽지 않으려면 A의 소작농이 될 수밖에 없었다. 이제 A는 소작농이 된 나머지 넷에게 이렇게 말할 수 있게 되었다. "땅을 빌려줄 테니 수확물의 반을 가져와!" 주인과 노예의 관계는 이렇게 시작된다. 이것이 루소의 『인간 불평등 기원론』의 핵심이다.

배에서 늦게 내린 네 사람은 왜 노예가 되었나? A가 먼저 땅에 금을 긋고 그 땅을 자기 것이라 공표함으로써 나머지 네 사람을 "다른 사람 도움 없이는 살아가지 못하는 처지"에 두었기 때문이다. 이제 우리는 '노예'의 욕망이 어디서 오는지 알 수 있다. 누군가에게 복종하고 싶은 마음은, 그 누군가가 우리를 미리 "다른 사람의 도움 없이는 살아가지 못하는 처지"에 두지 않는 한 생길 수 없다. 그렇다면 여기서 그 '누군가'는 누구일까? 그는 땅에 처음 금을 긋고 그 땅이 자기 것이라고 주장한 자, 바로 A다. 루소는 그 A야말로 "문명 사회(사유재산제를 인정하는 근대 사회)의 진짜 창시자"라고 말한다.

루소의 논의는 터무니없는 가설일까? 그렇지 않다. 인류의 모든 부富의 기원은 땅이다. 땅이 없다면 쌀을 팔 수도 살 수도 없다. 땅이 없다면 고기를 팔 수도 살 수도 없다. 땅이 없다면 월세를 받을 수도, 사업을 할 수도 없다. 즉, 어떤 사람이 어떤 종류의 부를 갖고 있건, 그 부가 어디서 왔는지를 끝까지 거슬러 추적해보면 그것은 모두 땅으로부터 왔다. 이는 누구도 부정할 수 없는 삶의 진실이다.

그렇다면 이제 땅과 인간의 관계를 생각해보자. 세상에 땅이 먼저 있었겠는가, 인간이 먼저 있었겠는가? 당연히 땅이다. 그러니 애초에 땅의 주인은 존재할 수 없다. 인간보다 먼저 존재한 것에 대해 어떻게 소유권을 주장할 수 있단 말인가? 땅은 누구의 것도 아니기에 모두의 것일 수밖에 없다. 처음으로 누군가 땅을 소유했다면, 그것은 그가 모두의 땅을 자신의 땅이라 주장했기 때문일 뿐이다. 그렇게 누군가가 (누구의 것도 아닌 모두의 것인) 땅에 금을 긋고 소유권을 공표한 최초의 황당한 주장이 바로 인간이 겪고 있는 모든 불평등의 기원이다.

이제 우리가 왜 돈의 노예가 되었는지 알 수 있다. 루소의 말을 빌리자면, 우리는 돈 없이 살아갈 수 없는 처지에 놓여 있기에 돈에 복종할 수밖에 없는 노예가 된 것이다. 우리에게는 삶의 주인으로서 자유롭게 살고 싶은 소망이 있다. 하지만 이 소망은 자본주의라는 체제 아래 너무 쉽게 교살되고 만다. 자본주의는 돈 없이 최소한의 생존조차 어려운 체제를 이미 구축해놓았기 때문이다.

돈에 끌려다니는 삶에 지쳐 산속에 들어가 살겠다고 결심한 이가 있다고 해보자. 그의 꿈은 실현될 수 있을까? 쉽지 않을 테다. 인적이 닿지 않는 산간 오지조차 이미 누군가의 소유일 테니 말이다. 이처럼 자본주의는 우리로부터 모든 것을 포기하고 자연으로 돌아갈 기회마저 앗아가버렸다. 그러니 어찌 우리에게 돈에 복종하고자 하는 '노예'의 욕구가 생기지 않을 수 있겠는가? 이 안타까운 '노예'의 욕구 때문에 자본주의 사회에서 '주인(돈)-노예(인간)' 관계는 공고할 수밖에 없다.

그렇다면 누구의 소유도 아닌 산을 발견한다면 어떨까? 즉, 자본주의 밖의 공간, 쉽게 말해 돈 없이도 살아갈 수 있는 자연적 공간이 마련된다면 우리는 돈에 끌려다니는 삶으로부터 벗어날 수 있을까? 그 역시 쉽지 않은 일일 테다. 이에 대해 루소는 이렇게 말한다.

> 사회화하여 노예가 된 인간은 약해지고 겁 많고 비굴해지며, 생활
> 방식이 무기력하고 유약해지다가, 결국은 힘과 용기 모두가 꺾인다.
> ─『인간 불평등 기원론』

　자본주의의 역사를 돌아보자. 초기 자본주의는 인간을 나약하게 만듦으로써 돈의 노예로 전락시켰다. 자본주의는 인간으로 하여금 힘들게 농사짓고 사냥하고 집을 짓는 대신, 편하게 돈을 내고 쌀·고기·집을 사라고 유혹했다. 그 유혹에 넘어간 인간은 점점 돈을 벌어 쌀·고기·집을 사는 것에 익숙해졌고, 대신 농사짓는 법·사냥하는 법·집 짓는 법은 잊어버리게 되었다. 그렇게 인간은 점점 돈을 매개하지 않고는 살아갈 수 없는 나약한 존재가 되었다.

　루소의 말처럼, "사회화"한다는 것은 '노예화'한다는 말과 다르지 않다. 그 "사회화(자본주의화)" 때문에 "인간은 약해지고 겁 많고 비굴해지며, 생활 방식이 무기력하고 유약해지다가, 결국은 힘과 용기 모두가 꺾인다." 1700년대 루소의 진단은 지금 우리네 삶을 놀랍도록 꿰뚫어 보고 있다. 만일 자본주의 밖의 공간이 있다 하더라도, 지금 우리는 그곳에서 살아가기 매우 어렵다. 우리는 돈을 매개하지 않고 삶을 꾸려나갈 강건함을 이미 잃었기 때문이다. 그러니 우리가 돈에 복종하는, 심지어 복종하고 싶어 하는 존재가 된 것은 당연한 일인지도 모른다.

━━━ 어떻게 돈의 주인이 될 수 있을까?

그렇다면 우리는 어떻게 돈의 노예가 아닌 주인이 될 수 있을까? 다시 루소의 이야기로 돌아가자.

> 벌거벗고 산다거나, 집이 없다거나, 우리가 꼭 필요하다고 믿는 온갖 무용지물을 갖고 있지 않다고 해서, 이 최초의 인간들이 크게 불행한 것도 아니고 그들이 자신을 보존하는 데 큰 장애가 되는 것도 아니다. ―『인간 불평등 기원론』

루소는 원시 사회에서 살았던 "최초의 인간들"이 "크게 불행한 것도 아니고 그들이 자신을 보존하는 데 큰 장애"를 겪는 것도 아니라고 말한다. 벌거벗고 산다거나 집이 없다고 해서 그들은 크게 불행하지 않았다. 오히려 "우리가 꼭 필요하다고 믿는 온갖 무용지물" 때문에 우리가 불행하다. 이는 명백한 사실이다.

아파트에 살고 승용차를 몰며 온갖 쇼핑을 즐기는 문명인으로 사는 것이 행복한 삶처럼 보이지만, 이는 사실 돈의 노예로 산다는 말과 다르지 않다. 이것이 얼마나 불행한 삶인지 우리는 이미 잘 알고 있다. 아파트 대출을 갚기 위해, 자동차 할부금을 내기 위해, 쇼핑한 카드값을 지불하기 위해 우리네 삶은 얼마나 불행해졌던가. 그렇다면 돈의 예속으로부터 벗어나기 위해 우리는 원시 사회의 삶으로 돌아가야 하는 것일까?

벌거벗고 살아야 할까? 농사짓는 법을 배워야 할까? 사냥하는 법을 배워야 할까? 그래서 전前 자본주의적 삶, 즉 돈을 매개하지 않고 직접 삶에 필요한 자원들을 얻는 삶으로 돌아가야 할까? 대중적인 방법은 아니겠지만 그것도 하나의 대안이 될 수 있다. 자본주의적 삶에 지친 이들이 선택하는 '귀농'은 엄밀히 말해, 어느 정도 전前 자본주의적 삶으로 돌아가려는 시도이니까 말이다. 하지만 이 역시 우리가 선뜻 선택할 수 있는 대안은 아니다.

▅▅▅ '생존의 공포'와 '소비의 욕망' 너머

돈의 노예가 되지 않는 근본적인 방법은 무엇일까? 돈을 매개하지 않는 삶의 영역을 확장하는 일이다. 각자의 삶에서 돈을 매개하지 않는 삶의 영역을 확장하는 만큼 돈의 예속으로부터 벗어날 수 있다. 조금 더 구체적으로 말해보자. 지금 우리에게는 돈을 매개하지 않는 삶의 영역이 거의 없다. 왜 그런가? '생존의 공포'와 '소비의 욕망' 때문이다. 돈이 없으면 생존하지 못할까 봐 두렵다. 반대로 돈이 있으면 모든 상품을 살 수 있을 거란 욕망에 휩싸인다. 이것이 자본이 우리를 지배하는 방식이다.

자본의 원동력은 공포와 욕망이다. 그렇다면 어떻게 이 공포와 욕망을 넘어설 수 있을까? 사랑이다. 자본의 반대편에는 사랑이 있다. 무언가를 사랑하게 되었을 때 우리는 공포와 욕망 너머로 나아갈 수 있다. 돈(자본)을 매개하지 않는 삶의 영역을 확장하는 법은 간명하다. 사랑의 영역을 확장하는 것이다. 구체적으로 말해, 사랑하는 이와 사랑하는 일이 있으면 된다. 오직 사랑(사랑하는 이와 사랑하는 일)을 통해서만 생존의 공포와 소비의 욕망을 넘어설 수 있다. 이것은 세상 물정 모르는 순진한 소리이거나 뜬구름 잡는 허황된 이야기가 결코 아니다.

━━━ '돈벌레'와 '소비요정'의 사랑

'돈벌레'를 알고 있다. 지긋지긋한 가난에 상처받았던 아이는 어른이 되어 돈벌레가 되었다. 생존의 공포에 짓눌린 돈벌레는 온통 돈 생각밖에 하지 않았다. 그에게 돈을 매개하지 않는 삶의 영역은 없었다. 그런 돈벌레에게 사랑하는 이가 생겼다. 첫눈에 반할 만큼 매혹적인 이를 사랑하게 되었다. 그는 사랑에 빠진 후에도 여전히 돈을 벌었다. 하지만 그는 더 이상 '돈벌레'가 아니었다.

평일에 하루 정도는 가게를 닫고 사랑하는 이와 여행을 갔고, 힘들게 모은 적금을 깨서 그녀 부모의 병원비를 내어주었으니까. '돈벌레'에게 돈을 매개하지 않는 삶의 영역은 점점 확장되었다. 그렇게 그는 '돈의 노예'에서 '삶의 주인'이 되어 갔다. 생존의 공포보다 더 큰 공포가 생겼기 때문이다. 그녀가 없는 삶의 공포. 그 공포의 이름은 바로 사랑이다. 그렇게 '돈벌레'는 사랑으로 '인간'이 되었다.

'소비요정'을 알고 있다. 집·차·옷·시계·스마트폰 등 갖고 싶은 것이 많았던 아이는 어른이 되어 '소비요정'이 되었다. 소비의 욕망에 휩싸인 소비요정은 온통 쇼핑 생각밖에 하지 않았다. 그녀에게 돈을 매개하지 않는 삶의 영역은 없었다. 소비하려면 돈이 필요하니까. 그런 소비요정에게 사랑하는 일이 생겼다. 우연히 사진을 찍은 경험에 매료되어 사진 찍는 일을 사랑하게 되었다.

그녀는 사랑에 빠진 후에도 여전히 소비를 했다. 하지만 그녀는 더 이상 '소비요정'이 아니었다. 사랑하는 일을 하는 데 필요한 소비 외에는 딱히 소비하고 싶은 욕망이 들지 않았으니까. '소비요정'에게 돈을 매개하지 않는 삶의 영역은 점점 확장되었다. 그렇게 그녀는 '돈의 노예'에서 '삶의 주인'이 되어 갔다. 소비의 욕망보다 더 큰 욕망이 생겼기 때문이다. 사진을 향한 욕망. 그 욕망의 이름은 바로 사랑이다. 그렇게 '소비요정'은 사랑으로 '인간'이 되었다.

생존의 공포와 소비의 욕망은 집요하고 강렬하다. 그 공포와 욕망을 넘은 만큼 우리는 돈을 매개하지 않는 삶의 영역을 확장할 수 있다. 그 영역을 확장한 만큼 돈의 노예가 아니라 삶의 주인이 될 수 있다. 그 확장은 오직 사랑으로만 가능하다. 어떤 이를 진심으로 사랑하게 될 때, 또 어떤 일을 진심으로 사랑하게 될 때, 우리는 자본의 논리 너머 인간적인 삶 속으로 되돌아올 수 있다. 돈 때문에 고통받고 있는가? 그렇다면 '자본(돈)'에서 눈을 떼고 '사랑'으로 시선을 돌려야 할 때다.

철학자
더 알아보기

| 장자크 루소
| Jean-Jacques Rousseau

　루소는 18세기 프랑스의 철학자이자 소설가다. 주요 저서로는 『인간 불평등 기원론』 『에밀』 등이 있다. 루소는 근대 정치철학의 중심에 있는 위대한 철학자다. 그의 사유를 이해하려면 『인간 불평등 기원론』을 조금 더 알아둘 필요가 있다.

　루소의 사유는 사유재산제를 부정하는 데에서 출발한다. 그는 근대 시민사회의 토대인 사유재산제가 허구라고 일갈한다. 더 나아가 사유재산제야말로 세계의 갈등을 조장하는 역사적 비극의 근원이라고 주장한다.

　루소는 국가와 법률이 사유재산제를 유지하기 위한 억압 장치라고 말한다. 그에 따르면 "사회 법률은 약자에게 새로운 구속을 부가하고 부유한 자에게는 새로운 힘을 주어 자연의 자유를 영원히 파괴하는가 하면, 사유재산과 불평등의 법률을 영구히 고정하고 교묘한 약탈을 권리로 확립해 몇몇 야심가의 이익을 위해 인류를 영원한 노동과 예속, 빈곤에 복종시키는 것"이다. 이러한 루소의 사유는 우리 시대가 은폐해놓은 삶의 진실을 폭로한다.

돈 있고 힘 있는 사람들은 온갖 범법을 저지르고도 유유히 법망을 빠져나가는 것이 우리 시대의 익숙한 풍경 아닌가. 또한 돈 없고 힘없는 사람들에게만 엄격하고 때로는 가혹한 것이 우리 시대 국가와 법률의 모습이다. 어떤 이에게 루소의 사유는 혁명적이고 급진적이게 느껴질 수 있다. 하지만 삶의 진실은 때로 혁명적이고 급진적인 사유를 통해서만 드러낼 수 있는 법이다. 21세기의 우리는 18세기의 루소보다 정말 진보적인 생각을 하며 살고 있는 것일까?

모든
경제적 문제는
정치적 문제다

클라스트르

권력이라는 정치적 관계는

착취라는 경제적 관계에 선행하며,

그것을 만들어낸다.

소외는 경제적 소외이기 이전에 정치적 소외다.

『국가에 대항하는 사회』

━━ 경제적으로 쫓기며 사는 이유

9억 6104만 원. 서울 아파트 평균 매매가격(2024년 1월 기준)이다. 웬만큼 돈을 잘 벌지 않고서야 서울에서 집을 살 엄두조차 낼 수 없다. 만약 집을 샀다면 거의 모든 경제적 여유를 포기하고 대출을 갚으며 살아야 한다. 매일 아침 경기도에서 서울로 오는 버스가 만원인 것은 당연한 일이다. 9,860원. 최저시급(2024년 기준)이다. 한 시간을 정신없이 일해도 제대로 된 밥 한 끼 사먹을 수가 없다. 그렇게 한 달을 정신없이 일해도 삶을 향유할 만한 경제적 여유는 언감생심이다. 이것이 지금 우리가 처한 경제적 현실이다.

돈 많은 사람들이야 좋은 집에 좋은 차에 좋은 음식 먹으며 여유 있게 살지만, 대부분의 평범한 사람들은 언제나 돈에 쫓기며 살 수밖에 없다. 대학생 때는 학비, 결혼해서는 대출금, 나중에는 아이들 사교육비까지 우리는 늘 돈에 쪼들리며 산다. 우리는 왜 늘 경제적으로 쫓기며 사는 걸까? 성실하지 못해서? 무능력해서? 그럴지도 모르겠다. 경제적으로 쫓기며 사는 사람들 중 무능하고 불성실한 사람이 왜 없을까? 하지만 그런 이들은 소수다.

꽤 괜찮은 대기업에서 햇수로 칠 년을 일했다. 그곳에서 만난 사람들은 대체로 유능했고, 하나같이 성실하다 못해 근면해야 한다는 강박에 시달리는 이들이었다. 하지만 그런 유능하고 성실한 이들 중 경제적으로 쫓기지 않는 사람은 거의 없었다. 고된 업무를 마치고 삼삼오오 모여 술 한잔할 때면 모두들 "집 대출금 때문에 숨이 막힌다." "아이들 학원비 대려면 대리 운전이라도 해야겠다."라며 잿빛 이야기만 반복했다.

청년들은 또 어떤가? 그네들 역시 돈에 쪼들리며 산다. 그들이 무능하고 불성실하기 때문일까? 유능함으로 따지자면, 요즘 대학생들만 한 이들도 없다. 각종 자격증에 유창한 외국어까지, 요즘 대학생들을 두고 단군 이래 최고의 인재라고 평가하는 것은 단순한 과장이 아니다. 성실함은 또 어떤가? 예전의 대학생들이 강의 시간을 피해 아르바이트를 했다면, 요즘 대학생들은 아르바이트 시간을 피해 강의를 들어야 할 정도로 바쁘게 산다. 그 와중에 틈틈이 시간을 내서 외국어 공부, 동아리 활동, 공모전 등 취업에 도움이 될 만한 활동들까지 한다. 이들보다 성실하기도 쉽지 않다.

━━━ 경제적인 것은 정치적인 것의 파생물이다

그러니 이상한 일이다. 청년이든 장년이든, 유능하고 성실한 이들조차 경제적으로 쫓기며 사는 것은 이상한 일 아닌가? 이런 이상한 일은 왜 일어나게 됐을까? 경제적인 문제를 경제적인 방법으로 해결하려고 했기 때문이다. 쉽게 말해, 돈에 쪼들리는 문제를 돈을 더 벌거나 돈을 덜 쓰는 방법으로 해결하려고 했기에, 우리 모두 경제적으로 쫓기는 상황에서 벗어날 수 없게 된 것이다.

의아할지도 모르겠다. 경제적인 문제를 경제적인 방법으로 해결하는 것은 당연한 일 아닌가? 그렇지 않다. 이는 단기적으로 효율적인 방법일 수 있으나 근본적으로 효과적인 방법은 아니다. 그렇다면 우리가 경제적으로 쫓기며 사는 진짜 이유는 무엇인가? 원주민 사회를 탐험하며 보다 인간적인 공동체를 고민했던 정치인류학자, 피에르 클라스트르에게 답을 구해보자.

> 권력이라는 정치적 관계는 착취라는 경제적 관계에 선행하며, 그것을 만들어낸다. 소외는 경제적 소외이기 이전에 정치적 소외다.
> —『국가에 대항하는 사회』

클라스트르는 만일 누군가가 경제적으로 소외되었다면, 그것은 "경제적 소외이기 이전에 정치적 소외"라고 말한다. 이것이 무슨 뜻인가? 유능하고 성실함에도 불구하고 경제적으로 쫓기며 산다면, 그것은 경제적인 문제가 아니라 정치적인 문제라는 의미다. 정상적인 공동체라면, 유능하고 성실한 이들이 경제적으로 쫓기며 사는 일은 일어나지 않는다. 만일 그런 일이 일어난다면, 그것은 누군가가 유능하고 성실한 이들의 것을 착취하고 있기 때문이다.

지금 우리 사회는 정상적인 공동체를 벗어나 있다. 누군가가 유능하고 성실한 이들의 것을 착취하는 사회이기 때문이다. 그 착취하는 자가 누구인가? 바로 정치적 관계에 의해 출현하는 권력자이다. "권력이라는 정치적 관계는 착취라는 경제적 관계에 선행한다." 클라스트르의 말을 이제 이해할 수 있다. 경제적인 문제는 결국 정치적인 문제 때문에 발생한다는 의미다. 이에 대해 클라스트르는 "경제적인 것은 정치적인 것의 파생물"이라고 밝힌 바 있다. 우리가 겪고 있는 많은 경제적 문제는 정치적 문제의 파생물이다.

▬▬▬ '정치'란 무엇인가?

정치란 무엇인가? 어려울 것 없다. 정치는 '함께 사는 법'을 구현하는 일이다. 흔히 '정치'라고 하면, 선거·출마·투표·당선·정치인

(시의원·시장·도지사·국회의원·대통령…)·입법과 같은 단어들이 떠오르게 마련이다. 이는 우리가 '함께 사는 법'이 '선거'에 '출마'하여 '투표'를 통해 '당선'된 '정치인'의 '입법' 활동을 통해 구현되기 때문이다. 대의민주주의 하에서는 투표를 통해 당선된 사람(정치인)이 '함께 사는 법'의 방향을 결정하는 권력자가 된다. 바로 여기에 유능하고 성실한 이들조차 경제적으로 쫓기며 살 수밖에 없는 이유가 있다.

정치적 관계(선거·출마·투표·당선)를 통해 등장한 권력자(정치인)는 경제적 관계에서 크고 작은 착취를 유발한다. 정말 그렇지 않은가? 우리는 왜 대출금에 쪼들리며 사는가? 그것은 '정치(정치인·정부)'가 집값이 오르는 정책을 시행(혹은 묵인·방조)했기 때문이다. 우리는 왜 매일같이 일하고도 경제적으로 쫓기며 사는가? 그것은 '정치'가 최저 임금을 낮게 책정했기 때문이다. 이처럼 우리의 경제적인 문제는 모두 정치적인 문제의 파생물일 뿐이다. 그러니 경제적인 문제를 경제적인 방법으로 해결하려는 시도는 얼마나 무의미하고 어리석은가? 그렇다면 지금 우리가 처한 경제적 곤경을 어떻게 해결할 수 있을까?

결정적인 것은 분명 정치적 단절이지, 경제적 변화가 아니다. — 『국가에 대항하는 사회』

클라스트르의 해법은 간명하다. 경제적인 문제에서 눈을 떼고 정치적인 문제로 눈을 돌리면 된다. 모든 경제적 문제는 정치적 문제의 파생물이니까 말이다. 우리가 처해 있는 경제적 문제를 해소하는 데 "결정적인 것은 분명 정치적 단절이지, 경제적 변화가 아니다." 이제 부조리한 경제적 곤경으로부터 벗어날 수 있는 근본적 해법을 알겠다. "정치적 단절"이다. 이는 어떤 의미인가?

▬▬ '정치적 단절'은 무엇인가?

클라스트르에 따르면, '국가' 자체가 정치적인 것의 산물이다. 그러니 "정치적 단절"은 '국가' 논리로부터의 단절을 의미한다. 즉, 진정한 의미에서의 "정치적 단절"은 지금의 국가적 공동체 너머 다음 공동체를 지향하는 일이다. 이는 분명 옳은 이야기다. 국가(정치)적 논리가 없다면 세상 사람들을 억압하고 착취하는 자본주의(경제)적 논리 역시 애초에 가능하지 않다. 국가(정치)가 있어서 자본주의(경제)가 가능한 것이지, 자본주의(경제) 때문에 국가(정치)가 가능한 것은 아니니까 말이다.

그러니 국가(정치)와 단절하면 결정적인 "경제적 변화"를 촉발할 수 있다. 쉽게 말해, 국가를 없애면 경제적인 문제 역시 해결할 수 있다. 이는 근본적radical 해법이다. 근본적 해법은 옳다. 하지만 근본적radical 해법은 급진적radical이기도 하기에 때로 허황된 이야기처럼 들리기도 한다. 지금처럼 국가주의적 혹은 자본주의적 논리가 견고한 시대에 이런 "정치적 단절"은 공허하게 들린다.

'옳음'은 언제 '좋음'이 되는가? '옳음'이 방향성이 될 때다. '옳음'이 방향성이 아니라 목적이 될 때 '옳음'은 때로 '나쁨'이 되기도 한다. 골고루 먹는 것은 건강에 좋다. 이보다 건강에 '옳은' 근본적 해법도 없다. 하지만 때로 편식이 필요하다. 몸이 병약해져서 입맛이 없을 때는 편식으로 먼저 입맛을 돋우어야 하지 않겠는가? 골고루 먹는 것(근본적 해법)은 건강에 좋다. 하지만 그것 자체가 목적이 될 때 되려 건강을 해칠 수도 있다.

"정치적 단절" 역시 그렇다. 이 근본적 해법은 의심할 여지 없이 옳다. 하지만 이 "정치적 단절"이 어떤 경우에도 당장 실현되어야 하는 맹목적인 조바심이 될 때 또 다른 억압과 폭력은 탄생하게 된다. 당장 모든 국가적 논리와 단절해야 한다는 강요는 그 자체로 억압이고 폭력이니까 말이다. 더 인간다운 삶을 위해 "정치적 단절"을 해야 하는 것이지, "정치적 단절" 그 자체가 목적일 수는 없다.

▬▬ '추장제'라는 정치적 단절

그렇다면 건강을 위한 '편식'으로써 "정치적 단절"은 무엇일까?

여기서 잠시 우리의 삶에서 눈을 떼고 원주민 사회로 시선을 돌려보자. 정치인류학에 따르면, 원주민 사회는 경제적 착취가 일어나지 않는 사회였다. 쉽게 말해, 우리처럼 먹고사는 문제에 쫓기지 않고 누구나 삶을 향유하며 살아갈 수 있는 사회였다. 원주민 사회는 어떻게 그럴 수 있었을까? 달리 말해, 원주민 사회는 어떻게 "정치적 단절"을 통해 경제적 문제를 해결했던 것일까? 그 비밀은 원주민 사회의 '추장제'에 있다.

> 추장은 자기의 재화에 대해 집착해서는 안 된다. '피지배자'들의 끊임없는 요구를 거절할 수 없다. 거절하는 것은 곧 스스로를 부정하는 것과 같다. … 추장은 형을 언도하는 재판관이라기보다 타협점을 찾는 중재자이다. ─『국가에 대항하는 사회』

원주민 사회의 추장제는 묘하다. 추장은 '권위'가 있을 뿐 '권력'이 없다. 추장은 대통령(혹은 국회의원)과 다르다. 대통령에게는 "'피지배자'들의 끊임없는 요구를 거절"하거나 심지어 피지배자들을 착취할 수 있는 권력이 있다. 하지만 추장에게는 그럴 '권력'이 없다. 그저 피지배자들과 '함께 사는 법'을 구현함에 있어서 "타협점을 찾는 중재자" 역할을 할 '권위'만 있을 뿐이다. 심지어 그 '권위' 역시 피지배자(원주민)들이 언제든 부정할 수 있다.

추장은 자기의 재화에 대해 집착해서는 안 된다. "피지배자(원주민)들의 끊임없는 요구를 거절할 수 없다." 그것을 "거절하는 것은 곧" 자신이 추장이라는 사실을 "스스로 부정하는 것과 같다." 실제로 어느 원주민 사회의 추장의 집은 언제나 열려 있다. 원주민들은 언제든 추장의 집에 들어가 원하는 것을 가져올 수 있다. 만약 추장이 그것을 거부한다면, 원주민들은 그를 추장으로 인정하지 않는다. 이것이 바로 원주민 사회의 "정치적 단절"이다. 이 정치적 단절은 바로 불평등의 금지를 의미한다. 이런 불평등의 금지를 체화한 이들의 삶은 어떤 모습일까?

▬▬ 불평등의 금지

국가 없는 사회, 원시 사회의 경제적 작용 속에서 좀 더 잘사는 자와 못사는 자의 차이를 만들어낼 수 있는 것은 아무것도 없다. 왜냐하면 그곳에는 이웃보다 더 많이 일하거나 더 많이 갖거나 더 낫게 보이고자 하는 이상한 욕망을 가진 자가 한 사람도 없기 때문이다. 전원에게 동등하게 나누어진 물질적 필요를 충족시키는 능력과 재화의 사적 축적을 막는 지속적인 교환은 그러한 욕망, 즉 사실은 권력의 욕망인 소유의 욕망을 자연스럽게 불가능하도록 만든다. 최초의 풍요로운 사회인 원시 사회는 과도한 풍요로움을 향한 욕망을 허용하지 않는다. — 『국가에 대항하는 사회』

원주민 사회의 "정치적 단절"은 경제적 작용을 만들어낸다. 어떤 경제적 작용인가? "좀 더 잘사는 자와 못사는 자의 차이를 만들어낼 수" 없게 하는 작용이다. 이 경제적 작용은 국가(자본주의)적 사회 구성원들의 뒤틀어진 욕망(탐욕·시기·질투)을 바로 세운다. 원주민 사회에서는 "이웃보다 더 많이 일하거나 더 많이 갖거나 더 낫게 보이고자 하는 이상한 욕망"이 애초에 발생하지 않는다. 이는 우리에게는 낯설게 보이지만 추장제 사회에서는 당연한 일이다.

추장은 원주민들에게 존중과 관심, 인정을 받지만 그의 삶은 고되고 가난하다. 반대로 원주민들은 추장에 비해 존중과 관심, 인정을 받지는 못하지만 그들의 삶은 상대적으로 편안하고 부유하다. 이렇게 원주민 사회는 모두가 평등한 존재로 살아갈 수 있도록 "정치적 단절"을 구축하고 있다. 클라스트르에 따르면, 이런 사회는 "권력의 욕망인 소유의 욕망을 자연스럽게 불가능하도록 만든다." 추장제의 원주민 사회는 "최초의 풍요로운 사회"이고, 이 사회는 "과도한 풍요로움을 향한 욕망을 허용하지 않는다."

━━ 우리 시대의 "정치적 단절"

원주민 사회의 추장제가 우리에게 주는 교훈은 무엇인가? 우리 역시 당장 대통령제를 폐기하고 추장제를 시행해야 한다는 것인가? 추장제의 교훈은 '정치적 권력'을 늘 감시하고 견제하여 통제해야 한다는 것이다. 추장은 일정한 힘을 갖지만 그것은 언제나 원주민들의 감시와 견제, 통제의 대상이다. 이 추장제의 교훈을 통해 우리가 할 수 있는 "정치적 단절"의 실마리를 찾을 수 있다. 우리는 어떻게 "정치적 단절"을 이룰 것인가? '정치'를 통해 "정치적 단절"을 이루는 것부터 시작해야 한다.

정치는 '함께 사는 법'을 구현하는 일이다. 이때 권력자가 누구를 중심으로 함께 살려고 하는지에 따라 평범한 이들의 삶의 질은 현격히 달라진다. 결국 정치는 '한정된 자원을 어떻게 배분할 것인가?'라는 구체적인 문제로 귀결되기 때문이다. 어떤 권력자의 '정치'는 힘 있는 자와 돈 있는 자를 중심에 둔 '함께 사는 법'이다. 이들의 '정치'를 방관할 때 힘 있는 자와 돈 있는 자들은 더 부유해지고, 힘없는 자와 돈 없는 자들은 더 가난해질 수밖에 없다. 보수 정권이 권력을 잡았을 때, 기업의 법인세와 증여세를 낮추고, 최저 임금 인상에 미온적이며, 부가가치세(전 국민이 부담하는 세금)를 인상하려 했던 일들은 이러한 사실을 너무 잘 보여주지 않는가?

바로 여기서 우리의 "정치적 단절"이 필요하다. 우리에게 필요한 것은 '권력자'가 아니라 '추장'이다. '추장제' 같은 '정치'가 필요하고, '추장' 같은 '정치인'들이 필요하다. 그렇게 불평등의 금지를 추구해야 한다. 그것은 구체적으로 어떻게 가능한가? 권력자(정치인)가 가진 권력을 조금씩 제거하는 방향으로 나아가야 한다. 정치(시위·선거·투표…)를 통해, 정치인을 감시하고 견제하여 통제해야 한다. 부동산 투기를 조장하는 정치인(혹은 정당)들과 법인세와 증여세를 낮추려는 정치인(혹은 정당)들을 비판해야 한다. 사회적 약자를 위한 복지 정책과 최저 임금 인상에 미온적인 정치인(혹은 정당)들에게 투표하지 말아야 한다. 그렇게 권력자의 권력을 점점 제거하여 조금씩 더 추장제 같은 정치를 향해 나아가야 한다.

━━━ '정치'가 필요하다

정치적 문제보다 경제적 문제를 더 중요하게 여기는 경향이 있다. 일견 이해도 된다. 정치는 '우리'의 문제이지만 경제는 '나'의 문제이니까. 하지만 '나'는 언제나 '우리' 안에 있다. 그래서 해결되지 않은 '우리'의 문제는 고스란히 '나'의 문제로 되돌아온다. 특히나 경제적 문제는 더욱 그렇다. 클라스트르의 말처럼, "소외는 경제적 소외이기 이전에 정치적 소외"이기 때문이다.

'나'의 경제적 문제에 쫓겨 '우리'의 정치적 문제를 외면하는 순간 우리는 시지프스의 운명에 놓이게 된다. 평생 무거운 바위를 들어올리며 살아야 하는 서글픈 시지프스의 운명. 먹고사는 것보다 더 중요한 문제도 없다. 이러한 경제적 문제를 해결하기 위해서는 각자만의 방식으로 정치에 개입해야 한다. 더 정확히는 각자만의 방식으로 "정치적 단절"을 해야 한다.

어떤 방식이든 좋다. 불평등을 금지할 수 있는 정치적 단절이면 된다. 기존의 정치적 권력을 감시·견제·통제하여 조금 더 추장다운 정치인이 정치를 할 수 있는 공동체로 나아갈 방법을 모색하면 된다. 그럴 수 있을 때, 우리는 먹고사는 문제에 덜 쫓기며 살 수 있다. 그렇게 한 걸음씩 나아가다 보면, 언젠가 국가 공동체 너머 진정으로 인간다운 공동체를 만나게 될 수 있지 않을까?

철학자
더 알아보기

▌피에르 클라스트르
Pierre Clastres

  클라스트르는 프랑스의 대표적인 정치인류학자이다. 주요 저서는 『폭력의 고고학』과 『국가에 대항하는 사회』가 있다. 클라스트르를 이해하기 위해서는 그의 저서 『국가에 대항하는 사회』를 조금 더 깊이 살펴볼 필요가 있다.

  '인간은 국가 없이 살 수 있는가?' 국가의 필요성을 비판적으로 바라보는 이들이 주로 논쟁하는 지점이다. 하지만 이런 사변적 논쟁은 별 의미가 없다. 어떠한 논리도 결국 또 다른 논리로 방어할 수 있기 때문이다. 이때 중요한 것은 주장이 아니라 '보여주기'다. 국가의 필요성을 옹호하는 이들에게 국가 없이 행복하게 살았던 공동체의 모습을 직접 보여주는 것보다 더 파괴력 있는 반론은 없다.

  국가의 필요성을 부정했던 클라스트르는 논쟁 대신 '보여주기'

의 방법을 선택했다. 클라스트르는 1963년 구아야키 인디언에 대한 현지 조사를 시작으로 파라과이와 베네수엘라 등에 살던 인디언들과 함께 생활했다. 그가 인디언들과 함께한 경험을 토대로 쓴 책이 바로 『국가에 대항하는 사회』다. 이 책의 백미는 국가라는 폭력적·억압적 체제 없이도 인간다운 공동체가 얼마든지 가능하다는 발견이다.

"국가는 문명이 아닌 야만이다." 이것이 클라스트르의 핵심 주장이다. 그는 권력은 노동에 선행하고, 경제는 정치의 파생물이며, 국가의 생성이 계급의 출현을 규정한다는 사실을 낱낱이 밝혔다. 그는 국가가 인간다운 공동체를 와해하는 근간이라고 말하며, 국가 체제를 강력히 비판했다. 이것이 앞서 말한 '정치를 통한 정치적 단절'이 근본적인 해결책이 아닌 '편식'인 이유다.

'정치를 통한 정치적 단절'이란 논의가 잘못된 것은 아니다. 하지만 이 논의 역시 국가라는 체제 자체를 부정하지는 않는다. 바로 여기에 위험이 도사리고 있다. '정치를 통한 정치적 단절'은 결국 국가 체제 자체를 문제삼지 않기에 이 논의를 이어가면 그저 국가의 양태만 변화(노예제→봉건제→공화제…)할 뿐, 국가 체제 자체는 영속될 가능성이 있다. 이때 '정치를 통한 정치적 단절'은 해로운 '편식'으로 남는다. 우리에게 '편식'이 필요한 이유는 당장 허약해진 몸을 일단 추슬러서 진정으로 건강해지기(국가 너머의 인간다운 공동체!) 위해서임을 잊지 않아야 한다.

모두의
친구가 되거나,
모두의
적이 되거나

슈미트

정치적인 행동이나 동기의 원인으로 여겨지는
특정한 정치적 구별이란 적과 동지의 구별이다.

『정치적인 것의 개념』

━━ 왕따는 왜 생길까?

민수, 기철, 혜림, 세 명의 왕따가 있다. 민수는 학교에서 왕따를
당했다. 언청이(선천적으로 윗입술이 세로로 찢어진 사람)라는 이유 때
문이었다. 기철은 직장에서 왕따를 당했다. 직장 상사에게 부조리
한 조직 문화와 불합리한 회사 시스템에 대해 문제 제기를 했다는
이유 때문이었다. 혜림은 동호회에서 왕따를 당했다. 여러 남자에
게 추파를 던지는 문란한 여자라는 소문이 났기 때문이었다.

왕따 없는 공동체는 찾기 어렵다. 노골적이냐 은근하냐의 차이만
있을 뿐, 학교·직장·동호회 등 대부분의 공동체에는 왕따가 있다.
왕따는 왜 생길까? 사람들은 흔히 왕따를 당하는 데에는 그럴 만한

이유가 있다고 말한다. 이는 왕따를 당하는 이유가 다름 아닌 왕따 본인에게 있다는 의미다. 얼핏 그런 것도 같다. 민수가 왕따를 당한 이유는 또래 친구들과 다르게 생겼기 때문이고, 기철이 왕따를 당한 이유는 입바른 소리를 했기 때문이며, 혜림이 왕따를 당한 이유는 문란한 여자로 소문날 만한 행동을 했기 때문이라 생각할 수 있으니까.

세상 사람들의 이런 믿음은 사실일까? 즉, 왕따를 당하는 것은 정말 왕따 본인의 문제 때문일까? 전혀 그렇지 않다. 상상력을 발휘해보자. 만약 '민수·기철·혜림'이 없다면 세상에는 왕따가 없을까? 다시 말해, 이 세상에 언청이, 입바른 소리를 하는 사람, 문란한 여자로 소문날 만한 행동을 하는 사람이 모두 사라진다면, 왕따 역시 사라질까? 그렇지 않을 테다. 왕따는 또 다른 이유로 다시 생겨날 테다.

━━ 왕따의 잘못으로 왕따가 되는 것이 아니다

왜 왕따는 사라지지 않을까? 이에 대해 독일의 법학자이자 정치학자인 카를 슈미트는 이렇게 말한다.

도덕적으로 악하고, 미학적으로 추하고, 경제적으로 해롭다고 해서 아직 적이라고 할 수는 없다. 도덕적으로 선하며, 미학적으로 아름다우며, 경제적으로 이롭다고 해도, 그것만으로는 그 말의 특수한 의미, 즉 정치적 의미에서 동지가 되지는 않는다. ─『정치적인 것의 개념』

왕따는 어떤 존재인가? 적이다. 공공의 적. 왕따는 누군가를 적극적으로 적으로 간주(적의)하는 이들과 소극적으로 적으로 간주(무관심·냉대)하는 이들이 만들어내는 공공의 적이다. 왕따를 향한 적개심의 크기 차이는 있겠지만, 왕따는 모든 사람들이 적으로 간주하는 이다. 슈미트는 이런 공공의 적, 즉 왕따가 "도덕적으로 악하고, 미학적으로 추하고, 경제적으로 해롭다고 해서" 만들어지는 것이 아니라고 말한다.

슈미트의 논의를 빌려 말하자면, 누군가가 왕따가 되었다면 그것은 그 사람이 악하거나 추하거나 해로워서가 아니다. 이것은 어떤 의미인가? 민수가 왕따가 된 것은 외모가 추하기 때문이 아니고, 기철이 왕따가 된 것은 조직에 해로운 이야기를 했기 때문이 아니며, 혜림이 왕따가 된 것은 성적으로 문란한 비도덕적인 행동을 했기 때문이 아니라는 의미다. 이러한 슈미트의 견해는 왕따의 발생 이유가 왕따 자신의 결함(악함·추함·해로움) 때문이라는 세상 사람들의 믿음이 편견에 지나지 않는다는 사실을 드러낸다.

동시에 슈미트는 적과 마찬가지로 동지(같은 편) 역시 "도덕적으로 선하고, 미학적으로 아름다우며, 경제적으로 이롭다"고 해서 만들어지는 것이 아니라고 말한다. 즉, 한 사람이 선하거나 아름답거나 이롭다고 해서 동지가 되는 것은 아니라는 의미다. 슈미트에 따르면, 동지의 발생 이유 역시 동지 자체의 유용함(착함·아름다움·이로움) 때문이 아니다. 그렇다면 왕따는 대체 왜 발생하는 걸까? 슈미트의 이야기를 조금 더 들어보자.

━━ 왕따는 '정치'적 산물이다

> 적이란 경쟁 상대 또는 상대방 일반은 아니다. 또한 적이란 사적인 혐오감 때문에 증오하는 상대방도 아니다. 적이란 단지 적어도 때에 따라서는, 즉 현실적 가능성으로서 투쟁하는 인간의 전체이며, 바로 그러한 전체와 대립하는 전체이다. 따라서 적이란 공적인 적만을 말한다. ─ 『정치적인 것의 개념』

슈미트에 따르면, 적이란 "경쟁 상대"도 아니고, 아직 경쟁 상대가 아닌 "상대방 일반"도 아니다. 또한 "사적인 혐오감 때문에 증오하는 상대방"도 아니다. 적은 "인간 전체이며, 그러한 전체와 대립하는 전체이다." 즉, "적은 공적인 적만을 말한다." 슈미트가 말하는 "공적인 적"은 무엇인가? 바로 전체로서의 타인 일반이다. 슈미트는 적이란 어떤 것인지 더욱 분명하게 말한다.

> 적이란 바로 타인, 이방인(이질자)이며, 그 본질은 특히 강한 의미에 서 존재적으로 어떤 타인이며 이질자라는 것만으로 족하다. ─「정치 적인 것의 개념」

적이란 타인이다. '나'와 다른 이방인이면 이미 적으로 충분하다. '나'와 이질적인 존재면 누구든 그 자체로 적으로 간주하기에 충분 하다. 그러니 결국 인간에게는 세계 사람들 전체가 모두 잠정적인 적일 수 있다. '나'와 완전히 동질적인 존재는 세상에 단 한 명도 존 재하지 않으니까 말이다. 슈미트에 따르면, 적은 ('나'의 경쟁 상대이 거나 혹은 '나'에게 불쾌함·혐오감·증오를 유발하는) 특정한 상대의 잘 못 때문이 아니라, 인간 자체의 속성 때문에 발생한다.

그 인간 자체의 속성은 무엇인가? 바로 인간 전체와 대립하려는 마음이다. 더 정확히 말해, 인간 전체 중 대립할 수 있는 "현실적 가 능성(이질성)"을 갖고 있는 누군가와 대립하려는 마음이다. 쉽게 말 해, 끊임없이 내 편과 네 편을 가르려는 마음이다. 바로 이 마음 때 문에 적이 만들어지게 된다. 바로 여기서 슈미트는 '정치'란 무엇인 지를 정의한다.

> 정치적인 행동이나 동기의 원인으로 여겨지는 특정한 정치적 구별

슈미트는 '정치'를 "적과 동지의 구별"로 정의한다. 쉽게 말해, '정치'란 내 편(동지)과 네 편(적)을 가르는 일이라는 것이다. 왕따(공적인 적)는 바로 이러한 '정치' 때문에 발생하게 된다. 왕따는 누군가의 잘못으로 인해 발생하는 일이라기보다 '정치', 즉 끊임없이 내 편과 네 편을 나누려는 인간의 본성 때문에 발생한다.

━━ 왕따를 모면하는 법

이제 우리는 왕따를 모면할 수 있는 구체적인 방법 하나를 알 수 있다. 바로 '정치'적인 인간이 되는 것이다. 한 사람이 아무리 치명적인 결함을 갖고 있다고 하더라도, 노선을 정해 어느 한쪽 편에 확실히 서기만 하면(설 수만 있다면) 서러운 왕따 신세는 모면할 수 있다. 이는 우리네 일상이 아주 잘 증명하지 않는가?

부하 직원들을 악랄하게 닦달하는 팀장이 왕따가 되는 법은 없다. 오히려 그는 출세할 가능성이 높다. 그 팀장은 두 파벌, 즉 부하 직원 파벌과 상사(혹은 사장) 파벌 사이에서 확실하게 상사 파벌에 줄을 섰기 때문이다. 마찬가지로 뒷일 생각하지 않고 팀장에게 들이박는 부하 직원 역시 왕따가 될 일은 없다. 그는 언제나 할 말 못하고 끙끙대는 부하 직원들 사이에서 영웅 대접을 받을 테니까 말이다.

'정치'적이지 않았기에 어느 편에도 서지 않았던(혹은 서지 못했던) 이들만 "공적인 적", 즉 왕따가 된다. 슈미트의 진단은 절망적이다. 하지만 동시에 현실을 너무나도 날카롭게 포착하고 있다. 만약 슈미트의 진단이 옳다면, 왕따(공적인 적)는 결코 사라질 수 없다. '내'가 왕따를 모면할 수 있을지는 몰라도, 누군가는 반드시 왕따의 자리에 있게 될 수밖에 없다. 인간 자체의 속성이 '정치'적이기 때문이다.

━━ 왕따의 필요성

더 나아가, '정치'적인 공동체에서 왕따는 사라지지 않을 뿐만 아니라 필요하기까지 하다. 직장을 생각해보자. 만일 학교에 왕따가 없다면 어떻게 될까? 구성원들 간에 크고 작은 분열과 신경전이 끊이지 않을 것이다. 왕따가 없는 곳에서는 누가 동지이고 누가 적인지를 구분하고 판별하려는 분열과 신경전이 끊임없이 펼쳐질 수밖에 없기 때문이다. 이 끊임없는 분열과 신경전을 종식시키는 존재가 바로 왕따이다. 왕따를 "공적인 적"으로 돌려세울 때 나머지 사람들은 확실한 동지가 되기 때문이다.

"지금 경쟁사들이 하루하루 쫓아오고 있습니다. 이럴 때일수록 우리가 단결해서 매출 목표를 달성해야 합니다!" 사장이 늘 직원들에게 하는 이야기다. 이는 적(경쟁사)이 공격을 해오는 심각한 시국이니 연차나 임금 인상 같은 이야기는 하지 말고 업무에만 집중하라는 말이다. 순진한 직원은 그 말을 곧이곧대로 믿고 군소리 없이 열심히 일한다. 하지만 열심히 일했던 그 순진한 직원도 이내 알게 된다. 자신은 경쟁사라는 적이 사라지기를 간절히 바랐지만, 정작 사장은 그 적을 절실히 필요로 했다는 사실을. '공공의 적'은 내부 결속을 강화하여 체제의 안정성을 구축하기 위해 필요한 존재다.

이는 학교, 직장에만 국한되는 이야기가 아니다. '정치'는 어디에나 존재한다. 그중 가장 '정치'적인 기구는 국가다. 슈미트는 "국가야말로 가장 정치적인 기구"라고 말한 바 있다. 국가는 끊임없는 적과 동지의 구분을 통해서 지속되는 기구이기 때문이다. 한국의 독재(박정희·전두환) 정권이 긴 시간 집권할 수 있었던 주요 동력이 무엇이었나? 정권에 저항하는 이들에게 '빨갱이' 딱지("북한을 이롭게 하는 적이다!" "사회적 질서를 혼란하게 하는 범죄자다!")를 붙여 왕따로 만드는 것 아니었나? 독재에 저항하는 이들을 왕따(공공의 적)로 상정함으로써 구축된 결속력과 안정감, 그것이 한국의 독재 정권의 결정적 지배 동력이었다.

▬▬ 왕따의 역설

바로 여기서 왕따의 기묘한 역설이 발생한다. 왕따를 싫어하지만 왕따를 필요로 하는 역설. 세상 사람들은 왕따를 싫어한다. 없어지면 좋을 존재로 생각한다. 하지만 역설적이게도 그들의 내밀한 마음에는 왕따를 절실히 필요로 하는 욕망이 도사리고 있다. 우리는 왕따로 인해 발생하는 안정감과 공포심을 모두 알고 있다. 왕따를 혐오하고 비난하면서도 그 왕따를 통해 나머지 사람들이 모두 한편임을 확증 받고 있다는 안정감. 또한 그토록 싫어하고 혐오하는 왕따가 사라졌을 때 자신이 바로 그 왕따가 될지도 모른다는 공포심. 그 안정감과 공포심을 알고 있는 우리는 끊임없이 왕따를 필요로 할 수밖에 없다.

인간은 분명 '공공의 적'을 상정할 때 더욱 강하게 결합하는 존재다. 철학적 논의가 아니더라도 우리는 이러한 인간의 속성을 이미 잘 알고 있다. 자신이 싫어하는 사람을 시원하게 욕해주는 사람을 만났을 때 느끼는 그 기묘한 동지 의식. 그것이 바로 우리 마음속 깊은 곳에 도사리고 있는 '정치'적 속성이 확인되는 순간이다. 슈미트는 인간의 이런 '정치'적 속성 때문에 인류 전체가 함께 누릴 수 있는 평화란 결코 존재할 수 없다는 비관적 전망을 말했다. 그렇다면 슈미트의 절망적 진단처럼, 왕따는 사라질 수 없는 것일까?

　슈미트의 비관적 전망을 부정할 순 없다. 인간은 '정치'적인 존재이기에 언제나 적과 동지의 구분을 멈추지 않는다. 하지만 그렇다고 왕따 없는 세상으로 나아갈 길이 전혀 없는 것도 아니다. 이론적으로 왕따를 없애는 방법은 간명하다. '정치'적이기를 멈추면 된다. 즉, 적과 동지의 구분을 멈추면 된다. 이것은 어떻게 가능할까? '정치'가 적과 동지의 구분이라면, '정치'를 넘는 법에는 두 가지 길이 있다. 모두의 친구가 되거나! 모두의 적이 되거나!

　모두의 친구가 되는 길은 어떤 길인가? 이 질문에 답하기 전에 먼저 '동지'와 '친구'를 구분할 필요가 있다. '동지'와 '친구'는 다르다. 적을 상정해서 만들어진 관계가 '동지'라면, 그 누구도 적으로 상정하지 않고 맺어진 관계가 '친구'다. 공공의 적을 상정해서 만들어진 동지 관계는 짧은 시간에 강한 유대감을 구축할 수 있을지는 몰라도, 결국 허무함과 불안감에 휩싸인 관계가 된다. 공공의 적을 상정해서 맺어진 '동지'는 상황과 조건에 따라 또 얼마든지 '적'으로 변할 수 있기 때문이다.

　하지만 '친구'는 다르다. '친구'는 지속적인 유쾌함과 충만감을 준다. 어느 누구도 적으로 상정하지 않고 맺어진 관계이기에 상황과 조건에 따라 관계성이 변할 가능성이 적기 때문이다. 그렇다면 우리는 어떻게 모두의 '친구'가 될 수 있을까? 왕따의 '동지'가 되면 된다. 자신이 왕따가 아니라면 그는 왕따를 제외한 이들의 동지일 테다. 그러니 우리가 모두의 친구가 되는 길은 소외된 왕따의 곁에 있어주는 일이다. 그때 우리는 누구도 적으로 상정하지 않는 모두의 '친구'가 될 수 있다.

'왕따의 동지가 된다'는 것은 어떤 의미인가? 여기에는 두 가지 의미가 있다. 우선 왕따를 적으로 상정하지 않는다는 측면에서 왕따의 '친구'가 된다는 의미가 있다. 또한 이는 동시에 옛 '동지'들과 결별하는(더 이상 왕따를 적으로 상정하지 않는) 일이므로, 그 '동지'들과 '친구'가 될 수 있는 가능성이 열린다는 의미이기도 하다. 그러니 모두의 '친구'의 되는 길은 왕따의 동지가 되는 길에서만 발견할 수 있다. 이는 복잡한 이야기가 아니다.

우리 주위에 있는 '민수·기철·혜림' 곁에 있어주면 된다. 그때 우리는 모두의 '친구'가 될 수 있다. 직접적으로 '민수·기철·혜림'의 '친구'가 될 수도 있고, 그로 인해 '민수·기철·혜림'을 왕따 시켰던 이들과 더 이상 '동지'가 아닌 '친구'가 될 가능성을 열 수도 있다. 누군가를 왕따 시키면서 친밀해지는 것이 아니라 그저 두 사람 사이의 관계만으로 친밀해질 수 있는 가능성이 생길 테니까 말이다. 그렇게 모두의 친구가 될 수 있다.

━━━ 왕따를 없애는 법 : 모두의 적이 되거나!

　적과 동지의 구분을 멈추는 또 하나의 길이 있다. 모두의 적이 되는 것이다. 이는 구체적으로 어떤 방법일까? 자신이 자발적으로 왕따가 되는 길이다. 왕따를 당하는 것이 아니라 자발적으로 왕따가 되면 된다. 이는 모두의 적이 되는 길이다. 하지만 그렇다고 이 길이 모든 사람들과 항상 대립하며 싸우는 길인 것은 아니다. 상황과 조건에 따라 그래야 할 때도 있겠지만, 그것은 부차적인 일이다. 자발적 왕따가 된다는 것은 근본적으로 '나' 자신이 되는 일이다. 다른 누구도 아닌, '나'로 살아가는 것. 이를 통해 '정치(적과 동지의 구분)'를 넘어설 수 있다.

　직장을 그만두고 철학자가 된 사람이 있다. 그는 매일 책을 읽고 글을 쓴다. 어디에도 소속되어 있지 않고, 세상 사람들이 관심 갖는 것들과도 점점 멀어졌다. 그렇게 점점 가족, 친지, 세상 사람들과 할 이야기가 없는 사람이 되었다. 그렇다. 그는 자발적 왕따가 되었다. 그는 모두의 적이다. 그렇기 때문에 때로 사람들과 대립해야 할 때도 있다. 하지만 그것은 그가 다른 누구도 아닌, 그 자신으로 살아가기 때문에 발생한 부차적인 문제일 뿐이다.

　그 철학자는 '정치'적이지 않다. 적과 동지를 구분하지 않는다. 오직 '나' 자신으로 살아가는 이들에게 적과 동지는 없다. '나' 자신으로 살아가는 이들은 내 편과 네 편을 갈라 '정치'적으로 살아야 할 필요가 없는 까닭이다. '나' 자신으로 사는 이들은 자신의 힘으로 삶을 헤쳐 나갈 수 있기 때문에 내 편(동지)이 필요 없다. 그래서 네 편(적)을 만들 필요도 없다. 동시에 '나' 자신으로 사는 이들은 네 편(적)이 두렵지 않다. 그래서 내 편(동지)을 만들 필요도 없다. 그 철학자는 적과 동지가 아니라 오직 '한 사람'을 만난다. 그렇게 모두를 적으로 돌려세운 사람은 모두의 친구가 될 수 있다.

모두의 친구가 되거나! 모두의 적이 되거나! 이 두 가지 길은 결국 하나의 길이다. 모두의 친구가 되려고 할 때 모두의 적이 될 수밖에 없고, 모두의 적이 되려고 할 때 모두의 친구가 될 수 있기 때문이다. 슈미트는 인간이 '정치'를 넘어서는 것은 불가능하다고 진단했지만, 그 진단은 틀렸다. 우리가 불가능해 보이는 선택을 하는 순간, 그것은 가능한 일이 된다. 슈미트를 가볍게 넘어버린 니체는 인간에게 도래할 즐거운 시간에 대해 이렇게 말한 바 있다.

"친구들이여, 친구라는 것은 존재하지 않는다네!" 죽어가는 지혜로운 자가 이렇게 말했다. "친구들이여, 적이라는 것은 존재하지 않는다네!" - 살아 있는 어리석은 자, 나는 이렇게 외친다. ― 「인간적인 너무나 인간적인」

왕따 없는 세상을 꿈꾸는가? 조금 더 인간다운 세상을 꿈꾸는가? 그렇다면 동지에게 말해야 한다. "동지여, 동지란 존재하지 않는다네." 그리고 다시 적에게 말해야 한다. "적이여, 적이란 존재하지 않는다네." 조금 더 인간다운 세상을 꿈꾸는 우리는 "살아 있는 어리석은 자"가 되어야만 한다. 왕따의 곁에 있어주거나! 내가 왕따가 되거나!

철학자
더 알아보기

카를 슈미트
Carl Schmitt

　독일의 법학자이자 철학자. 주요 저서로는 『정치적인 것의 개념』 『정치신학』 등이 있다. 슈미트에게는 씻을 수 없는 과오가 있다. 그는 비상 상태를 선언할 수 있는 최고 권력자의 권력을, 더 나아가 독재를 긍정했다. 슈미트가 나치와 일정 정도 관계 맺었던 것은 우연이 아니다. 그의 이야기를 조금 더 살펴보자.

> 정치적 통일체는 적의 현실적 가능성을 전제로 하며, 이와 동시에 공존하는 다른 정치적 통일체를 전제로 한다. 따라서 무릇 국가가 존재하는 한은 항상 복수의 국가들이 지상에 존재하며, 전 지구와 전체 인류를 포괄하는 세계국가라는 것은 존재할 수 없다. ─『정치적인 것의 개념』

슈미트는 '정치'를 '적과 동지의 구분'으로 정의했다. 그는 인류가 존재하는 한 '적과 동지의 구분'은 결코 사라지지 않을 것이기에, 전 지구적으로 화합된 세계국가는 결코 도래할 수 없다고 전망했다. 이 전망은 인간은 어떤 식으로든 적과 동지를 구분하는 정치적 행태를 그치지 않을 것이라는 그의 비관적 진단을 담고 있다.

이처럼 인간이라는 존재에 대해 암울하게 전망했던 그였기에 그토록 참혹했던 독재를 긍정할 수 있었던 것인지도 모르겠다. 슈미트는 '어차피 인간은 내 편과 네 편을 가르는 존재이니 차라리 무소불위의 권력자가 통치하는 세상이 더 낫다.'라고 생각했던 것은 아닐까? 더욱이 슬픈 것은, 우리 사회에 아직도 슈미트의 생각에 동의하는 이들이 많아 보인다는 사실이다.

흥미로운 것은 슈미트의 양가적인 역할이다. 많은 인문주의자들이 나치에 부역한 슈미트를 비판했지만, 슈미트의 긍정적인 면도 있다. 슈미트는 '정치'의 속성을 적나라하게 까발렸는데, 이는 한편으로 나치 정권을 정당화해주는 역할을 했지만, 다른 한편으로는 나치 정권이 애써 숨기려고 한 (유대인과 집시를 공격함으로써 독일 민족을 하나로 결속하려 했던) 정치적 작동 원리를 세상에 폭로하는 역할을 했다. 이것이 슈미트가 나치 당원 중에서 서열이 아주 낮았으며, 나치 정권하에 교수직마저 박탈당한 이유와 무관하지 않을 것이다. 어찌 보면, 슈미트는 나치의 가장 치명적인 '엑스맨(내부고발자)'이었는지도 모를 일이다.

나, 너,
우리 모두를 살리는
유쾌한 파멸

바타유

이제 불유쾌한 파멸보다는 바람직한 파멸,

유쾌한 파멸이 중요해질 것이다.

그리고 그 결과는 분명하게 다를 것이다.

『저주의 몫』

━━ 신체적 비만과 경제적 비만

학교를 마치고 집으로 돌아온 어느 날이었다. 문 앞에 나무 의자
가 하나 버려져 있었다. 그 의자를 발로 차고 던지고, 그것도 모자
라 옆에 있던 우산으로 내리쳤다. 의자도 우산도 산산조각이 났다.
딱히 이유가 있었던 것은 아니었다. 그냥 매사에 화가 나고 짜증이
났다. 어린 시절 나는 늘 짜증과 분노에 휩싸여 있는 폭력적인 아이
였다. 오죽했으면 어머니가 "넌 정신병원에 가봐야 할 것 같다."라
고 말할 정도였다.

나에겐 오랜 친구가 한 명 있다. 온화한 성품에 항상 다른 사람을
배려하고 공부도 잘하고 얼굴마저 잘생긴 친구였다. 나와 너무 다

른 그를 보며, 그가 나의 친구라는 사실에 자부심을 느끼기도 했다. 시간이 흘러 우리는 대학을 졸업하고 취직해 밥벌이를 시작했다. 그는 공부도 잘하고 성실해서 좋은 금융권 회사에 들어갔다. 나는 나대로, 친구는 친구대로 정신없이 바삐 살았다.

어느덧 우리는 마흔을 넘겼다. 그사이 우리에게는 많은 변화가 있었다. 나는 직장을 그만두고 글쟁이가 되었고, 친구는 억대 연봉자가 되었다. 내가 변한 만큼 친구도 변했다. 그는 남을 배려하던 온화한 모습을 잃어버렸다. 술을 마시면 세상은 도둑놈 천지라고, 정신 똑바로 차리지 않으면 내 것 다 빼앗긴다고 악다구니를 쏟아내었다. 그는 어린 시절의 나만큼이나 이유 없는 짜증과 분노에 휩싸여 있었다.

나는 왜 늘 짜증과 분노에 휩싸여 있었을까? 비만 때문이었다. 어린 시절, 나는 꽤 심각한 비만이었다. 먹고 또 먹다 지쳐 잠드는 날이 부지기수였다. 나의 이유 없는 짜증과 분노에는 많은 원인이 있었지만, 근본적인 원인은 하나였다. 신체적 비만. 그 사실을 알게 되었을 때, 친구의 짜증과 분노 역시 이해할 수 있었다. 친구가 이유 없는 짜증과 분노에 휩싸인 이유 역시 비만 때문이었다. 경제적 비만. 내가 먹고 또 먹어서 비만이 되었다면 친구는 벌고 또 벌어서 비만이 된 것이었다. 그것이 온화하고 배려심 깊던 친구가 매사에 짜증을 내고 예민한 폭력적인 아이가 되어버린 이유였다.

모든 에너지의 근원, 태양 에너지

쉽게 수긍하기 어려울지도 모르겠다. 모든 비만아가 과거의 나처럼 폭력적인 것은 아닐 수도 있지 않은가? 또 온화하던 친구가 신경질적으로 변한 이유가 '돈을 많이 벌어서'라고 어떻게 단정할 수 있겠는가? 비만과 파괴적인 마음의 상관관계를 이해하기 위해 프랑스의 철학자, 조르주 바타유의 이야기를 들어보자.

바타유에 따르면, 지구의 모든 생명체들을 존재할 수 있게 하는 근원적 에너지는 태양 에너지다. 즉, 태양 에너지 덕분에 지구의 모든 생명체들이 살아갈 수 있다. 이 주장은 간단한 예를 통해 논증할 수 있다. 인간은 소를 먹어서 존재하고, 소는 풀을 먹어서 존재하고, 풀은 햇볕과 물(비)을 섭취해서 존재한다. 그렇다면 햇볕과 물(비)은 어디서 오는가? 바로 태양 에너지다. 햇볕은 태양 에너지 그 자체이고, 물은 태양 에너지가 바다와 강의 물을 증발시켜 비로 내리게 한 것이니까 말이다. 이처럼 지구의 다종다양한 생명체들을 존재하게 하는 에너지원을 추적해 따라가 보면, 그 근원에는 태양 에너지가 있다.

그런데 이 태양 에너지에는 문제가 하나 있다. 태양은 꺼지지 않는다는 사실이다. 이것이 왜 문제인가? 지구상의 생명체들이 성장하고 증식하는 데 필요한 에너지의 양은 정해져 있다. 그런데 지구에는 항상 그 이상의 태양 에너지가 끊임없이 들어오고 있다. 바타유에 따르면, 지구에 도달하는 태양 에너지의 양은 지구 생명체들이 필요한 에너지의 양을 항상 초과할 수밖에 없다. 즉, 지구 생명체 전체가 직면한 문제는 자원의 부족이 아니라 과잉이라는 것이다. 바타유의 이야기를 직접 들어보자.

> 개별적 개체는 항상 자원 고갈의 위험 그리고 소멸의 위험에 직면하는 반면, 일반적 실존 즉 지구 생명체 전체에게 자원은 항상 넘쳐 난다. 개체의 관점에서 문제는 자원의 부족이겠지만, 전체의 관점에서 문제는 잉여이다. ─ 『저주의 몫』

"개별적 개체(풀 한 포기·한 사람)는 항상 자원 고갈의 위험(고사·가난) 그리고 소멸의 위험에 직면"하지만, "지구 생명체 전체에게 자원은 항상 넘쳐 난다." 이는 우리 세계가 너무 잘 보여주고 있지 않은가. 풀 한 포기(한 사람)의 입장에서는 햇볕·물(돈)이 부족해 고사(가난)될 위험이 늘 있지만, 지구 생명체(인류) 전체 입장에서 햇볕·물(돈)은 늘 넘쳐 난다. 한 사람(풀 한 포기)의 입장에서는 늘 돈(햇볕·물)의 부족이 문제이겠지만, 전체(인류)의 관점에서는 항상 잉여가 문제다. 누군가에게는 절실히 필요한 것들이 쓰레기로 버려지는 역설이 이를 너무나 잘 설명해주지 않는가.

▬▬ 소모하거나 폭발하거나

여기서 하나의 의문이 생긴다. 지구라는 체계에 태양 에너지가 끊임없이 유입되면 어떤 일이 벌어질까? 풀은 무한히 자라고, 그 풀을 먹은 소 역시 무한히 증식하며, 그 소를 먹은 인간 역시 계속 늘어나면 어떻게 될까? 즉, 지구라는 체계가 더 이상 성장할 수 없는 상태에 다다르면 어떤 일이 벌어질까? 바타유의 이야기를 직접 들어보자.

> 만약 그 체계가 더 이상 성장할 수 없다면, 또한 그 초과분이 그 체계의 성장에 완전히 흡수될 수 없다면, 초과 에너지는 기꺼이든 마지못해서든 또는 영광스럽게 재앙을 부르면서든 간에, 반드시 대가 없이 상실되고 소모되어야만 한다. ─『저주의 몫』

바타유는 체계가 더 이상 성장할 수 없는 상태에 에너지가 계속 유입되면 '소모' 아니면 '폭발'이 일어난다고 전망한다. 자연 상태를 생각해보자. 태양 에너지가 끊임없이 유입되어도 자연 상태는 항상성을 유지한다. 이는 어떻게 가능한가? 바타유는 자연의 세 가지 사치(소모)에 대해 말한다. 먹기, 죽음, 성행위이다. 태양 에너지가 무한히 유입되어서 풀은 무한히 자라지만, 이는 우선 소가 먹는다(먹기). 그리고 미처 충분히 다 먹지 못하는 풀이 있다고 하더라도 그 풀은 시간이 지나면 자연스럽게 시들어 사라진다(죽음). 이에 대해 바타유는 이렇게 말한다.

> 먹는 행위는 죽음을 야기한다. 그러나 죽음은 돌발적인 형태로 온다. 상상할 수 있는 모든 사치 중에서 죽음은 그 치명적이고 냉혹한 형태로 볼 때 가장 비싼 것이다. ··· 죽음은 끊임없이 새로 태어날 아이들에게 자리를 마련해준다. ─ 「저주의 몫」

이제 소(동물)의 입장에서 생각해보자. 소(동물)는 섹스를 한다. 이는 얼핏 보면 소모가 아니라 성장인 것 같다. 섹스를 하면 번식을 하게 되니까 말이다. 하지만 이는 자연의 진실을 잘못 보는 일이다. 바타유의 이야기를 들어보자.

> 성행위는 종의 차원에서 보면 성장으로 보일 수도 있겠지만, 개체의 차원에서 보면 사치이다. ─ 「저주의 몫」

동물(소)들의 섹스를 생각해보라. 이는 새끼를 낳는 과정인가? 그 것은 종(전체)의 관점에서만 그럴 뿐이다. 개체의 관점에서 섹스는 필요 이상의 과도한 에너지 분출(소모)이다. 그 섹스 때문에 더 많은 풀을 섭취할 수밖에 없으니까. 인간의 섹스는 이를 더욱 극명하게 보여준다. 인간의 섹스는 동물들의 그것보다 더욱 소모적이다. 번식을 위해 섹스를 하는 인간보다 즐거움을 위해 격렬한(소모적인!) 섹스를 하는 인간이 압도적으로 많지 않은가? 그 소모적인 일(섹스) 때문에 소와 돼지를 더 많이 죽이고 더 많이 먹게 된다.

이처럼 태양 에너지가 끊임없이 유입됨에도 불구하고 자연이 항상 같은 상태를 유지할 수 있는 것은 자연의 세 가지 '소모(먹기·죽음·성행위)' 때문이다. 만약 그런 적절한 '소모'가 없다면 광기와 폭력의 '폭발'로 이어지게 된다. 이는 인류의 역사적 사실이 잘 증명해주고 있지 않은가? 인류는 1800년대부터 유래를 찾아보기 힘들 정도로 고도의 생산력을 확보했다. 하지만 불행히도 인류는 그 과잉된 에너지를 축적하려고만 했을 뿐 적절히 소비하지 못했다.

바타유는 제1·2차 세계대전이라는 광기와 폭력으로 얼룩진 두 번의 인류사적 비극은 과잉된 에너지를 적절하게 '소모'하지 못해 일어난 '폭발'이라고 진단한다. 이러한 관점에서 그는 인간 경제에서 생산·축적보다 중요한 것은 사치·낭비·소비라고 주장한다. 과잉된 에너지가 적절히 소비되지 못하면 전체 체계는 필연적으로 파괴될 것이기 때문이다.

═══ 과잉 축적은 파멸을 부른다

바타유의 이런 견해는 개인의 관점에도 적용할 수 있다. 나와 친구의 이야기로 돌아가 보자. 나는 왜 신경질적이고 폭력적인 아이가 되었을까? 신체적 비만 때문이었다. 어린 시절, 나의 크고 작은 폭력성은 과도하게 먹어서 유입된 과잉 에너지를 적절하게 '소모'하지 못해 발생한 '폭발'이었다. 만약 내가 먹은 만큼 적절히 운동하면서 과잉 에너지를 소모했다면, 나의 신경질적인 폭력성은 현저히 줄어들었을 테다.

친구 역시 마찬가지다. 경제적 비만이 되면 매사에 짜증이 나고 예민해질 수밖에 없다. 과잉된 에너지(돈)를 적절하게 소모하지 못하면 어떤 방식으로든 폭력성이 터져 나오게 마련이다. 바타유의 이론을 빌리지 않아도, 경제적으로 비만한 사람의 마음은 쉽게 이해할 수 있다. 자신은 돈 벌기 위해 매일 지옥 같은 생활을 하는데, 열심히 살지도 않는 인간들이 복지 타령을 하면 분노가 치밀어 오르지 않겠는가. 또 가진 것이 많아질수록 내 것을 빼앗길까 봐 경계하느라 주위 사람들을 적으로 간주할 수밖에 없지 않겠는가. 이 모든 파괴적인 마음은 과잉된 에너지(돈)를 적절하게 소모하지 않았기에 발생한 것이다. 이에 대해 바타유는 이렇게 말한다.

애초부터 성장에 사용될 수 없는 초과 에너지는 파멸될 수밖에 없다. 이 피할 수 없는 파멸은 어떤 명목이로든 유용한 것이 될 수 없다. 따라서 이제 불유쾌한 파멸보다는 바람직한 파멸, 유쾌한 파멸이 중요해질 것이다. 그리고 그 결과는 분명하게 다를 것이다. ─「저주의 몫」

우리의 세계에는 필연적으로 과잉 에너지가 발생할 수밖에 없다. 식물에게 넘쳐나는 태양 에너지가 있듯, 우리에게는 음식으로 넘쳐나는 냉장고(자본적 욕망)가 있다. 바로 이 때문에 우리는 필연적으로 파멸의 길로 들어설 수밖에 없다. 하지만 다행히 바타유는 하나의 희망적 전망을 열어준다. 우리 세계는 필연적으로 파멸에 이를 수밖에 없지만, 그 파멸에는 두 종류가 있다. 바로 '불유쾌한 파멸'과 '유쾌한 파멸'이다.

'불유쾌한 파멸'은 무엇인가? 내가 집 앞의 의자를 부숴버렸던 일, 친구가 술을 마시고 악다구니를 쏟아냈던 일, 더 나아가 수많은 국가들이 제1·2차 세계대전에서 참혹한 살육과 파괴를 자행했던 일이다. 이는 유사 이래 가장 큰 생산력을 확보해서 축적한 과잉 에너지를 적절히 소모하지 못해 발생한 비극이다. 넘치는 과잉 에너지를 주체하지 못해 폭력적인 방법으로 해소하는 길, 그 끝에는 필연적으로 '불유쾌한 파멸'이 도사리고 있다. 이는 결코 바람직한 파멸이 아니다.

━━━ '유쾌한 파멸'의 길

그렇다면 바람직한 파멸은 무엇인가? 바로 '유쾌한 파멸'이다. 유쾌한 파멸은 무엇일까? 어린 시절과 달리, 지금의 나는 이유 없이 짜증과 분노에 휩싸이거나 파괴적인 마음이 들지 않는다. 그래서 불유쾌한 파멸에 이르지 않는다. 나의 파괴적인 마음은 어떻게 사라졌을까? 살을 뺐다. 이십 킬로그램을 뺐다. 대단한 철학적 성찰이 있어서가 아니었다. 단지 뚱뚱한 외모가 싫어서였다. 그런데 살을 빼고 나니 파괴적인 마음이 현저히 줄어들었다.

어떻게 살을 뺐을까? 바로 이 질문에 '유쾌한 파멸'의 비밀이 숨어 있다. 다이어트를 할 때 가장 힘들었던 것은 음식이었다. 평소 먹는 것을 삶의 낙으로 삼고 있던 나에게 먹지 못하는 것은 너무 큰 고통이었다. 그런 내가 어떻게 다이어트에 성공할 수 있었을까? 호주머니에 있던 초코바와 사탕을 친구들에게 건넸다. 친구들과 밥을 먹을 때도 친구들에게 음식을 양보했다. 먹을 것만 생기면 황급히 친구들에게 줘버렸다. 이것이 바로 '유쾌한 파멸'이다.

파멸이 무엇인가? 자신이 가진 것을 잃는 일이다. 과잉된 에너지를 해소하느라 폭력적인 행동을 하면 결국 자신이 가진 것을 잃게 된다. 파멸이다. 불유쾌한 파멸. 마찬가지로 내 손에 있는 초코바와 사탕을 친구들에게 아무런 대가 없이 건네는 것, 친구들에게 음식을 양보하는 것도 내가 가진 것을 잃는 것이다. 하지만 이는 유쾌한 파멸이다.

불온한 선물을 주자!

'유쾌한 파멸'의 다른 이름은 '선물'이다. 하지만 그것은 불온한 선물이다. 내가 친구들에게 초코바와 사탕을 건네고 음식을 양보한 이유는 그들을 위해서가 아니었다. 나를 위해서였다. 경제적으로 비만인 이들도 마찬가지다. 많은 돈을 가진 이들은 사회적 약자들에게 자신의 돈을 나누며 살아야 한다. 왜 그래야 하는가? 그것이 윤리·도덕적인 일이어서가 아니다. 그것이 합리적인 일이기 때문이다. 더불어 사는 것은 고결하고 옳은 선택이 아니다. 그건 이기적일 정도로 합리적인 선택이다. 과잉된 에너지를 해소하기 위해 주위 사람들에게 불온한 선물을 주지 못한다면, 그 끝에는 불유쾌한 파멸이 기다리고 있기 때문이다.

'유쾌한 파멸'은 역설적이다. '파멸'했기 때문에 더 많은 것이 '생산'된다. 나는 친구들에게 선물을 주었다. 그것은 나의 다이어트를 위해서였다. 나는 분명 파멸했다. 가진 것을 잃었다. 하지만 나는 건강한 신체와 마음을 얻었다. 그뿐인가? 나를 위해 선택했던 유쾌한 파멸은 내게 좋은 친구를 선물해주었다. 나는 나를 위해서 음식을 나눠주었지만, 그 선물을 받은 이들은 나에게 소중한 친구가 되어

주었다.

"불유쾌한 파멸보다는 바람직한 파멸, 유쾌한 파멸이 중요해질 것이다. 그리고 그 결과는 분명하게 다를 것이다." 바타유의 말의 의미를 이제 이해할 수 있다. 불유쾌하든 유쾌하든 파멸은 파멸이다. 자신의 것을 잃을 수밖에 없다. 하지만 '불유쾌한 파멸'이 아니라 '유쾌한 파멸'을 선택할 수 있다면, "그 결과는 분명하게 다를 것이다." '불유쾌한 파멸'은 모든 것을 '파괴'하지만, '유쾌한 파멸'은 더욱 소중한 것을 '생산'하기 때문이다.

'나'와 '너', 그리고 '우리'가 파괴되지 않고, 함께 살아가기 위해서는 '유쾌한 파멸'을 선택하는 길밖에 없다. 더불어 사는 것이 고결하고 훌륭한 일이기 때문이 아니다. 내 것을 나누며 더불어 살지 않으면 그 끝에 '불유쾌한 파멸'이 도사리고 있기 때문이다. 나의 오랜 친구도 파멸했으면 좋겠다. '유쾌한 파멸'을 선택할 수 있으면 좋겠다. 다른 누구도 아닌 그 자신을 위해서 필요한 만큼 벌고, 주변 사람들에게 베풀며 살 수 있었으면 좋겠다. 그렇게 내가 좋아했던 따뜻하고 배려 넘치는 친구로 돌아왔으면 좋겠다.

철학자
더 알아보기

조르주 바타유
Georges Bataille

바타유는 프랑스의 현대 철학자이자 소설가다. 주요 저서는 『저주의 몫』과 『에로티즘』이 있다.

바타유를 이해하기 위해서는 '소비' 혹은 '낭비'라는 테마에 대해 알아볼 필요가 있다. 19세기 이후 산업자본주의의 발달은 사람들에게 '생산'과 '축적'의 중요성을 각인시켰다. '생산'과 '축적'이 자본주의는 물론, 인류를 발전시켜왔다는 믿음이 일반적이었다. 지금 우리가 갖고 있는, 근면하게 일하고 저축하는 것이 미덕이라는 믿음 역시 이런 맥락에서 비롯된 것이다.

이런 믿음에 이의를 제기한 사람이 바로 바타유다. 그는 소비, 심지어 사치와 낭비가 경제를 이끄는 원동력이라고 여겼다. 그는 생산·축적·절약을 강조하는 경제를 '제한 경제', 소비·증여·선물을 강조하는 경제를 '일반 경제'라고 정의한 뒤, '일반 경제'의 중요성을 역설했다. 이는 그의 사유를 되짚어보면 당연한 결론이다. 주어진 체계에 에너지가 유입되면 일정 지점까지는 발전하지만 어느 임계점을 지나면 폭발할 수밖에 없다는 것이 그의 사유의 핵심이다. 그러니 바타유에게 생산·축적·절약을 강조하는 '제한 경제'보다 소비·증여·선물을 강조하는 '일반 경제'가 더 바람직한 체제인 것은 당연한 일이다. 소비하고 증여하고 선물하지 않는다면 세계는 과잉 에너지로 파멸하게 될 테니까 말이다.

자본주의에 익숙한 사람이라면 바타유의 낯선 사유를 고민해볼 필요가 있다. '제한 경제'와 '일반 경제' 중 어느 것이 더 합리적이고 현명한 체제일까? 지금 우리에게 필요한 것은 '생산'과 '축적'일까, 아니면 '증여'와 '선물'일까? 다른 사람이 아니라 바로 나 자신을 위해서 어느 것이 더 합리적이고 현명한 삶일까?

앎은 연기演技하는 것이다. 다시 말해, 앎은 인식되는 대신 반복되고 행동으로 옮겨지는 것이다. ⋯ 연극에서 주인공이 반복한다면, 이는 정확히 그가 본질적으로 어떤 무한한 앎으로부터 분리되어 있기 때문이다. 이 앎은 주인공 안에 침잠해 있으며 주인공 안에서 활동하고 있다. 하지만 마치 은폐된 사태인 양, 봉쇄된 표상인 양 활동할 뿐이다. ⋯ 따라서 앎은 무대 위에서 배우를 통해 상연되고 반복되는 것도 같은 것으로 식별된다. ─ 질 들뢰즈, 『차이와 반복』

"제가 성숙한 사람인 척하고 살고 있는 것 같아요."한 친구가 제게 말했습니다. 그 친구는 직장의 문제, 친구의 문제, 가정의 문제 등 크고 작은 삶의 문제들 때문에 지쳐 있었습니다. 그럼에도 불구하고 애써 괜찮은 척 연기를 하며 살고 있었습니다. 저는 그 친구에게 무슨 말을 해주어야 할지 몰라 긴 시간 고민했습니다. 이번 원고를 끝내며 비로소 그 친구에게 어떤 이야기를 해주어야 할지 알게 되었습니다.

부끄러웠습니다. 여러분께 닿은 이 책은 십 년 전쯤에 썼던 제 첫 철학책을 다시 다듬은 책입니다. '다듬다'는 표현이 무색할 만큼 원고의 많은 부분을 새로 썼습니다. 부끄러웠기 때문입니다. 글은 물론이고 철학적 사유도 조악하고 서툰 지점이 너무 많았습니다. 그럼에도 불구하고 십 년 전의 저는 '삶은 이렇게 살아야 하는 거야!' '철학은 이런 거야!'라며 뭔가 아는 '척'을 하고 있었습니다. 고백컨대 그때 저는 철학을 했던 것이 아니라 철학을 하는 '척' 연기를 했던 겁니다.

'진眞'이 아니라 '척'은 부끄러운 일입니다. 진짜로 사랑하는 것이 아니라 사랑하는 '척'하는 것이 부끄러운 일인 것처럼, 진짜로 아는 것이 아니라 아는 '척'하는 것은 부끄럽게 짝이 없는 일입니다. 철학을 업으로 삼고 있습니다. 그런 제게 진짜로 철학을 하는 것이 아니라 철학을 하는 '척'하는 것보다 부끄러운 일도 없을 겁니다. 원고를 집필하는 동안 얼굴이 화끈거렸던 적이 한두 번이 아니었습니다. 이 원고를 쓰며 가장 힘들었던 것은 그 부끄러움을 견뎌내는 일이었습니다.

철학하는 '척'하는 나를 마주하는 것은 호흡이 가빠질 정도로 힘든 일이었습니다. 그 숨 가빴던 시간을 보내고 이제 호흡을 고르며 긴 글을 마무리하고 있습니다. 그리고 비로소 알게 되었습니다. '척'은 중요합니다. 철학을 처음 시작했던 시절, 저는 왜 그리 철학하는 '척'을 했을까요? 그 시절 저는 직장을 그만두고 도서관과 집만을 오가는, 끝이 보이지 않는 백수 생활을 이어가고 있었습니다. 저는 어떻게 그 불안하고 두려운 시간을 견뎌낼 수 있었을까요? 바로 '척' 덕분이었습니다.

'척'은 무엇일까요? 그것은 자신이 살아가려는 삶에 대한 믿음이자, 그 믿음의 표현입니다. 세상 사람들이 백수라고 손가락질할 것만 같아 쪼그라들 때, 저는 철학하는 '척'을 했습니다. "나는 쓸모없는 백수가 아니라 위대한 일을 하고 있는 철학자다." 그렇게 저는 불안하고 두려운 시간 앞에서 철학하는 '척'을 했습니다. 제가 위대한 일을 하고 있다는 믿음 하나로 앞이 보이지 않던 백수 생활을 견뎌냈습니다. 더 정확히 말해 위대한 일을 하고 있는 '척'으로 그 시간을 견뎌냈던 셈이죠.

"'척'했던 시간들이 있어서 얼마나 다행인가. 또 그 시간들은 얼마나 소중한 시간들이었나." '척'했던 부끄러운 나를 마주하는 시간을 보내며 어느 순간 미소 짓고 있는 저를 발견했습니다. 그런 생각에 미소가 지어졌습니다. 그 '척'했던 시간 덕분에 포기하지 않고 철학자의 길을 걸어올 수 있었으니까요. '척'의 시간을 지나 다시 스스로에게 물었습니다. '지금 나는 '척'하지 않고 살고 있는가?'

잘 모르겠습니다. 그것은 다시 십 년이라는 시간이 지난 뒤에야 답할 수 있는 질문이겠지요. 하지만 이것만은 분명히 말할 수 있습니다. 과거의 '척' 덕분에 지금은 조금 더 '진眞'에 가까워졌습니다. '진眞'에 가까워졌기에 과거의 '척'이 부끄러울 수 있는 것이니까요.

'척'은 역량(힘!)입니다. 자신이 살아가려는 삶에 대한 믿음을 이어갈 수 있는 역량이고, 그 믿음을 표현할 수 있는 역량이죠. 크고 작은 삶의 곤경에도 불구하고 징징대지 않고 성숙한 '척'하는 일은 아무나 할 수 있는 일은 아닐 겁니다. 역량이 있는 이들만 할 수 있는 일일 겁니다. 지독한 '나'의 이기심에도 불구하고 '너'를 사랑하는 '척'하는 일은 아무나 할 수 있는 일이 아니죠. 그것은 역량이 있는 이들만 할 수 있는 일입니다. 물론 '척'은 가짜이기에 부끄러운 일입니다. 또한 '척'은 '진짜眞'가 아니기에 이런저런 시행착오를 겪을 수밖에 없습니다. 그러니 '척'의 부끄러움 견뎌내고 '척' 때문에 발생한 시행착오를 돌아보며 성찰하는 것 역시 중요합니다.

하지만 '척'을 없애려고 해서는 안 됩니다. '척'을 없애려고 할 때 최악의 '척', 즉 순간적인 '척'이 되고 말기 때문이지요. '척'을 긍정하며 지속적으로 유지하고 반복할 때 '척'은 역량이 됩니다. 우리가 가닿고자 하는 진짜 삶으로 우리를 안내할 역량. 포기하지 않고 '척'하며 살아가다 보면 어느 날 알게 됩니다. 그 응축된 '척'이 바로 '진眞'이며, '척'들의 자리바꿈과 '척'들의 배치가 '진眞'이라는 사실을 말입니다. 그렇게 하나의 삶의 진실을 마주하게 됩니다.

"'척'과 '진眞'은 하나다!" 이것이 성숙한 척 연기하고 있다며 자신을 다그치던 친구에게 해주고 싶었던 이야기입니다. 그리고 동시에 여러분께 해주고 싶은 이야기이기도 합니다. 여러분께 닿은 이 작은 철학책이 여러분의 철학하는 '척'에 도움이 되었으면 좋겠습니다. 그 '척'으로 조금 더 성숙한 '척', 조금 더 인간적인 '척', 조금 더 사랑하는 '척'할 수 있었으면 좋겠습니다. 그렇게 이 책이 조금 더 기쁜 삶으로 나아가게 할 '척'에 도움이 되기를 바랍니다. 그렇다면 저는 더할 나위 없이 기쁜 진짜眞 철학자가 될 수 있을 것 같습니다. 긴 글을 읽어주셔서 진심으로 고맙습니다. 언젠가 기쁜 '척'하며 만날 수 있게 되기를 바랍니다.

2015년의 이야기를
2024년 봄 내음이 시작되는 날에
황진규 다시 쓰다.

| 참고 문헌 |

프리드리히 니체, 『인간적인 너무나 인간적인』(니체 전집 7, 8), 김미기 옮김, 책세상, 2002.

프리드리히 니체, 『선악의 저편 도덕의 계보』(니체 전집 14), 김정현 옮김, 책세상, 2002.

기 드보르, 『스펙타클의 사회』, 이경숙 옮김, 현실문화연구, 1996.

질 들뢰즈, 『차이와 반복』, 김상환 옮김, 민음사, 2004.

자크 라캉, 『욕망 이론』, 권택영, 민승기, 이미선 옮김, 문예출판사, 1994.

자크 라캉, 『자크 라캉 세미나11: 정신분석의 네 가지 근본 개념』, 맹정현, 이수련 옮김, 새물
　　결, 2008.

자크 라캉, 『에크리』, 홍준기, 이종영, 조형준, 김대진 옮김, 새물결, 2019.

엠마누엘 레비나스, 『시간과 타자』, 강영안 옮김, 문예출판사, 1996.

장자크 루소, 『인간 불평등 기원론』, 주경복, 고봉만 옮김, 책세상, 2018.

카를 마르크스, 『경제학-철학 수고』, 강유원 옮김, 이론과실천, 2006.

카를 마르크스, 『정치경제학 비판 요강 2』, 김호균 옮김, 그린비, 2007.

모리스 메를로퐁티, 『휴머니즘과 폭력』, 박현모 등 옮김, 문학과지성사, 2004.

알랭 바디우, 『조건들』, 이종영 옮김, 새물결, 2006.

알랭 바디우, 『사랑 예찬』, 조재룡 옮김, 길, 2010.

조르주 바타유, 『저주의 몫』, 조한경 옮김, 문학동네, 2000.

앙리 베르그손, 『창조적 진화』, 황수영 옮김, 아카넷, 2015.

앙리 베르그손, 『물질과 기억』, 최화 옮김, 자유문고, 2017.

발터 벤야민, 『일방통행로』, 조형준 옮김, 새물결, 2007.

루트비히 비트겐슈타인, 『논리-철학 논고』, 이영철 옮김, 책세상, 2020.

장 폴 사르트르, 『실존주의는 휴머니즘이다』, 박정태 옮김, 이학사, 2008

장 폴 사르트르, 『닫힌 방·악마와 선한 신』, 민음사, 2013.

카를 슈미트, 『정치적인 것의 개념』, 김효전, 정태호 옮김, 살림, 2012.

B. 스피노자, 『에티카』, 황태연 옮김, 비홍출판사, 2014.

B. 스피노자, 『에티카』, 강영계 옮김, 서광사, 2016.

한나 아렌트, 『예루살렘의 아이히만』, 김선욱 옮김, 한길사, 2006.

루이 알튀세르, 『철학과 맑스주의』, 중원문화, 2017

장자, 『장자』, 현암사, 1997.

이마누엘 칸트, 『계몽이란 무엇인가』, 임홍배 옮김, 길, 2020.

피에르 클라스트르, 『국가에 대항하는 사회』, 홍성흡 옮김, 이학사, 2005.

미셸 푸코, 『광기의 역사』, 이규현 옮김, 나남, 2020.

지그문트 프로이트, 『프로이트 전집 15 정신분석학 개요』, 열린책들, 2017.

Henri Bergson, Matière et mémoire, Presses universitaires de France (PUF), 1896.

Pierre Clastres, La Société contre L'État, Les Éditions de Minuit, 1974.

Gilles Deleuze, Différence et Répétition, Presses Universitaires de France, 1968.

Jacques Lacan, Jacques-Alain Miller, Le Séminaire, livre XI, les quatre concepts fondamentaux de la psychanalyse, Seuil, 1973.

Jacques Lacan, Ecrits, Bruce Fink trans., W.W. Norton & Company, 2007.

Benedictus de Spinoza, Ethica, ordine geometrico demonstrata, 1677.

틈을 내는 철학책

ⓒ황진규, 2024

초판 1쇄 펴냄 | 2024년 9월 9일

지은이 | 황진규
엮은이 | 김혜원
디자인 | 엄혜리

펴낸이 | 김병준
펴낸곳 | ㈜지경사
출판등록 | 제10-98호(1978년 11월 12일)
주소 | 서울특별시 강남구 논현로71길 12
전화 | 010-9495-9980(편집) 02-557-6351(영업)
팩스 | 02-557-6352
이메일 | jigyungsa@gmail.com

ISBN 978-89-319-3449-6 03100